国家社科基金一般项目

（22BFX042）

预防性犯罪治理模式研究

YUFANGXING FANZUI ZHILI MOSHI YANJIU

刘　军◎著

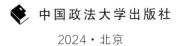
中国政法大学出版社
2024·北京

图书在版编目（ＣＩＰ）数据

预防性犯罪治理模式研究 / 刘军著. -- 北京 ： 中国政法大学出版社，2024. 7.
ISBN 978-7-5764-1678-7

Ⅰ. D917.6

中国国家版本馆 CIP 数据核字第 2024LW7785 号

出 版 者	中国政法大学出版社
地　　址	北京市海淀区西土城路 25 号
邮寄地址	北京 100088 信箱 8034 分箱　邮编 100088
网　　址	http://www.cuplpress.com (网络实名：中国政法大学出版社)
电　　话	010-58908285(总编室) 58908433（编辑部）58908334(邮购部)
承　　印	固安华明印业有限公司
开　　本	720mm×960mm　1/16
印　　张	15.75
字　　数	235 千字
版　　次	2024 年 7 月第 1 版
印　　次	2024 年 7 月第 1 次印刷
定　　价	72.00 元

上海政法学院学术著作编审委员会

总 序 /FOREWORD

四秩芳华，似锦繁花。幸蒙改革开放的春风，上海政法学院与时代同进步，与法治同发展。如今，这所佘山北麓的高等政法学府正以稳健铿锵的步伐在新时代新征程上砥砺奋进。建校40年来，学校始终坚持"立足政法、服务上海、面向全国、放眼世界"的办学理念，秉承"刻苦求实、开拓创新"的校训精神，走"以需育特、以特促强"的创新发展之路，努力培养德法兼修、全面发展，具有宽厚基础、实践能力、创新思维和全球视野的高素质复合型应用型人才。四十载初心如磐，奋楫笃行，上海政法学院在中国特色社会主义法治建设的征程中书写了浓墨重彩的一笔。

上政之四十载，是蓬勃发展之四十载。全体上政人同心同德，上下协力，实现了办学规模、办学层次和办学水平的飞跃。步入新时代，实现新突破，上政始终以敢于争先的勇气奋力向前，学校不仅是全国为数不多获批教育部、司法部法律硕士（涉外律师）培养项目和法律硕士（国际仲裁）培养项目的高校之一；法学学科亦在"2022软科中国最好学科排名"中跻身全国前列（前9%）；监狱学、社区矫正专业更是在"2023软科中国大学专业排名"中获评A+，位居全国第一。

上政之四十载，是立德树人之四十载。四十年春风化雨、桃李芬芳。莘莘学子在上政校园勤学苦读，修身博识，尽显青春风采。走出上政校门，他们用出色的表现展示上政形象，和千千万万普通劳动者一起，绘就了社会主义现代化国家建设新征程上的绚丽风景。须臾之间，日积月累，学校的办学成效赢得了上政学子的认同。根据2023软科中国大学生满意度调查结果，在本科生关注前20的项目上，上政9次上榜，位居全国同类高校首位。

上政之四十载，是胸怀家国之四十载。学校始终坚持以服务国家和社会需要为己任，锐意进取，勇担使命。我们不会忘记，2013 年 9 月 13 日，习近平主席在上海合作组织比什凯克峰会上宣布，"中方将在上海政法学院设立中国-上海合作组织国际司法交流合作培训基地，愿意利用这一平台为其他成员国培训司法人才。"十余年间，学校依托中国-上合基地，推动上合组织国家司法、执法和人文交流，为服务国家安全和外交战略、维护地区和平稳定作出上政贡献，为推进国家治理体系和治理能力现代化提供上政智慧。

历经四十载开拓奋进，学校学科门类从单一性向多元化发展，形成了以法学为主干，多学科协调发展之学科体系，学科布局日益完善，学科交叉日趋合理。历史坚定信仰，岁月见证初心。建校四十周年系列丛书的出版，不仅是上政教师展现其学术风采、阐述其学术思想的集体亮相，更是彰显上政四十年发展历程的学术标识。

著名教育家梅贻琦先生曾言，"所谓大学者，有大师之谓也，非谓有大楼之谓也。"在过去的四十年里，一代代上政人勤学不辍、笃行不息，传递教书育人、著书立说的接力棒。讲台上，他们是传道授业解惑的师者；书桌前，他们是理论研究创新的学者。《礼记·大学》曰："古之欲明明德于天下者，先治其国"。本系列丛书充分体现了上政学人想国家之所想的高度责任心与使命感，体现了上政学人把自己植根于国家、把事业做到人民心中、把论文写在祖国大地上的学术品格。激扬文字间，不同的观点和理论如繁星、似皓月，各自独立，又相互辉映，形成了一幅波澜壮阔的学术画卷。

吾辈之源，无悠长之水；校园之草，亦仅绿数十载。然四十载青葱岁月光阴荏苒。其间，上政人品尝过成功的甘甜，也品味过挫折的苦涩。展望未来，如何把握历史机遇，实现新的跨越，将上海政法学院建成具有鲜明政法特色的一流应用型大学，为国家的法治建设和繁荣富强作出新的贡献，是所有上政人努力的目标和方向。

四十年，上政人竖起了一方里程碑。未来的事业，依然任重道远。今天，借建校四十周年之际，将著书立说作为上政一个阶段之学术结晶，是为了激励上政学人在学术追求上续写新的篇章，亦是为了激励全体上政人为学校的发展事业共创新的辉煌。

党委书记　葛卫华教授

校　　长　刘晓红教授

2024 年 1 月 16 日

目 录 / CONTENTS

预防性犯罪治理模式研究综述

平安中国是中国共产党领导中国人民向世界展示中国制度特色和制度优势的重要品牌。预防性犯罪治理是平安中国的核心议题，具有非常重要的理论价值和现实意义。党的二十大报告辟专章对国家安全和社会稳定进行论述和部署，强调"推进国家安全体系和能力现代化，坚决维护国家安全和社会稳定"，在公共安全治理过程中坚持"安全第一、预防为主"，不断"提高公共安全治理水平""完善公共安全体系，推动公共安全治理模式向事前预防转型"。预防性犯罪治理模式[1]是渊源于我国优秀传统文化的社会治理实践和制度体系，是不断完善国家治理体系、提高社会治理能力的重要方面。

一、犯罪治理的三种模式与实践反思

1. 犯罪治理的三种模式

何谓犯罪治理尚未达成广泛共识。"治理"除了"统治、管理"之外还有"处置、处理"之意，因此广义的犯罪治理是指在科学认识犯罪现象的基础上所提出的处置犯罪的对策、策略、体制和机制的总和。依之，犯罪治理所要解决的是如何看待和处置犯罪的问题。在狭义的概念上，犯罪治理则是指犯罪领域的"治理"问题，是在善治（Good Governance）理念出现以后对

---

[1] 犯罪概念在刑法学、刑事政策学和犯罪学不同的学科层面会有较大的差别，在犯罪治理的层面更多的是指控制犯罪发生的风险。预防性犯罪治理的提出主要了化解防范公共安全风险，防止发生威胁公众安全的重大公共安全犯罪，而且从预防重大公共安全犯罪的视角，多元矛盾纠纷化解本身就是预防性的犯罪治理模式的具体实践。当然，预防性犯罪治理的理念与模式可以适用于几乎所有的犯罪治理情形。

于犯罪处置的反思性批判和体系性构建。纵观人类社会关于犯罪治理的历史，可以将之粗略地划分为犯罪对策模式、犯罪控制模式和犯罪综合治理模式。

犯罪对策模式。犯罪现象是一种内生性社会现象，与人类社会如影随形，犯罪原因极其复杂，各种解释学说流派纷呈。从古典犯罪学派到实证犯罪学派，从犯罪人类学派到犯罪社会学派，从犯罪心理学派到精神分析学派，从犯罪的自然原因、个体原因、社会原因、文化原因到动态的犯罪理论再到犯罪原因星群论等，不一而足。西方国家的这些犯罪学理论从不同侧面揭示了犯罪现象的成因、规律并提出了相应的对策，极大地提高了对于犯罪现象的认识，所提出的犯罪对策也颇具针对性。如，早在1884年菲利就提出了产生犯罪的个体原因、自然原因和社会原因，并认为社会原因所起作用最大，需要对影响犯罪产生与变化的各种因素进行改良。犯罪学自18世纪正式创立以来，经过近2个世纪的发展，犯罪理论日渐成熟并不断地走向综合。随着犯罪学研究的不断深入，从中所能得出的结论是：犯罪原因复杂而交错，单项的应对策略越来越难以起到遏制犯罪的效果，因此需要采取综合的策略和手段予以系统性地应对。

犯罪控制模式。以犯罪原因为主要研究对象和研究内容的狭义的犯罪学理论在整个犯罪学发展过程中占据了主导地位，虽然也提出各种犯罪抑制对策，但是研究重心仍然集中在犯罪原因。直到进入20世纪，以犯罪预防和犯罪控制为目标的广义犯罪学才真正崭露头角（岳平），犯罪学研究重心也逐渐从欧洲转向美国，如美国萨瑟兰的差异交往理论、默顿的紧张理论和赫希的社会控制理论等都提出了非常重要的犯罪预防与控制学说。这个时期的犯罪治理模式以预防和控制犯罪为主要目标，通过"改变场所而不是改变个人"加强情景预防以控制犯罪的发生。如，以罗伯特·E. 帕克为代表的芝加哥学派的同心圆理论，认为犯罪大多发生于中间地带，即工厂区，主要原因是中间地带人口流动大，混杂的人口塑造了有利于犯罪发生的环境，因此可以通过对环境施加影响而控制城市犯罪；再如，1978年美国科恩豪泽提出的"社区控制"理论，认为社会解组导致较高的犯罪率，可以通过加强社区联系，控制犯罪的发生。

犯罪综合治理模式。随着治理尤其是善治理念的兴起，将犯罪现象放到社会治理的层面上进行审视，发现犯罪现象很难以单一的方式进行控制，犯罪治理模式逐渐走向综合。犯罪治理模式研究属于广义犯罪学的研究范畴，但是视角更加广泛，学科交叉更加明显，更加注重治理主体、治理方式、治理措施的多元与综合，更加注重犯罪治理的顶层设计，更加注重从源头、从根本、从基础上解决犯罪问题。如，日本的混合预防模式强调系统治理犯罪问题，通过建立严密的犯罪预防组织体系预防犯罪的发生。欧美等国家当前采取的社区预防、情景预防模式也已经跨越单纯的犯罪控制模式，转变为有多机构参与的、有深厚基层社区基础和公众广泛参与的综合治理。犯罪综合治理模式是当前犯罪治理的主导模式。

2. 犯罪治理模式的实践反思

我国的犯罪治理理论与实践也可以囊括以上三种模式。根据犯罪发生的规律和特点，我国学者在犯罪治理研究中提出了诸多重要的、适用于我国实际情况的犯罪学理论，在犯罪原因、犯罪对策、犯罪治理模式等诸多方面都有很高的建树。如关系犯罪观、犯罪场论（储槐植）、犯罪根源论（王牧）、社会敌意理论（皮艺军）、社会结构洞理论（张静）、基层社会冲突聚积（张荆）等，以及解决社会冲突的各种对策：妥善化解矛盾纠纷（王燕飞），化解社会冲突与敌意（杜雄柏），化解个人与个人、群体之间的冲突（李玫瑾），建立疏解机制和新的公共安全机制（姚建龙）等。探讨了公共安全犯罪预防机制：促进社会保障控制社会冲突从而控制犯罪（宋践）、紧张化解阻断模式（张小虎）、通过社会治理实现犯罪控制（翟中东）、针对报复社会型危害公共安全行为（王瑞山）、严重危害公共安全犯罪特点诱因及防范对策（杨斌）、数字平台与犯罪治理转型（单勇）等。其中不乏立足长远、具有前瞻性的事前预防思想和对策。这些思想观点的提出极大地繁荣了我国犯罪学研究，促进了我国犯罪学理论的创新与发展，实现了理论体系的全面升级与改造。

我国犯罪治理实践早在 1982 年就在总结部分地区经验做法的基础上提出了社会治安综合治理。1991 年第七届全国人民代表大会常务委员会第十八次会议正式通过了《关于加强社会治安综合治理的决定》，其中规定社会治安综合治理的工作范围包括"打击、防范、教育、管理、建设、改造"六个方面，由此可见综合治理是一个系统工程。2001 年提出的"打防结合、预防为主"的方针，在 2004 年调整为"打防结合、预防为主，专群结合、依靠群众"的方针。2011 年原综治委更名为社会管理综合治理委员会，其职责和成员也进行了相应的调整与扩大。当前我国的犯罪治理仍然采取的是综合治理模式。

近些年越来越多的学者开始反思我国实践中的犯罪治理模式，尤其是对于"严打"式的犯罪治理方式反思较多，并将我国的犯罪治理模式概括为"运动式治理模式"和"日常性治理模式"（单勇、侯银萍），前者的主要表现形式是"严打"，后者则以"预防和控制"为核心内容并由国家和社会多元主体共同实施。有的学者认为我国正处于"压力型社会"，进而将我国的犯罪治理模式区分为"压力维控型"和"压力疏导型"治理模式（周建达），分别与"运动式治理模式"和"日常性治理模式"相对应。还有的学者关注到了加强现代科学技术在犯罪预防手段中的作用（李昌荣），有的学者则进一步将我国的犯罪治理模式区分为"传统策略治理模式"和"信息技术治理模式"（金泽刚、刘鹏）。当然，也有学者将被害预防作为犯罪治理常规模式（李綦通）。这些反思对于进一步完善犯罪的综合治理模式起到了极大的促进作用，但是在构建一种新的综合治理模式、突破当前犯罪治理瓶颈方面，前景还非常不清晰。

当前犯罪治理模式研究方兴未艾，反思性批判与体系性构建尚处于起步阶段。犯罪治理理论与世界各国的犯罪治理模式不同程度地存在着不适应犯罪形势发展、过于理论化而脱离实际、针对单项犯罪而缺乏适应性、犯罪预防效果不佳等显著弊端，尤其是全球化和风险社会以来，违法犯罪手段日趋信息化、动态化和智能化，非直接接触犯罪越来越多，犯罪隐藏越来越深，传统的犯罪治理模式面对新型犯罪样态和犯罪形势时常捉襟见肘。此时顺势提出更加具有针对性、适用性和实效性的预防性犯罪治理模式，是对"四个治理"的落实、完善和创新。

二、预防性犯罪治理的学术思想简史

1. 域外预防性犯罪治理思想

全球化使得风险溢出边界，国家的脆弱性增强；工业化使得风险日益复杂，技术的脆弱性增强；信息化使得网络安全日益脆弱；城市化使得风险的威胁日益扩大化，人的脆弱性增强。在这种风险社会背景下，社会的各个环节相互依赖性（相互关联和相互依存）增强，犯罪治理也需要采取制度化的方式予以预防性治理。"风险社会理论在制度层面具有极为重要的意义"，[1]

---

〔1〕 周战超：《当代西方风险社会理论引述》，载《马克思主义与现实》2003 年第 3 期。

风险社会必然要求并引发社会结构深层的变化和政府制度的变革与角色的转换。在全球风险社会里，建立全球风险防范体系，最终以承担风险的基本单元为基础形成全球公民社会，这是贝克在《风险社会》（Risk Society）中的思想。

传统刑法理论对于犯罪预防的研究主要集中在刑罚的犯罪预防效果之上，包括一般预防和特殊预防。近代以来犯罪预防的思想才逐渐扩展到犯罪论层面。1930 年美国学者庞德首先提出了"预防性刑法"的概念（Roscoe Pound），美国司法实践中也存在着"预防性监禁""预防性刑罚""预防性司法"等概念。大陆法系国家受到刑法教义学的影响和制约，通常在罪责抵偿的框架内谈论犯罪预防，又存在"单面预防"和"双面预防"的争论。最新的研究则是基于风险社会和风险刑法而提出的预防性刑法观念。1986 年德国社会学家乌尔里希·贝克提出了"风险社会"的理论（Ulrich Beck），逐渐影响到世界各国的刑法理论；普利特威茨在 1993 年创立了"风险刑法"的概念（Prittwitz）；金德霍伊泽尔认为在现代社会需要"风险刑法"（"安全刑法"）以防范风险、构筑安全，甚至在未来会出现从"法治国"向"安全国"的转变（Urs Kindhäuser）；雅各布斯甚至提出了"敌人刑法"的概念，以便更好地应对恐怖主义犯罪的威胁（Günther Jakobs），美国 911 恐袭事件之后，该理论受到了一些学者的青睐。

由此犯罪预防存在着不同层面的涵义，包括古典刑法中以威慑刑或者威吓刑为核心的一般预防、以矫正和改善为目的的特殊预防、隔离式的特殊预防（如，剥夺犯罪能力的刑罚目的、预防性监禁）以及各种犯罪预防对策和行政干预等。英美预防性刑法的视野更加宽泛，同时也更加注重刑罚的预防性功能，如，莫甘特认为，当面对大规模有害犯罪时惩罚的目标应首先是预防损害（Gaetana Morgante）；在将行为人视为危险源的"敌人刑法"的概念上，瑙克区分了"预防刑法"与"法治国刑法"，预防刑法不再着眼于对"已然不法行为的压制（报应）"，而是为了"未然危险行为的预防"（Naucke）；哈赛默尔区分了"古典刑法"与"现代刑法"，前者旨在回应已经发生的不法行为，后者则致力于防止风险行为（Hassemer）；布伦赫伯提出除了预防性刑法之外，也存在着通过行政法或者干预法作出预防性规定对犯罪进行预防的方式（Beatrice Brunhöber）；还存在着通过强调经济和社会利益，增加公众对于非惩罚性政策支持的方式（Gaetana Morgante）。刑法变革的背景不是外部更加严峻的威胁，而是应对威胁的方式本身的变化。这不仅改变了普遍的安全需求，而且也改变了风险调控方案。这种变化绝不限于刑法，更是涉及整体社会发展，它对所有法律以及政策都有影响，通常被视为"向预防型国家推进"（Beatrice Brunhöber）。

犯罪学层面的犯罪预防内涵比较丰富，存在不同层次涵义。英语语境下"犯罪预防"可以包括三个不同含义的词语，Crime Prevention, Crime Intervention 和 Crime Control，第一个短语可以翻译为"犯罪预防"，第三个短语可以翻译为"犯罪控制"，通常情况下 Crime Intervention 也翻译成犯罪控制，但其实翻译成"犯罪干预"可能更加贴切。从犯罪治理的层面上，"犯罪干预"比"犯罪控制"和"犯罪预防"要更贴切一些，因为犯罪控制在实际中是指"控制"或"管制"犯罪的发生，而预防犯罪的成功标志是指违法犯罪率的下降或者是犯罪率增长趋势的减弱，而不是消除（Elimination）犯罪[1]。但是"犯罪干预"则是全过程的，在出现犯罪苗头之时，及时进行干预，防止滑向严重犯罪的深渊，体现了一种预防性治理的思想。联合国预防犯罪和刑事司法处主持编写并经第八届联合国预防犯罪和罪犯待遇大会通过的《综合性预防犯罪措施汇编》（1990），共分四节，分别介绍了预防犯罪的各种措施，包括预防犯罪的社会措施、情境措施、社区措施和犯罪预防的规划、实施和评价，更多的是从犯罪治理层面上对于犯罪干预、犯罪控制和犯罪预防的综合运用，也包括提前介入进行干预的措施。

2. 我国犯罪预防与治理模式研究

关于预防性刑法，我国早期研究可以追溯到 1964 年对美国预防性刑法的介绍与批判（张德政）。随着风险刑法理论的传入，我国逐渐提出了构建预防性法律制度的理念，如有学者提出风险社会中的刑法观念，需沟通社会理论与刑法理论，并关注风险刑法理论的体系化（劳东燕）；"风险刑法"介入更加"早期化"，法益保护前置化倾向尤为明显（张兵）；总的趋势是刑法更加关注风险控制，呈现出明显的预防性刑法的特点（刘仁文）。也有学者从刑法教义学的视角对风险刑法理论进行批判和反思（陈兴良、刘艳红、南连伟、黎宏、刘明祥、孙万怀），认为"风险刑法"存在着"刑法风险"（陈兴良），

---

[1] 参见 [英] 约翰·格拉海姆、特雷弗·白男德：《欧美预防犯罪方略》，王大伟译，群众出版社 1998 年版，第 14~15 页。

宜协调好防范社会风险和保障人权的关系（魏东），采用传统刑法与风险刑法并存的方式（陈晓明）等。最新研究包括预防性刑法观的构建（高铭暄、孙道萃）、人工智能时代的预防性刑法观（谢非）以及公共安全犯罪的立法思路与演变趋势（陈兴良）等。公共危险犯是公共安全犯罪主要的立法形式（张明楷），其公共危险的属性决定了需要对诸如恐怖主义犯罪（童春容、梅传强）、黑社会性质组织犯罪（童春容）等公共安全犯罪构建预防性法律制度。至于说其他领域预防性法律制度的研究则主要集中在食品安全（隋洪明、刘彭等）、环境与生态方面的风险预防（韩晶、范大超、梁伟平等）以及职务犯罪预防法律制度研究（陈思民）。

有学者总结了对于风险刑法理论的五种批判理由：包括风险概念不同于危险概念、风险刑法的论证思路难以成立、过度关注安全的价值取向不可取、风险社会并不存在、中国国情特殊等（劳东燕）。当然还涉及刑法公共安全的多元化问题（邹兵建）：危险犯的未完成形态，涉及未完成形态尤其是中止形态对于公共安全犯罪的预防（陈洪兵）；以危险方法危害公共安全罪中的"危险相当性"的判断问题（高艳东）等。

综观国内外犯罪预防与治理理论学术史，预防主义的思想和理论日渐获得认同；犯罪预防领域涵盖了刑法与行政法、实体法与程序法、公法与私法；犯罪预防的方式包括刑罚、行政处罚、民事侵权等正式惩罚，非正式惩罚乃至惩罚的市场机制也越来越多地获得认同。但是，以上研究不但分散在各个学科领域，而且对于犯罪预防法律制度缺乏体系性研究；不但在社会治安防控、人民内部矛盾调处、公共安全预防控制等方面缺少体系性的制度构建，在预防性的行政法律制度和民商事法律制度方面缺少相互衔接，而且在刑事法领域的预防性法律制度构建方面也存在诸多薄弱环节，亟需对犯罪预防法律制度及其体系进行系统性研究。

三、预防性犯罪治理模式的实践转型

1. 我国犯罪治理取得的成就

预防性犯罪治理模式是为预防公共安全风险而从制度层面事先做好防范性准备，是保障国家长治久安、提高安全治理水平、增进人民幸福感的重大理论和实践问题，是平安中国建设的核心议题。预防性犯罪治理是一种主动

防御型的犯罪治理模式，是指针对可能发生的不法侵害，预先采取防范性、防御性或者干预性措施，以达到预防和控制犯罪的目的。

党的十八大以来，以习近平同志为核心的党中央把平安中国建设置于中国特色社会主义事业发展全局谋划推进，平安中国建设体制机制逐步完善，人民获得感、幸福感、安全感更加充实，为开启全面建设社会主义现代化国家新征程、实现中华民族伟大复兴的中国梦营造了安全稳定的社会环境。平安中国建设取得了举世瞩目的成就，从天网工程到平安城市、从雪亮工程再到智安社区建设，各类刑事案件呈逐年下降的趋势。"党着眼于国家长治久安、人民安居乐业，建设更高水平的平安中国""加强和创新社会治理，使人民获得感、幸福感、安全感更加充实、更有保障、更可持续"……《中共中央关于党的百年奋斗重大成就和历史经验的决议》中，展现了平安中国建设取得的显著成就。[1]数据显示，人民群众对平安建设的满意度达 98.56%。国际社会普遍认为，中国是世界上最安全的国家之一。平安已成为中国一张靓丽的国家名片。[2]

但是，在公共安全领域，各种犯罪案件仍然时有发生，如重庆万州公交车坠江案、山东德州范某抢夺方向盘危害公共安全案、安徽蚌埠刘某高空抛物危害公共安全案、湖南省浏阳市碧溪烟花制造有限公司"12·4"重大事故案、上海外滩"12·31"踩踏事件、河南郑州高某教育设施重大安全事故罪、黑龙江省齐齐哈尔市第三十四中学校体育馆发生楼顶坍塌事故、江西新余市渝水区临街店铺火灾事故、河南大学明伦校区大礼堂失火案等，严重危及社会公众生命、健康和重大财产安全。当然还包括暴力恐怖、黑恶势力、新型网络犯罪和跨国犯罪等，虽然经过前期治理已经成效显著，但是目前仍然还是影响平安中国建设的突出问题。这些犯罪涉及公共安全，犯罪案件具有突发性、严重危害性和应对滞后性等特点，传统犯罪治理法律制度体系难以有效应对。

---

〔1〕 参见《续写社会长期稳定奇迹新篇章——新时代推进更高水平的平安中国建设综述》，载中华人民共和国人民政府网：https://www.gov.cn/xinwen/2021-12/15/content_5661008.htm，最后访问日期：2022 年 10 月 1 日。

〔2〕 参见孙莹：《党的十八大以来平安中国建设取得显著成效 人民获得感、幸福感、安全感更加充实、更有保障、更可持续》，载央广网：http://m.cnr.cn/news/20211215/t20211215_525688045.html，最后访问日期：2022 年 11 月 20 日。

2. 预防性犯罪治理的提出

为进一步推动更高水平平安中国建设，续写新时代平安中国新篇章，不断完善国家治理体系、提高社会治理能力，党中央和习近平总书记根据改革发展环境的复杂变化和最新特征，提出了一系列新观点、新思想和新要求。在 2020 年 11 月召开的中央全面依法治国工作会议上，习近平提出了完善预防性法律制度，坚持和发展新时代"枫桥经验"，促进社会和谐稳定。党的十九届四中全会提出"健全公共安全体制机制""完善和落实安全生产责任和管理制度，建立公共安全隐患排查和安全预防控制体系"。党的十九届五中全会和"十四五"规划更是明确将"全面提升公共安全保障能力"列为全面建设社会主义现代化的一项重要目标和任务，要求坚持"总体国家安全观""统筹发展和安全，建设更高水平的平安中国"。党的二十大报告第一次提出"公共安全治理模式向事前预防转型"，这是公共安全治理模式的重大转向和伟大实践，为预防性犯罪治理模式转型、构建预防性法律制度体系、推进更高水平平安中国建设确立了重要指导思想和理论基础。

预防性治理的理念根植于我国优秀的传统文化，早在《周易》中即出现了预防性的思想："水在火上，既济。君子以思患而豫防之。"《尚书》中的"惟事事，乃其有备，有备无患"，《礼记》中的"凡事预则立，不预则废"，《黄帝内经》中的"治未病""治未乱"等均为预防性治理的思想渊源。我国学者曾光在公共卫生领域提出的"零级预防"是"三级预防"框架之外的干预措施，是更进一步的"关口前移"和"超前预防"，是预防理念的进一步完善。预防性治理的思想渊源于中华文化，如"见微知著""防微杜渐""防患于未然"等预防性思想，带有显著的辩证性和整体性思维方式。当下的预防性犯罪治理方式直接源起于"枫桥经验"，并直面我国当下的社会治理问题，是具有中国特色的新型犯罪治理模式。在 2020 年 11 月召开的中央全面依法治国工作会议上，习近平总书记提出"要完善预防性法律制度"，是指从制度层面提前做好防御性准备，防范可能发生的重大公共安全突发事件，体现了中华优秀传统文化的博大精深，是保障国家长治久安、提升社会治理水平和增进人民幸福感的重大理论和实践问题，具有重大的理论价值和现实意义。

预防性犯罪治理模式抓住了犯罪治理的精神实质，丰富发展中国特色社会主义法治实践，回顾和总结平安中国建设的理论基础、司法实践和发展轨迹。针对中国实际进行风险要素分析、结构整合和"脆弱性"补强，构建预防性法律制度体系，注重化解社会矛盾纠纷，重塑社会中人与人交往的行为模式，坚定公众对于社会的信任，不断完善犯罪治理体系、全面提升犯罪治理能力。构建以大数据和算法战略为基础的预测、预警、预防违法犯罪治理体系，以社会稳定为目标的社会矛盾风险综合排查化解体系和以基层社区为依托的社会治安立体防控体系，推动形成共建共治共享的犯罪治理新格局和新模式，极具现实应用价值。

预防性犯罪治理追求实用性和实效性，是一种具有普遍适用性的犯罪治理模式，不但能够有效应对新型犯罪，对于传统犯罪也具有很好的适用性，可以针对不同的犯罪类型灵活地调整犯罪对策和治理措施，不断创新犯罪治理机制、完善治理体系。如，针对网络犯罪尤其是跨境网络犯罪的预防性治理，要求系统性地采取包括技术预防、法律预防、社会预防和国际合作在内的各种治理措施，加强网络安全环境治理、构建网络防御空间、强化网络犯罪信息交流、发展网络保障能力，采取主动网络防御，提高"网络适应性"和抗打击性。再如，针对腐败犯罪的预防性治理，不但要筑牢制度性预防，而且需要加大重点领域经济犯罪风险的预警预测，加大多发性犯罪的预测、预警和预防，加强扫黑除恶与基层政权建设，惩治"微腐败"和严打"保护伞"等。

就刑法改革和预防性刑法制度而言，法益保护前置化（或者前期化、早期化）也是一种必然的趋势。刑法的目的是保护法益，为了更加周延、妥当地保护法益，在规范设计上简化构成要件而成就抽象危险犯，将法益保护推进到具体危险发生之前。法益保护的前期化可以包括预备行为的实行行为化、帮助行为的正犯化、过失危险行为的犯罪化、公共危险犯中因果关系证明弱化、累积犯结果以及因果关系证明的弱化等，典型的立法形式就是抽象危险犯。需要加强犯罪论层面的法律制度构建以更好地预防公共安全犯罪。

由此可见，预防性犯罪治理是一种主动防御型的犯罪治理模式，是指针对可能发生的不法侵害，预先采取防范性、防御性或者干预性措施，通过防范、遏制、阻断、复归甚至隔离不法侵害，主动对犯罪进行全程干预，以达到预防和控制犯罪的目的。本书正是在此基础上展开的综合性、探索性、创新性研究，重点推进预防性犯罪治理模式转型，以校正传统的以打击为主和被动防御式的犯罪治理模式，不断完善犯罪治理体系，提高犯罪治理能力，实现犯罪治理现代化。

四、预防性犯罪治理模式的创新之处

1. 预防性犯罪治理的思想渊源

预防性犯罪治理的思想源起于"枫桥经验"，其目的是通过化解人民群众内部矛盾纠纷，对重大安全隐患采取预防性处置措施而进行干预，防止重大法益侵害案件的发生。但是预防性犯罪治理并不局限于化解矛盾纠纷，也不局限于治安防范和犯罪预防，而是一种新型的犯罪治理模式，是"建设更高水平的平安中国"的制度实践和理论提升，是完善社会治理体系的重要组成，是提升社会治理能力的重要路径。

预防性犯罪治理根植于博大精深的中华文化，旨在通过各种干预和介入手段防止不法侵害的发生与扩大，犹如中医"治未病"防治理论中的"未病先防、初病早治、既病防变、愈后防复"。预防性犯罪治理不仅是源头严防、过程严管、风险严控，而且是效益最大化的"分级预防模式"，以便在不同阶段更有针对性地采取应对措施，力争不发生法益侵害的危险，如果危险的发生不可避免则将造成的损害控制在最小的范围和程度。

预防性犯罪治理是因应风险社会的到来而做出的犯罪治理层面的战略性调整。社会的高度复杂性、风险的高度不确定性和控制的高度有限性，内在地要求提前采取预防性措施，尤其是一旦发生危险，对于社会的损害具有高度扩散性，损害范围和后果难以控制，越早介入则控制条件越好，可以采取的措施越多、预留空间越大、将损害控制在最低程度的可能性越高。因此，对于重大犯罪风险有必要进行定期评估和常态监测，做到"关口前移""防微杜渐""惩防并举"。

预测预警是应急管理工作的起点，"预防为主、关口前移"，主要目的在于防止已经存在的"潜在危害"转化为"突发事件"。预防性犯罪治理模式也存在着从"被动应对型"到"事前预防型"的转变过程，应当从更基础、更根本的层面开展，也就是在"风险管控"和"风险干预"上下足功夫。信息技术的发展为预防性犯罪治理的开展提供了前提条件。预防性治理是"防患于未然、将然和已然"，大数据、人工智能、神经网络算法等信息技术能够帮助实现"主动寻的、精准控制""漏洞防堵、隔离排害"。将各种犯罪治理措施集约在一起，是预防性犯罪治理的特色和优势，并且能够针对不同类型犯罪的特点和规律，集成不同种类的治理措施，高效地预警预测并实现犯罪治理的功能。

"人民主体性"是预防性犯罪治理行稳致远的重要保障。人格具有尊严，理应受到尊重。在关系到公共安全和社会利益等重大问题上，理应尊重广大人民群众的主体性，并调动其积极性主动参与共同治理，强调公共危险处置过程中的公共利益与群体责任、个体义务和人格自律，强调主体性地调处化解各种社会矛盾纠纷，强调公共危险处置过程中的主体性参与，打造共建、共治、共享的犯罪治理新格局。

党的二十大报告提出要提高公共安全治理水平，坚持安全第一、预防为主，建立大安全大应急框架，完善公共安全体系，推动公共安全治理模式向事前预防转型。这是公共安全治理模式的重大转向和伟大实践，是"预防性法律制度"理论在公共安全治理中的具体化，是对新时代"枫桥经验"的实践再总结、理论再提升和制度再优化。预防性治理模式是渊源于我国优秀传统文化的社会治理实践和制度体系，是以人民为中心的共建共治共享的基层社会治理经验（褚宸舸），综合运用多种社会矛盾纠纷化解机制，将矛盾纠纷消弭在事前、化解在基层（潘剑锋）。其核心要义是保障人民群众的发展与安全利益，事先主动采取预防性措施，防止矛盾纠纷激化、预防重大公共安全事件尤其是公共安全犯罪案件的发生。

2. 预防性犯罪治理的实践起源

预防性法律制度理论直接源起于"枫桥经验"，并直面我国当下的公共安全治理问题，是具有中国特色的、主动防御型公共安全治理模式，极具针对性和现实性，是保障国家长治久安、提升社会治理水平和增进人民幸福感的重大理论和实践问题。预防性治理思想渊源于中华优秀传统文化，如"治未病""治未乱"等辩证性和整体性治理思想，彰显了中华文化博大精深。当下的预防性犯罪治理直接源起于"枫桥经验"，并直面我国当下的犯罪治理问题，是具有中国特色的新型犯罪治理模式。公共安全事前预防治理模式，抓住了公共安全治理的精神实质，针对中国实际进行风险要素分析、结构整合和"脆弱性"补强，为公共安全风险预防提出中国解决方案，贡献中国治理智慧，具有非常重要的实践价值。

当前风险社会和全球化时代，一些重大公共安全事件不时发生，在一定范围内和时间段强烈地影响社会秩序和人们正常的生活秩序，甚至会出现严重威胁和破坏公共安全、社会秩序和国家统一的紧急事态。这些突发的公共安全事件，其实是长期风险积聚加之风险控制系统的脆弱性等多种因素共同作用的结果。突发的公共安全事件呈现出突发性强、预测性差、影响面广、危害性大以及次生衍生灾害频发等特点，对于此类紧急状态，国家机关具有一定的紧急权力，可以针对状态不同采取不同的紧急措施；同时，为了维护公共利益，保障公民的生命财产安全，将根据具体情况在一定程度上对公民的基本权利进行一定的限制。但即使是"紧急状态法"以及紧急状态下所采取的各种紧急措施，即使是公共安全风险预防过程中采取的各种管理措施，也应当尊崇法治精神、依法为之，而绝不是紧急时无法律。法治不但是社会治理的合法性和权威性来源，是社会治理公信力的基本保障，更是化解社会矛盾、保障社会发展的基本形式。因此，应当正确认识及深刻反思近年来出现的重大公共安全事件，立足于法治对此类事件进行正确指导和运用，思考如何以法治思维来妥善应对、治理重大公共安全事件以及由其引发的次生衍生灾害的问题，并进行系统而深入的研究。

全球化和风险社会背景下，公共安全风险急剧增加，一旦发生重大公共安全事件，损害结果容易急剧扩大，预防主义的思想和理论日渐获得广泛认同。但是当前的犯罪预防理论不同程度地存在着不适应犯罪治理实践、过于理论化而脱离实际、过于注重事后惩罚而忽视事前预防、制度化措施不足、法律制度构建不体系、预防效果欠佳等弊端。因此，亟需从"治未病""治未乱"等我国传统思想文化中汲取营养，推动犯罪治理模式转型为预防性犯罪治理模式，强调事前预防，并进行制度性构建，丰富和完善预防性法律制度体系，不断完善公共安全治理体系，提升公共安全治理能力。

预防性犯罪治理模式的提出有助于推进犯罪治理模式的转型，以校正传统的以打击为主和被动防御式的犯罪治理模式，不断完善犯罪治理体系，提高犯罪治理能力，实现犯罪治理现代化。

五、预防性犯罪治理模式的研究范式

1. 预防性犯罪治理模式研究的系统论范式

犯罪治理是社会治理的重要内容，是创新社会治理体制的重要实践领域。

党的十八届三中全会通过的《中共中央关于全面深化改革若干重大问题的决定》（以下简称《决定》）就创新社会治理体制的问题，提出了系统治理、依法治理、综合治理和源头治理四种社会治理方式，应当综合运用这四种社会治理方式进行公共安全风险预防，其中系统治理在四种社会治理方式中居于首位。《决定》明确提出，要坚持系统治理，加强党委领导，发挥政府主导作用，鼓励和支持社会各方面参与，实现政府治理和社会自我调节、居民自治良性互动。这就确立了"党委领导、政府主导、社会参与"的社会治理基本构架，形成了一种"休戚相关""风雨同舟""患难与共"式的系统治理结构，这是提升社会治理水平的治本之策。从一个更大的系统视角来看，这也是"构建人类命运共同体"理念的具体实践。

系统治理不仅仅是一种具体的社会治理方式，更是系统论在社会治理中的具体运用，也是学术研究开展的重要范式。作为一种研究范式，系统论及其应用性研究非常值得关注，几乎涉及所有的复杂系统的建模、分析、控制和应用等研究，它开拓了一条全新的研究之路，并不断深刻地影响着当代自然科学和社会科学研究，而当前利用混沌理论和模糊控制的应用性研究成为系统论领域的研究重心。在西方国家，运用系统论对人类社会以及社会行为进行研究的学者大有其人，不仅仅是贝塔兰菲，在系统论的社会科学研究方面具有代表性的人物，还有美国的塔尔科特·帕森斯和德国学者尼克拉斯·卢曼。前者的"一般行为理论""结构功能主义""社会系统论"和后者的"一般系统论""社会系统论"等都得到了社会的普遍承认，如今继承了卢曼的社会学理论并进行拓展研究的学者非常之多，成果日益丰硕，并不断地向经济、艺术、法学、大众媒体、心理治疗等几乎所有的社会科学领域渗透。新近的研究可以参见比利时的克里斯蒂安·瓦洛斯所提出的"嵌套系统"和系统的"自创性"，并将之应用于理解城市的自创生系统。可以预见的是，系统论研究的广度以及深度还将不断地扩展，因为它代表了一种新的研究范式。

以系统论思维看待治理主体多元化及其治理责任，其实就是在强调治理参与的主体性。从功利的目的上来看，也是为了防止出错、防止走极端，不反是在重大事件的处置过程中，更在于成绩的取得之后。外交学院原院长吴建民说过，"中华民族不怕多灾多难，就怕自己头脑发昏""中国面临的最大挑战是自己"。[1]治理主体的多元化以及强调参与者的主体性，有助于政策纠偏，防止决策过程中出现重大失误。犯罪治理也应采取系统论的研究范式，强调多元主体参与的、共建共治共享的预防性犯罪治理新模式。习近平总书记关于"人类命运共同体"的理念再一次表明应对重大公共安全犯罪案件和突发事件应当从系统论的视角进行社会治理，发挥社会主义制度优势，坚持"党委领导、政府主导、社会参与"的社会治理基本构架，调动社会主体以及公民个人的积极性共同参与到应对公共安全的预防性治理过程中来。我国目前关于公共安全事前预防治理的研究才刚刚起步，理论上尚未自成体系，实践应用中虽然不乏探索与创新，如在社会治理中的"依法治理""网格化治理""微治理"等特色社会治理实践，极大地丰富了社会治理实践，但是体系性的研究成果尚未见到。本书将运用系统论的研究成果，运用系统思维，推动公共安全治理能力的提升和治理体系的完善。

以系统治理的思维重新审视犯罪治理体系与治理方式，能够有效提高犯罪治理效能，尤其是提高应对重大公共安全犯罪案件的体系性治理能力。一般系统论创始人贝塔兰菲认为："系统是相互联系相互作用的诸元素的综合体。"这个定义强调元素间的相互作用以及系统对元素的整合作用，由此，社会治理的结构合理与否，直接关系着社会治理的效果如何，系统治理是提升社会治理水平的根本。重大公共安全犯罪案件尤其需要突出系统治理，联防联控、网格化管理、不同制度之间的非线性相干等，逐渐形成应对重大公共安全突发事件的法治生态系统。系统治理的思维和依法治理方式带给我们的是合法性和权威性，是高效、透明和责任，是社会治理的主体性参与，是法律义务与道德自律的完美结合，是国家治理体系和治理能力的现代化。

详而言之，首先，系统治理确保了治理主体的多元化。治理主体的多元化是现代社会治理的一个显著特征。政府是主导者，但绝非唯一的主体，要充分调动各种积极因素，吸纳社团组织、企事业单位和公众的广泛参与，将大量的社会性事务和服务性功能交由社会组织和公民社会来承担。其次，系统治理明确了治理主体的职责。党委居领导地位，这是确保社会治理活动有效展开的前提条件；政府居主导地位，在这一过程中承担着凝聚、协调、动员和组织等作用；各种社会组织、公民个体是重要主体，其参与、建议和监

---

〔1〕　吴建民：《中国面临的最大挑战是自己》，载《中国青年报》2013年8月22日，第2版。

督等作用的发挥有助于推进社会的治理。最后，系统治理要求形成法治生态系统，将各个治理主体整合成为一个有机的整体，以要素、结构和功能为导向，发挥 1+1>2 的整体效能，有效应对重大公共安全犯罪案件。这本身就是一种预防性的犯罪治理模式，或者说，预防性犯罪治理本身就体现了系统性、整体性和辩证性的思维模式。

2. 预防性犯罪治理模式研究的主要内容

本书以"预防性犯罪治理模式"为研究对象，主要包括但是不限于以下具体研究对象：一是犯罪治理模式的历史形态；二是犯罪治理模式及其选择；三是预防性治理模式的提出、方案和优势；四是预防性治理模式及其法律制度的体系性构建与完善。并以此为契机，为犯罪治理现代化、提升安全治理能力贡献中国智慧、提供中国方案。以上具体研究对象并非本书的篇章结构，而是作为预防性犯罪治理模式的研究对象，在不同的层面和不同的部分会有所侧重并予以体现。

在研究过程中着重从预防性犯罪治理模式的理论基础、预防性犯罪治理体系构建、预防性法律制度的体系性建构、预防性犯罪治理中的精准防控和主动干预、预防性犯罪治理的制度边界、预防性犯罪治理的具体方案与体系建设、预防性犯罪治理中的信息技术支持等不同层面对预防性犯罪治理模式进行全方位解读。

（1）预防性犯罪治理模式的理论基础。习近平总书记关于新时代"枫桥经验"以及预防性法律制度的论断是研究起点和落脚点，而预防性犯罪治理的理论基础则包括马克思主义理论、习近平法治思想、当代社会治理理论和中华传统文化中的预防性思想。在梳理犯罪治理模式历史变迁、总结我国预防性犯罪治理经验做法和阐述中华文化中预防主义思想的基础上，创新性地提出并深入阐释预防性犯罪治理的理念、原则、价值和导向。

从犯罪治理模式的历史变迁中总结经验、发现规律、展望未来，探索契合时代精神、发展阶段和实际需要的犯罪治理模式。我国犯罪治理模式存在从单项治理向综合治理、从严打治理向标本兼治、从专业队伍治理向群防群治、从犯罪预防向被害预防的历史演变。就犯罪治理具体模式而言，"运动式"或"压力维控型"治理模式有利于集中整治，"日常性"或"压力疏导型"治理模式注重长期效果，二者是主从和互补的关系，应当以"日常性"或"压力疏导型"治理模式为主，而"运动式"或"压力维控型"治理模式为辅。我国犯罪治理模式转型存在现实需求，仅有刑罚不足以遏制犯罪，需要在犯罪之前、之中、之后，全方位、全过程主动干预以阻止犯罪，这是预防性犯罪治理模式的优势之所在。

（2）预防性犯罪治理模式的体系构建。主要包括但不限于以下四大体系建设：犯罪风险的预测、预警与监测体系，社会矛盾风险综合排查化解体系，立体化、信息化社会治安防控体系，多层次、系统化的预防性法律制度体系。在预防性犯罪治理中的分级预防部分，阐释预防性犯罪治理模式的精髓在于通过防范、遏制、阻断、复归、隔离不法等各种干预和介入手段防止不法侵害的发生与扩大，以达到"治未病"的犯罪预防效果。为此应当建立"分级预防"模式，在不同阶段有针对性地应对公共安全威胁，力争不发生安全威胁，如果不可避免则控制在最小范围。

预防性犯罪治理模式的优势在于精准防控和主动干预。在大数据、地理信息和人工智能等技术支持下，构建"情报→预测→决策"智能化公共安全治理平台和人工智能辅助决策的应急指挥系统，能够实现精准治理、动态治理和功能性治理。但是相关技术支持与技术防范管理制度却相当薄弱，亟需进行相关法律制度的立法研究。

（3）预防性法律制度的体系性建构。着重研究构建多层次预防性法律制度，包括刑法、行政法、民法、社会法及配套制度等在内的预防性法律制度；构建防范、控制、服务、建设相互融通的立体化防控法律制度体系；完善人民调解、行政调解、司法调解衔接联动工作机制和"一站式"调解工作平台，联动化解重大疑难复杂矛盾纠纷。预防性刑法（高铭暄、孙道萃）是预防性法律制度的重要组成部分，立法设置预防型或者以预防为导向的犯罪，尽可能地将犯罪预防的关口前移，甚至从源头上或者起点上将具有法益侵害危险的行为予以犯罪化，实现法益保护的前期化，从而更好地保障社会安全。

在预防性犯罪治理模式中，应当特别树立制度性预防的理念，通过组合手段和措施有效地阻却和减少公共安全犯罪的发生，防止发生危害公共安全的严重后果。因此，应当着重构建立体式的犯罪预防法律制度体系，制度化地推行预防性犯罪治理，这比在犯罪行为发生后进行惩罚的成本更低、效果更好、更加持久，对于建设更高水平的平安中国意义重大。如果能够以"公法一体化"的研究思路，对公共安全犯罪预防采取制度化的路径和体系性的治理，则公共安全犯罪预防法律制度体系将更加完善，也更能够发挥体系性预防犯罪的功能。通过立法构建与公共安全直接相关的法律法规和规章制度，全面提高公共安全的制度运行能力；构建预防性的行政执法和监督体系，提高违法成本，加大对违法行为的惩戒力度；构建预防性的刑事法律制度，以"刑事合规"和"附条件不起诉"等制度为抓手，引导公司企业等单位加强安全生产与合法经营的投资和投入；不断加强安全生产的教育和宣传，让安全观念和安全意识深入人心。

（4）预防性犯罪治理的制度边界。预防性犯罪治理模式存在"治未病"和事前预防的部分，尤其需要考量预防性犯罪治理的制度边界问题，为此本书提出"人民主体性"作为制度构建的核心考量因素，以校正可能存在的犯罪预防过度超前的弊端。所谓的"人民主体性"就是"以人民为中心"，是主体性理论的当代发展与中国实践，是"善于治理"和"治理于善"的最终目的和衡量标准。预防性公共安全治理体系的构建，尤其是"事先预防"和"超前预防"等治理措施都要坚持"以人民为中心"，防止预防性治理措施荒腔走板甚至误入歧途，防止侵犯公民基本权利。

"人民主体性"是预防性公共安全治理行稳致远的重要保障。预防性犯罪治理尊重广大人民群众的主体性，强调公共利益与群体责任、个体义务和人格自律，强调主体性地调处化解各种社会矛盾纠纷，强调多元主体参与的共建共治共享的预防性犯罪治理新模式。其中主体性哲学和人格自律是重要的理论基础，"没有形而上学，不论在什么地方都不会有道德哲学"（苗力田），有必要回到康德查看"道德义务"是如何可能的，并重新审视人格尊严与道德自律之间的辩证关系，重新审视人格"扬弃各种外在限制的能力"和"使自然的定在成为它自己的定在"的现实力量。

人有尊严在于人是一种理性的存在者，但更重要的是人作为主体具有"自我立法"的能力，即人是一种能够依据"（自在自为的）自由意志"为自身进行普遍立法的理性存在者，是"作为立法者的存在者"，人性的尊严正在于这个"普遍立法的能力"。康德说："你要仅仅按照你同时也能够愿意它成为一条普遍法则的那个准则去行动。"[1]这便是道德的最高原则，也是自由意志为自身颁布的绝对命令。人正是因为作为具有道德自觉能力的理性存在者才值得受到尊重。这样的人必然是服从自律原则（道德原则）的人，是一个

---

〔1〕〔德〕康德：《道德形而上学奠基》，杨云飞译，人民出版社 2013 年版，第 52 页。

能够遵从道德律进行自我选择的人，使得自己的选择也能够遵从普遍法则行事。凡是屈从于外在的强制都是他律的，道德却是自律的。主体性哲学更加强调主体的道德自律，亦即，把人当作主体来看待，当作具有自我选择、自我完善和自我实现能力的理性存在者。在重大公共安全犯罪案件处置过程中，应当尊重广大人民群众的主体性，调动其积极性主动参与依法治理，强调应对重大公共安全犯罪案件中的公共利益与群体责任、个体义务和人格自律，强调主体性地调处化解各种社会矛盾和纠纷。在重大公共安全犯罪案件处置中，如果各方治理主体都能够遵循道德自律，依据"普遍法则"行事，便能够成就最高级别的依法治理。

（5）预防性犯罪治理的具体方案与体系建设。具体方案以治理结构作为研究重心，重视治理要素构成以及治理要素之间的关系，强调多元治理主体的共建、共治和共享，遂行预防性犯罪治理功能和成效。一是犯罪风险的预测、预警与监测体系。对于危害公共安全和影响重大利益的犯罪风险应当采取源头治理，事先主动采取预防性措施，早发现，早报告，加强监测与预警。二是社会矛盾风险综合排查化解体系。建立社会矛盾风险排查和多元纠纷化解机制，完善监督机制和问责机制，构建和完善相应的法律制度，严防危险的发生和累积。三是立体化、信息化的社会治安防控体系。构建前段、中段、末段预防相结合的立体式预防性犯罪治理，根据法益侵害的紧急程度分别采取不同的措施进行干预。四是多层次、系统化的预防性法律制度体系。构建以刑法为核心包括行政法、民法、社会法以及配套制度等在内的，防范、控制、服务、建设相互融通的预防性法律制度体系。

（6）预防性犯罪治理中的信息技术支持。在大数据、地理信息和人工智能等技术支持下，构建"情报→预测→决策"智能化犯罪治理平台和人工智能辅助决策的应急指挥系统，实现精准治理、动态治理和功能性治理。一是大数据支持的犯罪情报系统构建。在大数据的支持下，基于地理信息系统的精准犯罪防控、热点区域的犯罪形态评估、重点人口网状关系库建设等成为预防性犯罪治理的重心。二是深度学习算法对于犯罪危险的预测。随着神经网络日渐成熟，深度学习算法已经能够在数据情报的支持下，精准地进行视觉检测、行为预测、危险预警和情景预防。三是人工智能辅助决策的应急指挥系统。在试点地区已经建立应急指挥系统，人工智能辅助决策能够极大地提高在犯罪侦查、治安防控、应急处置等方面的决策效率和反应速度。

当今已是算法时代，算法科学家可以为需要解决的问题和设定的任务提供数据（事件、场景）和标签（目标），神经网络就会自动寻找并优化解决方案，甚至自动处理并完成任务。大数据、算法等信息技术能够为预防性犯罪治理在犯罪预测、风险预警、被害预防、立体防控等方面提供强有力的技术支持。

预防性犯罪治理模式的优势在于精准防控和主动干预，方案着眼于事先预防、多元化解纷、立体式防御和综合治理。在精准预测违法犯罪风险的基础上，构建和完善前段、中段、末段预防相结合的立体式预防体系、社会矛盾风险综合排查化解体系、多层次的预防法律制度体系和多元主体参与的犯罪预防机制，共建、共治、共享安全、稳定、和谐的社会发展环境。

2023 年 2 月，中共中央办公厅、国务院办公厅印发了《关于加强新时代法学教育和法学理论研究的意见》，其中在第五部分"创新发展法学理论研究体系"提出要强化法学基础理论研究，并就构建中国自主的法学知识体系提出具体要求。根据文件精神，中国自主的法学知识体系是一个扎根中国文化、立足中国国情、反映中国特色、运用中国智慧、解决中国实际问题的法学理论体系。构建中国自主的法学知识体系，需要紧紧围绕新时代全面依法治国实践，通过对我国的立法、司法和社会治理实践进行全面把握，总结提炼出具有中国特色社会主义法治的理念、精神和智慧，解析出具有主体性、原创性、标识性的中国特色社会主义法治的概念、观点、理论，实现中国式治理体系和治理能力现代化、法治化、时代化，在法治轨道上推进中国式现代化。

本书篇章结构除了绪论之外分为上、下两编，共计 9 章。每个章节都分别针对某一个具体问题以学术论文的标准和形式进行了深入探讨，能够浑然一体、独立成章。9 个章节内在逻辑清晰，分别从不同的侧面对预防性犯罪治理进行了深入探讨。上编题目为"预防性犯罪治理的理念、模式与方案"，研究内容聚焦于预防性犯罪治理的理念、模式与方案，提出的预防性犯罪治理模式是犯罪治理的重大创新，是对治理模式转型的理论贡献，同时也着力在构建中国自主的法学知识体系方面做出相应的研究和探索，对发生在特定时空中的中国治理经验，如"枫桥经验"等，进行总结、凝练和提升，把"中国现象"总结为具有普遍性意义的法学理论，以主体性和原创性的法学研究为基础，通过理论建构的方法，对于预防性治理从治理模式、治理理念、治理机制、治理体系、治理措施和方法等不同层面都进行了理论创新，并在实践中予以检验和修正。

下编题目为"预防性犯罪治理下的刑法制度改革"，聚焦于预防性犯罪治理理念对于刑法教义学的影响，以及对于犯罪成立与刑罚适用的影响，体现了一种功能性刑法的思路，亦即，刑法不能为了惩罚而惩罚，还应当注重对于未来犯罪之预防。预防性犯罪治理是从更加广泛、更加超前和更加讲求实效的视角来看待犯罪现象与犯罪治理。从刑事一体化的视角来看，预防性犯罪治理的理念、模式和方案必然会影响到刑事政策的制定，也必然会影响到刑法制度改革与理念更新，无论是在犯罪成立层面还是在刑罚适用层面都会产生深入而广泛的影响。预防性犯罪治理理念和思想会渗透到刑法改革整个过程之中，影响到刑法立法与具体适用的方方面面，是中国式犯罪治理思想和模式对于犯罪治理现代化的重大贡献。但是限于篇幅和个人能力，本书下编部分以预防性犯罪治理的视角对刑法制度改革和理念更新所做的探讨，择取了处于刑法边缘罪与非罪边界的问题，探讨行为人的监督过失责任，或者以社会中的过失不作为犯作为研究的主要对象，期待以小见大，若解决了刑法边界和作为义务问题，就能够顺理成章地将预防性犯罪治理理念扩展到刑法的其他领域。在研究过程中，以监督过失责任及其体系构建、监督过失的客观归责、公务人员监督过失责任、行为人危险及预防性惩罚等为切入口，全面审视预防性犯罪治理理念对于刑法的影响，以及从刑事法一体化的视角进行预防性犯罪治理下刑法制度的构建与革新，提出了自己的思想和观点。

本书对于预防性犯罪治理模式进行全面研究，不但归纳概括了预防性犯罪治理的实践起源与精神实质、思想渊源与时代背景、理论价值与现实意义，而且对于预防性犯罪治理模式进行了理论阐释，对于犯罪治理体系提出了构建意见和建议，并将这些理论研究成果运用于具体犯罪治理和刑法改革之中。

整个研究过程，不但立足于中国预防性犯罪治理实践，而且借鉴"善治"理念，提出了"善于治理"路径和"治理于善"的目标，为此需要以系统论思维，对影响社会公众的公共安全风险采取系统性治理的方法，并提出了诸多原创性观点。本书在治理模式向事前预防转型、安全风险的系统性治理、法治生态的生成、刑法宽容论、人民主体性、主体性认罪认罚、奖励性从宽、行为人危险、预防性惩罚、网络犯罪的预防性治理、虚实共生的元宇宙、安全可信的虚拟空间、监督过失责任的源流与体系、过失不作为犯的结果归责、公共安全预防性法律制度、公共安全监管过失责任等专题皆有创新性研究。

在网络犯罪预防性治理一章中，强调犯罪治理重在以法治化的方式推进治理结构调整与功能优化，需从贯彻落实法治理念、健全多元主体参与治理、构建预防性法律制度、强化技术治理的法治保障以及完善国际社会合作规则等诸多方面不断深化犯罪预防性治理体系建设。在元宇宙预防性治理一章中，提出了加快安全可信的价值互联网的安全防御体系建设等思想观点。元宇宙发展仍然存在诸多的不确定性，各种刑事风险相伴而生，机遇与挑战并存。有必要牢牢把握机遇期和窗口期，顺应时代潮流，对元宇宙刑事风险进行系统的预防性治理。在此意义上，对于安全风险的预防性治理其实也是经济社会发展的基础和前提，是为"统筹发展和安全"的题中应有之义。

　　预防性犯罪治理理论、实践与模式以及这些原创性思想观点，是我国犯罪治理的实践总结和理论贡献，能够立足中国犯罪治理实际，不断完善社会治理体系、提升社会治理能力，为犯罪治理现代化贡献中国智慧、提供中国方案。

上 编

预防性犯罪治理的理念、
模式与方案

公共安全治理模式向事前预防转型

一、公共安全治理的中国模式与实践创新

在建设社会主义现代化强国的新征程上，风险与挑战无处不在，如何创新公共安全治理模式，处理好公共安全事件、完善公共安全治理体系、提高公共安全治理能力、助力经济社会高质量发展，始终是党和政府面临的重大课题。党的二十大报告辟专章对国家安全和社会稳定进行论述和部署，强调"推进国家安全体系和能力现代化，坚决维护国家安全和社会稳定"，不断提高公共安全治理水平，推动公共安全治理模式向事前预防转型。公共安全关乎人民群众的切身利益，是实现经济社会高质量发展、不断满足人民日益增长的美好生活需要的前提和基础，是建设平安中国的核心议题，是社会秩序得以有效维护、民生福祉得以不断提升的重要保障，是体现国家治理体系和治理能力的重要方面。

中国公共安全治理的演进历程标志着从单一的政府主导模式，向政府、市场和社会三方协同合作的多元治理模式的转变。经历了从重手管制到综合治理、从政府主导到多元共治、从定向应对到全方位管理的演进过程，不断适应和引领社会发展和治理的新要求，实现了从简单的警力执法向多元化的治理模式转变。不同阶段的公共安全治理模式，其目的和效果都是为了促进经济发展和社会稳定，维护人民的安全和权益，创造一个和谐、稳定、繁荣的社会环境。

21 世纪以来，随着网络技术和信息化的发展，公共安全治理面临新的挑战和机遇，这一时期的重点是对信息安全和网络安全的管理，同时推进"智

慧城市"建设，发展智能安防技术，提高公共安全治理的效率和水平。2017年，党的十九大提出了"全面推进依法治国"和"构建中国特色社会主义法治体系"的战略目标。这个阶段，在政治上加强了公共安全的法治化建设，并推进公共安全信息化建设，形成了更加高效、科技化、国际化的治安管理模式；在经济上，积极推进供给侧结构性改革，注重实体经济发展，加强科技创新；军事上，中国提出"强军兴军"的理念，加强军队建设和现代化，提高国防和军队能力，为国家安全和发展保驾护航。

随着新兴技术的不断涌现，以网络空间为代表的新社会领域中公共安全问题不断涌现。网络空间的虚拟性、匿名性、高度连通性等重要属性对传统公共安全治理模式构成了巨大的挑战。以社交媒体为代表的新型社会空间中产生了诸多新的社会安全风险，原有的治理体制机制无论在覆盖范围、治理思路、管控手段和反应速度上都难以应对，亟需构建新的社会安全格局。当前只有大胆地进行公共安全治理模式与技术手段的创新，制定有针对性的措施、采用最新的技术，创造性地改造传统的公共安全治理流程，才能有效应对这些风险。

面对各种新问题、新风险与新技术的冲击，唯有以"总体国家安全观"为核心指导思想，以人民群众实践需求为导向，以治理创新为动力才能发展出新的公共安全治理模式，有效维护人民群众的根本安全利益。党的二十大报告强调部署推进国家安全治理体系和能力现代化，要求提高公共安全治理水平，要求强化国家安全工作协调机制，要求完善社会治理，旨在健全国家安全体系、增强维护国家安全能力、提高公共安全治理水平。二十大报告第一次提出"推动公共安全治理模式向事前预防转型"，这是公共安全治理模式的重大转向和伟大实践，是"预防性法律制度"理论在公共安全治理中的具体化，是对新时代"枫桥经验"的实践再总结、理论再提升和制度再深化。预防性法律制度理论直接源起于"枫桥经验"，并直面我国当下的公共安全治理问题，是具有中国特色的、主动防御型公共安全治理模式，极具针对性和现实性，是保障国家长治久安、提升社会治理水平和增进人民幸福感的重大理论和实践问题。预防性治理思想渊源于中华优秀传统文化，如"治未病""治未乱""居安思危""防患于未然"等辩证性和整体性治理思想，彰显了中华文化的博大精深。公共安全事前预防治理模式，抓住了公共安全治理的精神实质，针对中国实际进行风险要素分析、结构整合和"脆弱性"补强，为公共安全风险预防提出中国解决方案，贡献中国治理智慧，具有非常重要的实践价值。

中国特色社会主义进入新时代，我国经济发展也进入新阶段，公共安全风险正日益显现出其高度的不确定性、原因的复杂性以及各因素间的紧密关联性。这就决定了对于公共安全的保障已经不能局限于某一领域、某一方面、某一阶段，而应当是全领域、全过程、系统性地提高公共安全保障能力。"国家已经将公共安全视为与人民生命财产安全、国家安全和环境安全并列为影响国家稳定与持续发展的重要因素。"〔1〕当前部分研究成果中存在的突出问题是视角单一、中心化严重、开放性不强、线性发展痕迹明显等，视角单一不利于涵盖公共安全保障能力领域所牵涉的所有问题，中心化严重容易造成政府失灵和处置失能，不利于充分利用市场机制、社会组织等主体的优势，也不利于调动公民个体参与的主动性，不利于形成共建、共治、共享的公共安全治理局面。公共安全治理在未来的发展中，需从以下几个方面进行整体把握：

一是，加强理论研究增强政策创新能力。为应对未来公共安全治理的挑战，应以跨学科、综合性的研究思路应对，注重理论创新和实践创新，加强学术交流和合作。需要加强公共安全治理的理论研究，加强对公共安全治理政策和实践的评估和研究，探索新的治理模式和方法。同时，要加强实践创新，推动公共安全治理的实践和应用，推进公共安全治理的全面、深入、持续发展。未来公共安全治理需要加强政策创新，制定更加科学、合理、有针对性的公共安全政策和法规，建立健全公共安全风险评估和预警机制。同时，要加强与国际社会的合作，借鉴和吸收国际先进经验，提高公共安全治理的水平和质量。

二是，强化技术治理的法治保障。公共安全治理需要加强信息化建设，提高公共安全风险的预测、监测、预警和应急响应能力。构建智能化犯罪治理平台和人工智能辅助决策的应急指挥系统，实现精准治理、动态治理和功能性治理。提高在犯罪侦查、治安防控、应急处置、预防被害等方面的决策效率和反应速度。有必要加大投入，在全国范围内构建人工智能辅助决策的

---

〔1〕 薛澜等：《风险治理：完善与提升国家公共安全管理的基石》，载《江苏社会科学》2008 年第 6 期。

应急指挥系统，并加强网络犯罪预防性治理中的联网、联防、联动和联控。同时要健全相关技术治理规范，完善相关法律制度，防范公共安全犯罪预防性治理过程中的技术风险，以法治化推进治理方式的转变，强化技术治理的法治保障。

三是，健全多元主体参与治理。"人民主体性"是预防性公共安全治理行稳致远的重要保障。"以人民为中心"就是"人民主体性"，是主体性理论的当代发展与中国实践，是"善于治理"和"治理于善"的最终目的和衡量标准。预防性公共安全治理体系的构建，尤其是"事先预防"和"超前预防"等治理措施都要坚持"以人民为中心"，防止预防性治理措施荒腔走板甚至误入歧途，防止侵犯公民基本权利。唯有如此，才有可能调动广大人民群众的积极性和主动性共同参与、共同治理、共享治理成果。更重要的是，"人民主体性"能够确保网络犯罪预防性治理的目标是"善"的，价值导向是"善"的，治理模式是"善"的，治理方式和治理措施是"善"的，如此才能实现公共安全治理的法治化和现代化。

此外，公共安全治理也需要更加注重文化建设和公众参与，加强公共治理主体安全治理的法治化、民主化和社会化建设，加强与社会组织、媒体和企业等治理主体的合作，提高公众的安全意识和自我保护能力。强调公共利益与群体责任、个体义务与人格自律，强调主体性地调处化解各种社会矛盾纠纷，强调多元主体参与的共建、共治、共享的公共安全治理新模式。

四是，落实、完善和创新"四个治理"。"预防性犯罪治理"是对"四个治理"（系统治理、依法治理、综合治理和源头治理）的落实、完善和创新，是方法论层面、实践层面和操作层面的犯罪治理模式。未来公共安全治理需要完善法治建设，建立健全公共安全法律体系，提高法律的适应性、前瞻性和协调性，加强公共安全犯罪案件的法律责任追究和赔偿机制。创新社会管理机制，不断提高治理能力、完善治理体系，"善于治理"而且"治理于善"。未来公共安全治理需要跟踪信息化、智能化的发展，利用大数据、人工智能等技术手段，提高公共安全的预测、监测、预警和应急响应能力。

五是，构建预防性法律制度。以公法一体化理论对公共安全预防性法律制度进行体系性研究和系统性优化，构建公共安全预防性法律制度的一体化体系；健全公共安全风险的预测、预警与监测制度体系，对于重大公共安全风险应当采取源头治理，事先主动采取预防性措施，早发现、早报告，加强监测与预警；完善多元矛盾纠纷排查、化解和调处制度体系，建立矛盾纠纷前置调处与化解、事发预警与控制、事中响应与处置、事后恢复与问责等预防性法律制度，严防危险的发生和累积；构建立体化、信息化社会治安防控制度体系，注重行政预防性法律制度的体系性，实行"三级预防"模式，探索"关口前移"的"零级预防"。

六是，有针对性地进行"脆弱性"补强，全面提升公共安全保障能力。针对公共安全保障能力的系统分析模型中的体制机制、参与主体、基础设施与物资储备、科学技术与产业发展等四大模块，在进行"脆弱性"分析的基础上，依据"节点"划分有针对性地进行补强。制定相关制度确保早发现、早报告、早预警；落实危险预警机制，加强监测与预警；制定"吹哨人"保护法案，确保危险预警与报告渠道畅通。对于危险管控采取系统治理，事前制定完备预案，通过应急演练，加强应急处置与救援的能力；加强党委领导、发挥政府主导、组织社会和公民个人积极参与，明确多层次治理主体责任，落实网格化管理，确保危险管控机制协调、运转高效。对于危险抑制采取综合治理，综合运用政治、经济、行政、社会、法律、道德等各种手段，科学研判、精准施策，划分危险等级，分区分级管理，利用 AI 人工智能、大数据分析等现代科技手段主动寻的、隔离排害，采取精准措施抑制损失、恢复重建等。

公共安全事前预防治理模式的优势在于精准防控和主动干预，是一种主动防御型的公共安全治理模式。为此应当建立大安全大应急框架，做好充分的事前应急准备，不仅是源头严防、过程严管、风险严控，而且是效益最大化的"分级预防模式"，以便在不同阶段更有针对性地采取应对措施。推动公共安全治理模式向事前预防转型，是公共安全治理模式的重大创新，将有力地促进经济社会高质量发展，为公共安全风险预防提出中国解决方案，贡献中国治理智慧。

二、公共安全治理应当坚持系统性思维

什么是公共安全风险？目前仍然众说纷纭。刑法中的公共安全是指不特定或者多数人的生命、健康或者重大公私财产的安全。而所谓的"风险（risk）"是指产生损失的可能性，是危险要素与脆弱性共同作用的结果，

Risk（风险） = Hazards（危险要素）×Vulnerability（脆弱性）。所谓的"危险要素"就是指"可能对人、财产和特定地方的自然环境产生影响的危险源或极端事件"。[1]危险要素可以分为自然危险要素（natural hazards）、人为危险要素（man-made hazards）、技术危险要素（technological hazards）和环境危险要素（environmentalhazards）四类。而所谓的"脆弱性"，就是指一个系统对危险要素产生影响的承受力。当风险超出一个系统的承受能力时，风险演化为危险事件。风险不仅仅是一种已经发生的破坏结果和风险的潜在要素间的区分，"风险主要表现为一种未来的内容。这部分是基于现存可计算的破坏作用在未来的延续，部分是基于普遍的缺乏信心和'风险倍数'（risk multiplier）。那么在本质上，风险与预期有关，与虽然还没有发生但存在威胁的破坏作用有关，当然在这个意义上风险在今天就已经是真实的了。"[2]就此而言，公共安全风险其实就是指对不特定人或者多数人的生命、健康或者重大财产带来危险或侵害的一种现实可能性，是危险要素与脆弱性共同作用的结果。

与风险密切相关的概念是"危机（crisis）"，但是危机通常与突发事件的探讨联系在一起，并在对危机的定义与阐释中来解释突发事件。危机和突发事件都是危机管理层面的概念范畴。赫尔曼（Hermann）首次提出了危机概念的学术定义，当且仅当出现以下情形时被称作是"危机"：决策者的一个或多个重要目标受到威胁、在形势发生重大变化之前决策时间十分有限、形势的出现出乎决策者意料。[3]危机管理专家罗森塔尔（Rosenthal）认为，危机是指"一个系统的基本结构或基本价值和规范所受到的严重威胁"，"由于受到时间压力和出于高度不确定状态，这种威胁要求人们做出关键性的决策"。[4]我国学者张成福从国家安全角度对危机进行了论述，认为危机是一种紧急事件或紧急状态，它的出现和爆发将会严重影响社会的正常运作，对人们的生命财产及环境等造成威胁，超出政府和社会常态的管理能力，此时，将采取

〔1〕 Michael K. Lindell, etc., *Introduction to Emergency management*, John Wiley and Sons, Inc., 2007, p. 2.

〔2〕 ［德］乌尔里希·贝克：《风险社会》，何博闻译，译林出版社 2004 年版，第 34 页。

〔3〕 Charles Hermann F., *International Crises: Insights from Behavioral Research*, New York: The Free Press, 1972, p. 187.

〔4〕 U. Rosenthal, "Crisis Decision-Making in The Netherlands", *Netherlands' Journal of Sociology*, Vol. 22, No. 2, 1986, pp. 103-129.

特殊的措施加以应对。[1] 突发公共危机事件"一般指突然发生，对全国或部分地区的国家安全和法律制度、社会安全和公共秩序、公民的生命和财产安全已经或可能构成重大威胁和损害，造成巨大的人员伤亡、财产损失和社会影响的，涉及公共安全的紧急公共事件"[2]。通常情况下，"危机"和"突发事件"往往交织在一起，一个系统内的危机因素聚集到一定程度后，可能会引起某个突发事件。自2005年成立国务院应急管理办公室开始，学者们的相关研究从"危机管理"转向"应急管理"。危机可以是公共安全风险的重要来源，危机累计所引发的突发事件可以是公共安全犯罪案件或者公共安全事件。犯罪治理层面的公共安全风险，主要是指导致公共安全犯罪（包括过失类犯罪）的风险。

从犯罪治理层面来看，出现公共安全风险就已经足以采取相应的控制性措施予以干预，这其实是预防性犯罪治理的实质内核。危险治理应当早期化，尤其是应对重大公共安全犯罪案件的危险治理更是重在预警和预防，采取源头治理的方式，制定相关制度确保早发现、早报告、早预警。也正因为如此，预防性犯罪治理必然需要从公共安全风险着手，并针对公共安全风险的构成因素、结构关系和脆弱性，进行立体性、结构性、系统性治理。

但是现实中，公共安全治理过程却广泛存在简单治理的现象。所谓的简单治理是指单项的、部分的、割裂的、静止的、封闭式的治理方式，导致公共安全治理能力无法发挥整体功能和效益，"头疼医头、脚疼医脚"的现象突出。具体表现为制度不健全、责任不到位、应急处置方案可操作性差、综合治理能力差、基层各自为政的现象突出、缺乏应急处置的主动性、"等、靠、要"的现象严重等。这些问题的思想根源是"以人民为中心"贯彻不实、主动担责严重不足、形式主义官僚主义严重，有的地方政府遇到公共安全突发事件时，指挥混乱、各自为战、组织不力、贻误战机。解决这些问题的途径是以系统思维全面审视，对构成风险的"危险要素"与"脆弱性"进行系统性治理，不断完善公共安全治理相关制度，构建公共安全治理生态系统，不断完善应对公共安全事件的预警、管理和处置体系，全面提高公共安全治理

---

〔1〕　参见张成福：《公共危机管理：全面整合的模式与中国的战略选择》，载《中国行政管理》2003年第7期。

〔2〕　薛澜、钟开斌：《突发公共事件分类、分级与分期：应急体制的管理基础》，载《中国行政管理》2005年第2期。

能力和保障能力。

系统一词来源于英文 system 的音译，即若干部分相互联系、相互作用，形成的具有某些功能的整体。长期以来，系统概念的定义和其特征的描述尚无统一规范的定论，但是系统更加强调要素、部分、结构之间的关系，更加强调由这些要素所组成的具有一定功能的有机整体。系统也可以包括子系统，或者是存在嵌套系统。每一个系统都可能存在诸多的子系统，但同时也可能是其他更大系统的子系统。系统往往是以功能为导向的，包括了系统内部结构以及与外部环境相互联系和相互作用中表现出来的性质、能力和功能。

以系统性思维或者系统性思想、系统性观点看待公共安全风险并提出应对措施，能够全面提高重大公共安全犯罪治理能力，为重大公共安全犯罪案件的处置提供系统性治理的方式和方法，在学术思想上有重大创新。以系统论来看待重大公共安全犯罪案件，存在着如下基本认知：

一是，系统治理是社会治理的基本方式。系统治理是运用系统观点，把系统要素相互联系的各个方面及其结构和功能进行整体把握并加以运用的一种治理方式。整体性原则是系统治理的核心。这一原则要求人们无论干什么事都要立足整体，从整体与部分、整体与环境的相互作用过程来认识和把握整体。在处置重大公共安全犯罪案件的过程中必须坚持系统治理的方式，从整体、全局和全程出发，注重整合系统的各个组成要素，注重推进和形成系统的要素结构，注重发挥系统的整体功能，注重整体效益和整体结果，发挥 1+1>2 的整体优势，在应对重大公共安全犯罪案件中提升综合治理能力。唯有如此才能够最大限度地将重大公共安全犯罪案件的消极影响降低到最低程度，善于"化危为机"、以变应变、乘势而上。

二是，系统治理是体系性治理。系统治理是基于"系统论"的思维模式和治理方式，要求从整体与局部、整体与环境的互动中理解和把握整体，强调系统的自我调节与自我恢复，强调系统的动态发展与跃迁，强调整体性和综合性的功能作用。系统治理要求在应对重大公共安全犯罪案件的时候要注重发挥各个部分、各个部门、各个要素、各个主体之间的配合与协调，强调事前规划、事中统筹、事后完善，保持均衡与动态调整，发挥整体大于部分的效用，从价值观念、制度规范、执行程序等诸多方面进行综合治理，提高应对重大公共安全犯罪案件的能力。

三是，系统治理是制度性治理。制度的最大优势在于降低交易成本，抑制人际交往中的机会主义行为。"行法令，明白易知"〔1〕，依据完善的制度处理人际交往、经济发展、社会生活中的事务，能够有效提高行为预期。以系统治理看待应对重大公共安全犯罪案件，关键节点在于建章立制、压实责任和监察监督，应当继续完善在应急突发事件中的监测、预警、处置、救援、恢复重建等规章制度，尤其是应当加强应急预案的制定与完善，做到凡事有章可循、凡事有人负责、凡事有据可查、凡事有人监督。一切都按照制度办事，发挥制度在固根本、稳预期、利长远、重效率方面的保障作用。在重大公共安全犯罪案件处置过程中，立法、司法与行政执法等应当向社会治理输入信息负熵，以强烈的制度性信息引导并规范人们的行为，鼓励和激励社会主体共同参与重大公共安全犯罪案件的处置。

系统治理在当代法治社会集中体现为规则治理、法治治理、制度治理，或者说以法律制度为载体的系统治理，凡事都要有根有据、有理有据，法律、制度、规范和规则是判断是非、处理问题和规范行动的依据和准绳。系统治理要坚持根据法律进行思考的思维方式，要坚持将法律规范作为逻辑之大前提进行思考，要贯彻法治精神、崇尚法治理念、追求公平正义。愈是遭遇重大公共安全犯罪案件或者突发事件，愈是需要秉承系统治理的思维，以法治的理念、法治的价值和法治的方法，在法治轨道上推动各项工作有序和高效开展。

四是，系统治理是功能性治理。系统治理应当注重发挥系统的整体功能。系统的特性有很多，如群体性、个体性、关联性、结构性、层次性、开放性、动态性和整体性等。钱学森认为，系统是由相互作用相互依赖的若干组成部分结合成的具有特定功能的有机整体，而且这个有机整体又是它从属的更大系统的组成部分。〔2〕从有机整体的视角看待重大公共安全犯罪案件的处置，最重要、最关键也是最根本的治理方式就是法治生态的生成，发挥系统的整体性功能，处理好宏观与微观、原则与灵活、当下与长效等对立统一的价值关系，恰当处理紧急事态、正确协调社会关系、妥善处理社会矛盾，如此才能调动广大人民群众积极性，主体性地参与到重大公共安全和突发事件的处置中来，群策群力、群防群治、众志成城，没有什么公共安全和突发事件是

---

〔1〕《商君书·定分》。

〔2〕参见钱学森：《论系统工程》，湖南科学技术出版社1982年版，第10页。

我们所处置不了的。

五是，系统治理落实到危险的治理方面，需要从"危险管理"或者"危险控制"到"危险治理"的理念转变。对于重大公共安全犯罪案件的危险预防应当采取源头治理，制定相关制度确保早发现、早报告、早预警；落实危险预警机制，加强监测与预警；制定"吹哨人"保护法案，确保危险预警与报告渠道畅通。对于重大公共安全犯罪案件的危险管控应当采取系统治理的方式，事前制定完备预案，通过应急演练，加强应急处置与救援的能力；加强党委领导、发挥政府主导、组织社会和公民个人积极参与，明确多层次治理主体责任，落实网格化管理，确保危险管控机制协调运转高效。对于重大公共安全犯罪案件的危险抑制应当采取综合治理，综合运用政治、经济、行政、社会、法律、道德等各种手段，科学研判、精准施策，划分危险等级，分区分级管理，利用 AI 人工智能、大数据分析等现代科技手段主动寻的、隔离排害，采取精准措施抑制损失、恢复重建。这些都需要在系统治理的理念下合理构建、一一落实、深化实施。

六是，系统治理是主体性治理。从系统论的视角来看，正义是有涨有落的，正义也会随着社会发展和公众正义直觉的变化而发生变迁，甚至出现巨涨落或者正义的阶跃，同时又反过来影响到社会的进步和公众的正义直觉。[1] 但无论如何，保证系统的内部活力和自我进化的能力、维护一种涨落有序的正义理念对于系统的存在和发展无疑是十分重要的。因此，从更大的视角来看，在重大公共安全犯罪案件治理过程中，应当鼓励并保证各利益相关方以最大的自由度和主体性参与到治理过程中来，以保证重大公共安全犯罪治理的自适应进化，增强预防重大公共安全犯罪案件的能力。在当前风险社会形势下，公共安全威胁日益严峻，不能再单纯地依靠政府主导或者行政主导的模式，甚至不能采取国家主导社会参与型的治理模式，而应当采取多元主体协调参与治理的模式，因为如果缺失了个体的积极参与并采取积极的防范措施，重大公共安全犯罪治理也就沦为一句空话。在这个层面上，公共安全的脆弱性主要表现为"相互依赖性脆弱"，亦即，各个主体高度相互依赖、互联互通所表现出来的脆弱性，想要更好地应对公共安全威胁，治理和修复这种脆弱性，在不能减少相互依赖性的前提下，只能通过各个主体的高度参与和

〔1〕 参见刘军：《罪刑均衡的理论基础与动态实现》，法律出版社 2018 年版，第 38 页。

信息共享，共同应对公共安全威胁。因此，在重大公共安全犯罪治理的战略层面上，应当明确主体性参与和自适应能力的重要性。

三、公共安全治理需要贯彻"善治"理念

当前社会高度融合，信息发达、价值多元、利益广泛，20 世纪 90 年代以来，治理理论已经在经济和政治活动中得到了广泛运用。"治理"（governance），源自古典拉丁文或古希腊语"引领、导航"（steering）一词，原意是控制、引导、操纵，指的是在特定范围内行使权威。它隐含着一个政治进程，即在众多不同利益共同发挥作用的领域建立一致或取得认同，以便实施某项计划。治理理论的主要创始人之一罗西瑙（J. N. Rosenau）将"治理"定义为一系列活动领域里的管理机制，它们虽未得到正式授权，却能有效发挥作用。与统治不同，"治理"指的是一种由共同的目标支持的活动，这些管理活动的主体未必是政府，也无须依靠国家的强制力量来实现。[1] 国内学者俞可平也从公民社会角度来关注治理理论，其引用全球治理委员会关于治理的定义认为，"治理是各种公共的或私人的个人和机构管理其共同事务的诸多方式的总合"[2]。凯特（Kettl）教授在其"Sharing Power：Public Governance and Private Markets"中指出"治理是政府和社会力量通过面对面的合作方式组成的网络管理系统"[3]，并认为在该网络系统中，政府与其他主体是平等的关系，需要通过对话、伙伴关系和借助其他主体的资源来实现依靠自身无法实现的目标。综上可知，治理实质上就是一种合作管理，是对合作网络的管理，为了实现与增进公共利益，政府部门和非政府部门等众多行动主体彼此合作，在相互依存的环境中分享公共权力，共同管理社会公共事务。法治则是指以法治精神和法治价值为导向，运用法律原则、法律规则和法律方法思考和处理问题的思维模式。通常而言，法治思维核心要素包括法律至上、权力制约、公平正义、权利保障、正当程序等。

经过数千年理论与实践的探索，当今世界各国纷纷放弃人治而选择法治。

---

〔1〕 参见俞可平主编：《治理与善治》，社会科学文献出版社 2000 年版，第 2 页。

〔2〕 俞可平主编：《治理与善治》，社会科学文献出版社 2000 年版，第 4 页。

〔3〕 Donald F. Ketel, *Sharing Power：Public Governance and Private Markets*, Brookings Institution Press, 1993, p. 22.

之所以如此，一个非常重要的原因是人类对秩序的一种本能需求，"我们社会中的大多数成年者，一般都倾向于安全的、有序的、可预见的、合法的和有组织的世界"。[1] 人们在生活安排上对连续性、稳定性、确定性的这种期待，与法治精神存在着高度一致性，因为后者的核心就在于"遵循规则化的行为方式，为社会生活提供了很高程度的有序性和稳定性"[2]。然而，如果没有突破常规行为方式，那些猝不及防、变幻莫测而又严重威胁社会正常生活秩序的社会危机，客观上是很难化解的。所以，公共安全突发事件的治理貌似和以形式理性为精神内核、"按部就班"式的依法办事之间存在着巨大张力。进而，在一部分人看来，强调依法治理突发事件等社会危机无异于作茧自缚以致坐以待毙，故有"危急不识法律"一说。美国戴维斯教授对裁量正义及其与法制的关系做了评析：在取消所有裁量权的意义上，任何政府都不是法治而是人治。[3] 每一个政府都兼有人治和法治，显然，这句话的含义是政府的存在无法离开裁量权。英国学者科特威尔（R. Cotterrell）认为："如果国家要维护现行的社会、经济和政治秩序，必须要求政府摆脱法治原则所框死的规则的束缚，采用在作用上更有针对性，在运用富有灵活性的规则"[4]。此处所说"框死的规则"就是传统形式法治，而"富有灵活性的规则"则是实质法治的内容。裁量是我们政府和法律中创造性的主要来源，而法治的目标是区分必要和不必要的裁量权。重大公共安全突发事件的突发性和应急处置的紧迫性都要求有极大的裁量权，这种自由裁量往往不是通过常规的条文分析或逻辑推理能有效行使的。即使在紧急状态法治程度比较高、相关法制较为健全的情况下，也必须授予政府和有关机关一定的自由裁量权以备不测。但与此同时，突发事件应急处理中的人权保障也不应被忽略。在赋予政府裁量权的同时，公民的部分自由和权利往往会受到更多的限制，或者被课以更多的义务，对此公民需要给予必要的容忍，比如突发公共卫生事件防控期间的出行自由、经营自由、集会自由以及财产权等权利，较之于常态社会就受到更

---

[1] Maslow, Abraham H., *Motivation and Personality*, New York: Harper & Row, 1970, p. 41.

[2] ［美］E·博登海默：《法理学：法律哲学与法律方法》，邓正来译，中国政法大学出版社2004年版，第228页。

[3] 参见 ［美］肯尼斯·卡尔普·戴维斯：《裁量正义——一项初步的研究》，毕洪海译，商务印书馆2009年版，第15～54页。

[4] ［英］罗杰·科特威尔：《法律社会学导论》，潘大松等译，华夏出版社1989年版，第195页。

多的限制。在此情况下，如何正确协调社会关系、妥善处理社会矛盾？实质法治对政府权力的限制和对个人自由权利和尊严的保护都具有实质性的意义。

　　按照实质法治论的观点，法治不仅是法律的统治，而且是"良法"的统治。张文显教授认为"'法治'是一个融汇多重意义的综合观念，是民主、自由、平等、人权、理性、文明、秩序、效益与合法性的完美结合"〔1〕。基于人们对真善美价值的永恒追求，自国家和政府产生以来，善政便成为人们所期待的理想政治管理模式，然而，随着人们民主观念和公民意识的不断加强，善政理念受到了善治理论的挑战。特别是 20 世纪 90 年代以后，善治日益成为公共管理领域流行的话语。"善治"简言之即"良好的治理"（good governance），"就是使公共利益最大化的社会管理过程"〔2〕，是以政府与公民社会的良性互动为基本模式的社会治理过程。其本质意义上可谓是"人本位"的管理，是真正践行以人为本核心价值理念的政府运作方式；内在地具有法治性、透明性、责任性、回应性、有效性、廉洁性、互动性、服务性、公正性的属性，且因此体现出的广泛的适用性、"人本位"的精神内核以及鲜明的时代特色，日益成为现代政府新的政治理念和政府运作方式。"善治"就是法治，是运行良善的法治，其中的共同参与、共同管理、多元治理也是当代法治的要求。以"善治"理念看待应对重大突发事件的治理能力，应当从目标之"善"、过程之"善"、工具之"善"等方面提高依法治理能力，尤其是公共利益最大化这一目标的确定上应当是"善"的。"以人民利益为中心"，为了广大人民群众的福祉制定应急预案、采取应对措施、完善治理体系，全方位增强领导、组织、调度、协调、管理、服务等依法治理能力。

　　法治思维对于完善党的领导、推进良法善治、保障严格执法和公正司法、保障公民权利、支持经济社会发展等均起着巨大的推动和支撑作用。2013 年 11 月召开的党的十八届三中全会提出，全面深化改革的总目标是"完善和发展中国特色社会主义制度、推进国家治理体系和治理能力现代化"，并提出了"创新社会治理体制""提高社会治理水平"的要求。"社会治理"一词首次出现在党的正式文件中，标志着中国共产党执政理念的重大变化；党的十八届四中全会提出了"提高社会治理法治化水平"，强调法治在社会治理中的重

---

〔1〕　张文显：《二十世纪西方法哲学思潮研究》，法律出版社 1996 年版，第 631 页。
〔2〕　俞可平主编：《治理与善治》，社会科学文献出版社 2000 年版，第 8 页。

要作用；党的十八届五中全会提出"推进社会治理精细化，构建全民共建共享的社会治理格局"等决策论断；在党的十九大报告中，习近平总书记提出了新时代中国特色社会主义社会治理现代化的总体要求："打造共建共治共享的社会治理格局。加强社会治理制度建设，完善党委领导、政府负责、社会协同、公众参与、法治保障的社会治理体制，提高社会治理社会化、法治化、智能化、专业化水平。"

"善治"在使公共利益最大化这一共同目标上，政治国家与市民社会找到了最大公约数。在面对重大公共安全犯罪或者突发事件之时，更是要求政府要创新社会管理体制机制，"善于治理"和"治理于善"，不断提高应对重大公共安全犯罪案件的治理能力。唯有如此，才能发挥系统治理的整体性功能，也才有可能调动广大人民积极性和主动性，团结在党和政府周围，勠力同心、共克时艰、同赴春天。"善治"理念必定要回应人们所关心的社会利益与个体利益，并通过规范社会管理，增强人们的认同感和归属感，增进社会和谐与稳定，促进社会公共福利的提高。人类的行为无不受到利益的驱使和驱动，作为人类意志产物的法律必然受到"目的律"的支配和约束，利益分配以及纠纷解决机制是一切社会关系的首要问题，人们无时无刻不在基于利益（包括社会利益和个体利益）而关注并参与到社会管理之中。作为一种公共事务，公共安全就是这样一种受到普遍关心的社会公共利益，可以说，每一个体在其中都存在着利益，都需要一个安全的生存环境。在"善治"理念的指导下，对于危险的管控也存在着需要检讨的地方。鉴于新刑罚目的论的影响，对于危险的管控也转向隔离排害的目的论思想，不但对于危险的治理需要综合的刑罚目的论作指导，而且即使是运用剥夺犯罪能力之刑罚目的，在危险的治理方面也需要从"危险管理"或者"危险控制"到"危险治理"的理念转变，充分运用"善治"理念和治理模式，加强与社会组织和社区公民的沟通合作，发挥多元机构的治理机制，弥补政府危险治理方面的能力缺陷与信任缺陷。从社会管理的层面，危险的治理实质就是充分调动社会上所有人的主体性，共同参与、共同预防、共享安全的一种治理模式。

"善治"理念是一个综合的体系，存在着"善治"理念之"善"和"善治"理念之"治"等不同层面的解读，易言之，"善治"虽然也是治理，但是善治之"善"不仅仅提高了治理的合法性、权威性和有效性，更重要的是，"善治"的目标在于治理于"善"，即追求达到"善"的境界。在这个层面上行政的管理角色与定位还是不能淡化甚至虚无化，否则就是舍本逐末、缘木求鱼。对于公共安全而言更是如此，不仅要善"治"，更要治理于"善"。

四、公共安全治理要促进法治生态的生成

依法治理是社会治理的基本方式，法治思维是社会治理的基本思维。法治不但是社会治理的合法性和权威性的来源，是社会治理公信力的基本保障，更是化解社会矛盾、保障经济社会发展的基本形式。在系统性完善公共安全治理体系、提高公共安全治理能力过程中，也应当坚持依法治理的方式，尤其是应当坚持运用法治思维和法治方式恰当处理紧急事态、正确协调社会关系、妥善处理社会矛盾，如此才能调动广大人民群众积极性，主体性地参与到生产与安全的协调发展中来，群策群力、群防群治、众志成城，没有什么公共安全犯罪、重大突发事件、食药安全和生产安全事件是我们所克服不了的。

习近平指出："法治是国家治理体系和治理能力的重要依托。"以法治思维重新审视公共安全治理体系与治理方式，全面提高公共安全保障能力还需要不断向公共安全治理系统输入信息负熵。法治思维，简而言之，就是规则思维，是以法律规范作为判断是非、处理问题和规范行动依据和准绳的思维方式。无论是传统安全风险还是非传统安全风险，无论是日常公共安全风险预防还是遭遇重大公共安全犯罪案件，都需要秉承法治思维，以法治的理念、法治的价值和法治的方法，在法治轨道上推动各项工作有序和高效开展。法治思维和依法治理方式带给我们的是合法性和权威性，是高效、透明和责任，是社会治理的主体性参与，是法律义务与道德自律的完美结合，是国家治理体系和治理能力的现代化。

公共安全系统治理将有助于法治生态的生成。目前法治生态的概念还处在观念的层面，主要的思路是以系统论来看待重大公共安全犯罪案件的社会治理，还需要进一步论证，还需要与依法治理、综合治理和源头治理等治理方式深度融合。通常而言，生态平衡是一种动态平衡，是生态系统内部长期适应的结果，即生态系统的结构和功能处于相对稳定的状态，个体稳定、种类稳定、能量与物质输出输入基本相等保持平衡，生产的费用稳定以及生态的自我调节能力强。生态的自我调节可以分为负反馈调节（negative feedback）

和正反馈调节。所谓的负反馈调节，是抑制性调节机制；正反馈调节，则是促进型调节机制。抵抗力稳定性（resistance stability），是指抵抗外界干扰的能力；恢复力稳定性（resilience stability），则是在原地恢复到原来状态的能力，恢复重建的能力。法治生态系统如果能够达到一种动态平衡，将有利于该系统的自我调节、自我稳定和自我恢复，具有强大的对抗外界冲击能力，有助于增强重大公共安全犯罪案件的预警、处置和恢复重建的能力。

法治生态概念的提出不是基于某一类重大公共安全犯罪案件的情景描述，不是追寻某一种重大公共安全犯罪案件的特定规律，以便应用于应急管理的规划、预案和演练，而是尝试以一般系统论或者社会系统论作为指导，描述一个健康的法治生态系统的生成包括各个组成部分及其相干关系，构建重大公共安全犯罪案件处置的法治生态系统。系统论提倡的是关系的、整体的、动态的、过程的、开放的、进化的处置范式。如果说，传统的处置方式可以简约为"整体等于部分之和"的话，那么，系统论的范式可以概括为"整体大于部分之和"。

由是观之，法治生态系统的概念拥有以下几个方面的优势：一是，法治生态系统在处置重大公共安全犯罪案件的能力方面，一定大于法治系统的各个组成部分单独处置重大公共安全犯罪案件的能力之和。法治生态系统的构建重在结构和功能，重在各个部分的均衡与协调发展。二是，生态系统注重不同组成部分、不同层级系统及其相干关系，注重"微观"治理对于法治生态的贡献，注重众多"微治理"的法治现状与法治成长，注重不同层级系统之间的非线性关系对于系统阶跃的贡献。三是，法治生态系统一旦生成，由于生态系统的复杂性、多样性和自我修复能力，其自组织能力和整体抗冲击的能力也将倍增。四是，动态地看待法治生态系统，在重大公共安全犯罪案件处置过程中势必要关照个体的自由与价值，这与公众的正义直觉并行不悖，系统内部的子系统通过非线性相干也更趋多元化，从而保证了法治生态系统的活力和阶跃，容错率也大大提高。五是，法治生态系统的概念，有助于重新评估立法、行政、司法、监察等权力分立与制约关系，并在制度层面上构建以功能为导向的制度体系，有助于评测重大公共安全犯罪案件处置过程中社会干预措施的时机与效果，甚至有利于以系统论的范式重新审视国际关系。

以系统论思维有助于促进法治生态的培养与生成。法治的弘扬、实现与坚守有赖于法治生态的培养以及法治生态系统的生成。一个稳定良好的法治生态系统，具有强大的抗压能力和恢复重建能力，能够体系性地应对和处置重大公共安全犯罪案件，处乱不惊、因变而变、协调应对。法治生态的理念有利于贯彻和运用系统论的一般理论和方法，不断完善应对重大公共安全犯罪案件的治理模式，不断丰富具体治理方法，同时有利于以法治生态践行人类命运共同体的理念，以法治生态调动治理主体积极性、团结协作共同应对重大公共安全犯罪案件，以法治生态看待应对重大公共安全犯罪案件的国际合作，在斗争中争取团结，在体系中形成合力。

应对重大公共安全犯罪案件和突发事件应当加大立法力度，完善制度建设，尤其是制定具有可操作性的应急预案，夯实主体责任，促使主动高效地履行职责。在执法层面应当确立目的正当性、实质正当性和程序正当性，确保目的与手段的比例性，防止出现处置不当、处置不到位或处置过度等不良现象。在司法层面应当秉承宽严相济的刑事政策，在法治框架内高效快速地处置相关司法案件，向社会系统输入信息负熵。一个系统要拥有结构和活力，它必须开放，去不断地与周围世界进行能量和物质的交换。人类社会作为复杂巨系统也是如此。不过人类社会区别于自然界之处在于其不仅需要保持开放以及与外部世界的物质与能量的交换，还需要时刻保持与外部世界的信息交换或者说向社会输入信息负熵。一般而言，自发形成的有序结构无法避免熵的增加，负熵在此仅仅起到平衡熵增和维持这种耗散结构的功能，但很有可能这种自发的进化才是真正意义上的正义；而非自发的干涉所形成的有序结构如果能够为社会输入正确的信息负熵，则会在一定程度上缓解甚至迟滞熵增的功效。法治系统中的立法、司法和执法等子系统都在不同的层面上不断地向社会系统输入公平、正义、民主、自由、诚信、友爱、规则和社会团结等信息负熵，防止社会分裂性行为并维持社会自主进化的能力。

治理主体的多元化是公共安全治理的制胜法宝，坚持人民至上的理念，坚持公共安全治理能力建设为了人民、依靠人民。习近平强调："推进全面依法治国，根本目的是依法保障人民权益。"必须始终把人民利益摆在至高无上的地位，把人民对美好生活的向往作为奋斗目标，把人民对于生产与安全协调发展的期待作为行动指南，加强人权法治保障，尊重人民的主体性和人格尊严，保证人民依法享有广泛权利和自由。强调人民群众在治理过程中的主体性地位，强调个体的治理责任与道德义务。注重公民权利保障与公共利益保护的均衡，尤其是大数据、人工智能等高科技介入处置过程中时，应当加大对公民个人信息及隐私权保护，防止信息泄露和不当利用。如此，才有可能调动广大人民积极性，共建、共治和共享公共安全治理的成果。

良好的法治生态与环境有助于系统的自组织、自适应和自主进化，有助于系统的稳定性、抗干扰性与动态发展，有助于依法治理各要素的协调发展与高效运转，有助于系统复杂性的生成和阶层跃升。以系统论看待法治生态的培养与生成，应当关注重大公共安全突发事件对于法治生态的冲击，以及通过建设法治生态更好地应对重大公共安全突发事件，提高整体的、综合的、根本性地应对重大公共安全突发事件的治理能力。以法治生态的系统论观点还能够更好地理解和处理我国的法治生态系统与外在环境之间的关系，提倡"以德报德、以直报怨"的生态进化论，妥当地处理应对重大公共安全突发事件过程中的国际合作关系。

公共安全的治理过程中应当选择"多元主体协同参与"型的治理模式，不但能够发挥国家主导型治理的效率优势和整体优势，还能够发挥社会主导型治理模式的主体优势和固基优势。"软弱无力的行政部门必然造成软弱无力的行政管理，而软弱无力无非是管理不善的另一种说法而已。管理不善的政府，不论理论上有何说辞，在实践上就是一个坏政府。"[1]要坚持党的集中统一领导，加强对重大公共安全事件的统一管理、决策、调度与协调，国家和政府在公共安全治理过程中的重要角色不容弱化。要创新社会管理参与机制，强化社会的自组织能力，探索实施网格化管理与服务，调动社会组织、社区和公民的积极性共同参与、共御风险、共享安全。

---

〔1〕［美］汉密尔顿等：《联邦党人文集》，程逢如等译，商务印书馆 1989 年版，第 356 页。

预防性犯罪治理的理论阐释与体系构建

　　预防性犯罪治理的提出源起于社会矛盾纠纷多元解决机制，是在"总体国家安全观"思想指导下，在对"枫桥经验"总结的基础上，"统筹发展和安全，建设更高水平的平安中国"的制度实践和理论提升。其核心要义是保障人民群众的发展与安全利益，事先主动采取预防性措施，防止影响发展的重大安全事件尤其是重大犯罪案件的发生。预防性犯罪治理根植于中华优秀传统文化的沃土，是具有中国特色的、彰显社会主义制度优势的、具有强大生命力和自适应性的理念，是社会主义治理体系的重要组成部分。预防性犯罪治理应采取"分级预防模式"，构建和完善前段、中段、末段预防相结合的立体式预防体系、多层次的预防法律制度体系和多元主体参与的公共安全风险预防机制。

　　预防性犯罪治理对于重大公共安全犯罪案件和突发事件的预警、检测、响应、处置、控制和恢复等制度构建均具有重大指导价值和创新意义，是贯彻重大公共安全突发事件治理过程的一种治理理念和治理模式，不但具有重大的理论创新意义，而且具有重大的实践指导价值。

一、预防性犯罪治理的实践源起与精神实质

(一)"枫桥经验"的具体实践与核心要义

　　预防性犯罪治理是从制度层面提前做好防范性准备，防备可能发生的重大公共安全事件。预防性犯罪治理，体现了中国传统文化的博大精深和在社会治理实践的具体运用，是保障国家长治久安、提升社会治理水平和增进人民幸福感的重大理论和实践课题，具有重大的理论价值和现实意义。目前亟需

对预防性犯罪治理进行经验总结、理论构建、体系完善和实践上的拓展应用。

"预防性犯罪治理"是运用信访、调解、帮教、群防群治等东方智慧构建起来的社会矛盾纠纷多元预防调处化解机制的制度化体现，是中国共产党领导中国人民向世界展示中国制度特色和制度优势的重要品牌，是坚持和完善共建共治共享的社会治理制度是保障国家长治久安、提升社会治理水平和增进人民幸福感的重大社会实践活动。

党的十八大以来，党中央和习近平总书记高度重视公共安全体系建设，根据改革发展环境的复杂变化和最新特征，提出了一系列新观点、新思想和新要求。党的十九大提出"打造共建共治共享的社会治理格局"，而其中"加强预防和化解社会矛盾机制建设，正确处理人民内部矛盾"是健全公共安全体系的重要组成部分。党的十九届四中全会提出"坚持和完善共建共治共享的社会治理制度，保持社会稳定、维护国家安全"，其中，更是提出了要坚持和发展新时代"枫桥经验"，完善社会矛盾纠纷多元预防调处化解综合机制，努力将矛盾化解在基层。党的十九届五中全会提出"统筹发展和安全，建设更高水平的平安中国"。《中华人民共和国国民经济和社会发展第十四个五年规划和 2035 年远景目标纲要》第 55 章"维护社会稳定和安全"要求"正确处理新形势下人民内部矛盾"，"坚持和发展新时代'枫桥经验'，构建源头防控、排查梳理、纠纷化解、应急处置的社会矛盾综合治理机制。畅通和规范群众诉求表达、利益协调、权益保障通道，完善人民调解、行政调解、司法调解联动工作体系。"2020 年 11 月在中央全面依法治国工作会议上，习近平总书记再次提出了完善预防性法律制度，坚持和发展新时代"枫桥经验"，促进社会和谐稳定。以上文件和讲话精神为构建预防性法律制度、不断完善社会治理体系和全面提升社会治理能力指明了方向。

预防性的提出缘起于社会矛盾纠纷多元解决机制，是对"枫桥经验"的经验总结与理论提升。"预防性法律制度，主要是为防范各类矛盾纠纷发生而制定的一系列法律规范和制度。新时代'枫桥经验'就是注重运用多种社会矛盾纠纷化解机制，将矛盾纠纷消弭在事前、化解在基层。"[1]"枫桥经验"源自 20 世纪 60 年代浙江省诸暨县枫桥镇在社会主义教育活动中对于"四类

---

[1] 潘剑锋：《完善预防性法律制度（有的放矢）》，载《人民日报》2021 年 1 月 19 日，第 9 版。

分子"教育改造的经验和做法，其典型做法就是发动群众、依靠群众，"矛盾不上交、就地解决"，实现"捕人少，治安好"。1963 年 11 月 20 日，毛泽东同志提出"要各地仿效，经过试点，推广去做"〔1〕，此后"枫桥经验"开始经验总结并在全国范围内推广。"枫桥经验"在发展过程中也在不断丰富和创新，解决了大量的人民内部矛盾。在维护社会治安方面成立了监督改造、调解矛盾、帮助教育、安全检查等工作组；在教育改造方面，创造性地依靠群众，关心、教育和帮助"懒汉、二流子、流窜犯"改正的经验，受到公安部高度评价。1965 年浙江省公安厅汇集了 11 篇学习和发展"枫桥经验"的典型材料，供全省公安机关借鉴学习。〔2〕改革开放以后，"枫桥经验"仍然保持了旺盛的生命力，在矛盾纠纷化解、违法人员教育改造、社会治安防范、加强公共安全风险预防等诸多方面仍然发挥着不可替代的作用，〔3〕保持了捕人少、治安好、经济发展快的良好局面。〔4〕2003 年 11 月，时任浙江省委书记的习近平同志在浙江纪念毛泽东同志批示"枫桥经验"40 周年大会上明确提出，"要牢固树立'发展是硬道理、稳定是硬任务'的政治意识，充分珍惜'枫桥经验'，大力推广'枫桥经验'，不断创新'枫桥经验'，切实维护社会稳定。"〔5〕当前"枫桥经验"被赋予了许多新的时代精神，已经成长为基层社会治理和社会管理综合治理的典范。"枫桥经验"是以人民为中心的共建共治共享的基层社会治理经验，是预防性犯罪治理的新模式。

从"依靠和发动群众、坚持矛盾不上交"的"枫桥经验"，到创建"多元矛盾纠纷解决机制"的"枫桥经验"，再到推动"共建共治共享社会治理新格局"的"枫桥经验"〔6〕，产生于基层社会治理的"枫桥经验"历时半个

---

〔1〕　毛泽东：《对谢富治在二届全国人大四次会议上的发言稿的批语（一九六三年十一月二十日）》，载《建国以来毛泽东文稿（第十册）》，中央文献出版社 1996 年版，第 416 页。

〔2〕　参见朱志华、周长康主编：《"枫桥经验"的时代之音》，浙江工商大学出版社 2019 年版，第 290 页。

〔3〕　参见朱志华、周长康主编：《"枫桥经验"的时代之音》，浙江工商大学出版社 2019 年版，第 291 页。

〔4〕　参见浙江省公安志编纂委员会编：《浙江人民公安志》，中华书局 2000 年版，第 274 页。

〔5〕　中共浙江省委理论学习中心组：《中国特色社会主义在浙江实践的重大理论成果——学习〈干在实处走在前列〉和〈之江新语〉两部专著的认识和体会》，载《浙江日报》2014 年 4 月 4 日，第 3 版。

〔6〕　参见崔永东：《涉侨纠纷多元化解机制的理论考察、文化基础与制度构建》，载《政法论丛》2020 年第 3 期。

多世纪，历久弥新的精神实质是"以人民为中心"，"一切为了群众，一切依靠群众；从群众中来，到群众中去"，"就是以人民至上为原则，确立人民主体地位"，"以人民福祉为宗旨，维护人民合法权利"，"以人民关切为导向，回应人民利益期待"〔1〕。无论是化解矛盾纠纷、教育改造挽救违法犯罪人员，还是加强治安防控、预防犯罪案件的发生，都必须坚持为了群众、依靠群众，群防群治、综合治理。只有紧紧抓住"枫桥经验""以人民为中心"这一精神实质，才不会在构建和完善预防性犯罪治理中"荒腔走板"，而是切实抓出实效。

发展与安全是人民群众的核心利益，是人民群众最关心、最直接也是最现实的利益问题，"安全是发展的前提，发展是安全的保障"，正是在这个意义上十九届五中全会提出了"统筹发展和安全"，不断增强忧患意识，做到居安思危，"没有安全和稳定，一切都无从谈起"〔2〕。西北政法大学的褚宸舸曾经表示，"枫桥经验"是以人民为中心的共建共治共享的基层社会治理经验，强调自治、法治、德治融合，其基本做法是发动和依靠群众化解人民内部矛盾。〔3〕是以"枫桥经验"的核心要义是保障人民群众的发展与安全利益，事先主动采取预防性措施，"防患于未然"防止矛盾纠纷激化，防止影响发展的重大公共安全事件尤其是重大犯罪案件的发生。

（二）预防性犯罪治理的基本概念与具体内涵

从"枫桥经验"的历史发展来看，首先，预防性治理是指通过建构预防性法律制度，对于人民群众内部矛盾纠纷进行化解和处置等预防性措施而进行的治理，尤指防范基层矛盾纠纷激化而引发的安全风险。如潘剑锋就认为，"预防性法律制度，主要是为防范各类矛盾纠纷发生而制定的一系列法律规范和制度"〔4〕。其次，预防性犯罪治理还包括维护社会治安方面的制度，包括

---

〔1〕 胡玉鸿：《"以人民为中心"的法理解读》，载《东方法学》2021 年第 2 期。

〔2〕 2016 年 1 月 18 日，习近平在省部级主要领导干部学习贯彻党的十八届五中全会精神专题研讨班上讲话时强调"推动创新发展、协调发展、绿色发展、开放发展、共享发展，前提都是国家安全、社会稳定。没有安全和稳定，一切都无从谈起。"

〔3〕 参见靳昊：《将"枫桥经验"作为预防性法律制度体系的核心——访西北政法大学枫桥经验与社会治理研究院执行院长褚宸舸》，载《光明日报》2020 年 12 月 14 日，第 5 版。

〔4〕 潘剑锋：《完善预防性法律制度（有的放矢）》，载《人民日报》2021 年 1 月 19 日，第 9 版。

社会治安防控、情境公共安全风险预防、邻里守望、区域巡逻等具体制度和措施。最后，预防性犯罪治理还包括特殊预防方面的制度和措施，如监督改造、帮助教育等。新时代"枫桥经验"的内涵更加丰富，基层社会治理和社会管理综合治理方面，具有事先防范性质的法律制度都是预防性犯罪治理的重要组成部分。如法治宣传和普法教育、心理疏导和危机干预、安全检查与企业合规改造等都可以被称作预防性犯罪治理措施，甚至还可以包括矛盾纠纷的普查或者排查、重点人口管理和协助侦破刑事案件等。

由此可见，"枫桥经验"是通过事先主动采取预防性措施，保障人民群众的发展与安全利益，而预防性犯罪治理则是这种预防性措施的制度化。"枫桥经验"和预防性治理在理论核心与精神实质上是内通的。一方面，预防性法律制度是"枫桥经验"的经验总结与理论提升，是制度化和规范化的"枫桥经验"；另一方面，预防性法律制度能够更好地指导基层治理实践，借鉴并学习"枫桥经验"，在共建共治共享中创新发展"枫桥经验"。如褚宸舸在总结"枫桥经验"时就认为，应坚持把预测预警预防作为根本任务，努力打造矛盾风险防控新模式。深入研判新时代各种风险及其治理原理，提升风险防范化解能力。加强政法机关管理、服务社会的职能。多元主体协同治理、多种手段综合防控。构建源头治理，打防结合、整体防控，构建防范、控制、服务相互融通的立体化防控体系。强调人民治安理念，贯彻"枫桥式"社区警务模式。塑造风险防范共同体，以人民为中心，发动和依靠群众参与，专群结合、群防群治，重视自治、法治、德治"三治融合"，强调以理服人。〔1〕

因此，预防性法律制度其实就是在"以人民为中心"思想指导下所构建起来的旨在防止法益侵害或者危险发生的各种预防性措施、行动、纲领的制度化集合。预防性法律制度是预防性犯罪治理的制度化，属于主动性的防御措施，是针对法益侵害之不确定性所采取的防御性措施，属于广义的"公共安全风险预防"（Crime Prevention）或者"犯罪控制"（Crime Control）的相关制度，但是又更加提倡预防性理念。因此，预防性犯罪治理的涵义与"犯罪干预"（Crime Intervention）更加类似，亦即，通过各种干预和介入手段防止不法侵害的发生与扩大，甚至"超前预防"以消除致害因子的产生，从根

---

〔1〕 参见靳昊：《将"枫桥经验"作为预防性法律制度体系的核心——访西北政法大学枫桥经验与社会治理研究院执行院长褚宸舸》，载《光明日报》2020 年 12 月 14 日，第 5 版。

本上防止损害的发生。

预防性犯罪治理[1]在内涵上包括以下几层涵义：一是，预防性犯罪治理强调的是预先性。所谓的预防性强调的是预先防范法益侵害或者危险的发生。"预"有"预先、事先"[2]之意；预防性就是具有预先防范性质或者属性之意。所以，预防性治理就是具有预先防范性质的制度措施，是针对未来损害的一种预防措施，以防备或者戒备法益侵害或者危险结果的发生。二是，预防性犯罪治理强调的是防范性。"预防性"其中的"防"则是"防备、防守、防御"[3]之意。预防性犯罪治理是基于谨慎的要求，对于可能危及重大法益以及公共安全的行为所采取的防御性、防备性、警惕性处置措施。为了适应处置需求，预先设置的处置措施可以是阶梯状的、力度不断加强的、具有应变性的各种方式、方法和手段的有机组合。三是，进行预防性犯罪治理的目的是防卫不法侵害，属于自卫性质的制度措施，亦即，预防性犯罪治理还是针对即将到来的攻击（an imminent attack）所采取的预先性自卫（anticipatory self-defense）。从自卫的方式或者方法上来看，可以是疏导性的，坚持正面教育以积极疏通和引导，强化公众对于法治的信仰、忠诚与自愿服从；可以是化解性的，将矛盾纠纷消灭在萌芽状态以防止矛盾激化发生重大损害；也可以是压制性的，对于已经露出苗头的轻微违法犯罪采取强制的手段进行压服，以真实的不利后果教育当事人吸取教训，防止"养痈畜疽、纵虎出柙"；还可以是进攻性的，即在有一定犯罪证据的前提下，提前进行处置，以防止出现更加严重的法益侵害。四是，预防性犯罪治理是在法治的框架内采取制度化措施，对于可能出现的法益侵害所进行的预防性处置，其落脚点是法律制度，是以法治的方式预先处置可能发生的重大法益侵害。因为是预先处置，所以更加符合制度设定的目的，处置措施和手段需要符合适当性、必要性和比例性原则。制度的生命力在于合目的性，合目的性不仅在于目的设置的合理性，

---

〔1〕 "预防性治理"从构词上简单地来看，就是具有"预防"性质的法律制度，但是因为"预防"一词的中文涵义较为宽泛，不仅包括古典学派的一般预防与特殊预防，还包括积极的一般预防和积极的特殊预防，甚至包括事先防范之意，因此本书对于"预防性治理"的界定比较宽泛，以更加贴近实际、契合实践。

〔2〕 参见中国社会科学院语言研究所词典编辑室编：《现代汉语词典》（第5版），商务印书馆2005年版，第1668页。

〔3〕 参见中国社会科学院语言研究所词典编辑室编：《现代汉语词典》（第5版），商务印书馆2005年版，第385页。

更在于达致目标路径、方式和方法的适应性和应变性，以便在制度的执行过程中不断进行调节并趋达目标。

二、预防性犯罪治理的思想渊源与时代背景

（一）预防性犯罪治理的思想渊源

预防性犯罪治理是具有中国特色的、彰显社会主义制度优势的、具有强大生命力和自适应性的制度，是社会主义治理体系的重要组成部分。预防性犯罪治理之所以能够在中国诞生并发展起来，端在于预防性犯罪治理根植于中华优秀文化的沃土之中，具有强大的生命力和适应性。

中华文化源远流长，发展出了独特的辩证性思维和整体性思维，更能够以整体、发展、动态的眼光看待可能发生的社会风险和公共危险，孕育了丰富的预防性思想。这些预防性思想被成功地运用于治国理政、用兵之道、为人处事、治病养生等诸多方面。在被誉为中华文明的源头活水、群经之首、大道之源的《周易》中即有预防性的思想，"水在火上，既济。君子以思患而豫防之"[1]。其中的"豫"通"预"，预见、预测之意；"防"，防备之意，即对于预测的风险做好应对准备。"水火既济"本是完成或者成功之意，但容易发生变故，应防物极必反、盛极而衰。《尚书》"惟事事，乃其有备，有备无患"[2]。《礼记》更是将之提到"凡事预则立，不预则废"的程度，认为"言前定则不跲，事前定则不困，行前定则不疚，道前定则不穷"[3]。还有《左传》中谈到"居安思危，思则有备，有备无患"[4]。可以说，"于安思危，危则虑安"[5]的思想已经深入中国人的骨髓。

在治国理政方面，孔子的"德法并行""宽猛相济""道德教化"等思想都是预防性思想。《左传》在记载郑国子产论政宽猛之后，引孔子的话说："善哉！政宽则民慢，慢则纠之以猛；猛则民残，残则施之以宽。宽以济猛，

---

[1]　《周易·既济卦》。
[2]　《尚书·说命中》。
[3]　《礼记·中庸》。
[4]　《左传·襄公十一年》。
[5]　《战国策·楚策四·虞卿谓春申君》。

猛以济宽，政是以和。"〔1〕"宽""猛"相济，以调和政事，无论是"宽"还是"猛"，都是为了防止政策极端所带来的祸端。正所谓"惟有道者，能备患于未形也，故祸不萌"〔2〕。我国当前的基本刑事政策"宽严相济刑事政策"，就来源于古代的"宽猛相济"的政论，体现了预防性犯罪治理的思想。在道德教化方面，更是提出了"道之以政，齐之以刑，民免而无耻。道之以德，齐之以礼，有耻且格"〔3〕的思想，认为道德教化是最好的安全风险预防之策和社会治理之本。

不仅如此，预防性思想在用兵之道也上体现得淋漓尽致。如战国时期的《司马法》中就有"以战止战"和"忘战必危"的思想，"国虽大，好战必亡；天下虽安，忘战必危"〔4〕。再如，"顺天、阜财、怿众、利地、右兵，是谓五虑"，〔5〕分别是从天时、物资、思想、地利、军事等不同的方面进行战争时期的全面准备。再如，《孙子兵法·九变》中就谈到，"用兵之法，无恃其不来，恃吾有以待也；无恃其不攻，恃吾有所不可攻也"〔6〕。

中医理论中"治未病"的思想更是典型的预防性思想，正所谓"上工救其萌芽"〔7〕。《黄帝内经》被称为上古"三经"，在"医人"方面更有了不起的建树，系统地阐释了疾病的病理、诊断、预防和治疗等一系列问题。该书《素问·四气调神天论》中提到："圣人不治已病治未病，不治已乱治未乱，此之谓也。夫病已成而后药之，乱已成而后治之，譬犹渴而穿井，斗而铸锥，不亦晚乎！"〔8〕所谓的"治未病"，其实质就是"防病"，即在未病之时就开始"未雨绸缪"地进行预防性调理和治疗，正如《淮南子》中所说，"良医者，常治无病之病，故无病"〔9〕。《备急千金要方·养性》曰："善养性者，则治未病之病，是其义也。"〔10〕正所谓，"养备而动时，则天不

---

〔1〕《左传·昭公二十年》。
〔2〕《管子·牧民》。
〔3〕《论语·为政第三》。
〔4〕《司马法·仁本》。
〔5〕《司马法·定爵》。
〔6〕《孙子兵法·九变》。
〔7〕《黄帝内经·素问·八正神明论》。
〔8〕《黄帝内经·素问·四气调神天论》。
〔9〕《淮南子》。
〔10〕《备急千金要方·养性》。

能病"[1]。

预防性犯罪治理的思想渊源于中华文化，而且带有显著的辩证性和整体性思维方式，确是不争的事实，尤其是预防性犯罪治理直接源起于"枫桥经验"，并直面我国当下的社会治理问题，具有鲜明的时代特色，是具有中国特色的社会治理制度。然而，从文化传统与思维方式上来看，西方重控制、东方重教化；西方重分析、东方重综合。对于预防犯罪及其研究，恰恰需要这四个方面兼收并用。[2]虽然这种对比存在一定程度的片面性，预防性犯罪治理也不仅仅局限于预防犯罪，但是也在一定程度上揭示了中西合璧、取长补短的重要性，尤其是在当代风险社会的大背景下，预防性犯罪治理的理念能够更好地调动社会各方面主体性共同应对社会风险，防范公共危险的发生。

（二）预防性犯罪治理的时代背景

预防性犯罪治理的理念源起于"枫桥经验"，其目的是通过化解人民群众内部矛盾纠纷，对重大安全隐患采取预防性处置措施进行干预，防止发生重大法益侵害案件和重大公共安全事件。但是预防性犯罪治理并不局限于化解矛盾纠纷，也不局限于治安防范和公共安全风险预防，而是在"总体国家安全观"思想指导下，"统筹发展和安全，建设更高水平的平安中国"的制度实践和理论提升，是完善社会治理体系的重要组成，是提升社会治理能力的重要路径。尤其是在当前风险社会背景下，预防性犯罪治理还涉及公共安全风险尤其是重大公共安全风险的防范问题，所有这些问题均涉及人民群众重大的切身利益，不可不采取预防性犯罪治理的模式给予预先规制，尽量将各种损失降低到最低程度。

贝克在《风险社会》（Risk Society）中所论及的风险，是对工业社会所制造的人类社会所共同面临的不确定性危险的一种反思，"风险的概念直接与反思性现代化的概念相关"[3]，因此，"风险可以被界定为系统地处理现代化自身引致的危险和不安全感的方式"[4]。风险，"与早期的危险相对，是与现代化的威胁力量以及现代化引致的怀疑的全球化相关的一些后果。它们在

---

[1]　《荀子·天论》。

[2]　参见冯树梁：《中外预防犯罪比较研究》，中国人民公安大学出版社2003年版，第91页。

[3]　[德]乌尔里希·贝克：《风险社会》，何博闻译，译林出版社2004年版，第19页。

[4]　[德]乌尔里希·贝克：《风险社会》，何博闻译，译林出版社2004年版，第19页。

政治上是反思性的"[1]。虽然贝克所讲的风险社会是"有关工业社会的'反思性现代化'"[2]，尤其是对于工业社会所制造的风险，使得社会中的每个人，包括风险的制造者，都面临诸多的不确定性，包括人类自我面临的生存风险。因此，贝克所指的风险是全人类所共同面临的风险，风险的制造者不能以牺牲人类共同利益为代价来赚取自己的利益。在此意义上反思现代性、反思西方国家的政治、经济、社会和法律制度具有尤其重大的理论价值。然而无论如何，风险社会已至。当今社会风险无处不在、无时不有，不乏涉及公共利益和公共安全的重大风险，甚至人类生存也面临着风险的挑战，需要思考如何对风险进行系统性治理和规制。

风险社会理论非常具有启发性，揭示了风险的典型特征，但是也招致了不少的批评，如费希尔就指出，风险社会的概念有许多含糊不清的漏洞，其更多的兴趣在于建立了一个哗众取宠的概念而不是作为一个严谨的社会学家捕捉环境试验中的证据。[3]我们认为，需要纳入法律规制的是公共风险，或者说，是具有社会意义的风险，而非反思现代性的风险或者政治学意义上的风险。公共风险是社会学或者犯罪学意义上的公共危险，公共危险是刑法学领域的公共风险，如此便能够在跨学科的层面上对公共风险和公共危险进行解释和运用，以系统论的视角看待危及公共安全的违法犯罪问题，并有针对性地构建预防性法律制度体系，以更好地保护公共安全。

概而言之，公共安全风险，包括重大公共安全犯罪案件和突发事件在内，包括以下四个特征：一是，不确定性。风险社会理论中所指的风险指的是现代化所带来的风险，是工业化大生产或者新的技术应用所带来的风险，是"大风险"，有的时候也指自然风险。其典型特征是不确定性，而且随着更加复杂技术的出现和应用，风险的不确定性也在不断增高。"在风险社会中，不明的和无法预料的后果成为历史和社会的主宰力量"[4]，现代人就生活在随时可能发生的、具有高度不确定性的风险社会之中。所谓的风险就是指某一特定危险情况发生的可能性与后果严重性的组合，不确定性越大、后果越严重，那么动用公共资源予以规制的必要性就越高。二是，公共性。公共风险

---

〔1〕 ［德］乌尔里希·贝克：《风险社会》，何博闻译，译林出版社 2004 年版，第 19 页。

〔2〕 ［德］乌尔里希·贝克：《风险社会》，何博闻译，译林出版社 2004 年版，第 6 页。

〔3〕 参见周战超：《当代西方风险社会理论引述》，载《马克思主义与现实》2003 年第 3 期。

〔4〕 ［德］乌尔里希·贝克：《风险社会》，何博闻译，译林出版社 2004 年版，第 20 页。

在空间上分布广泛，肇始之因可能较为久远，但是可能集中爆发或者大量产生，很大程度上超出了风险承担个体的直接控制和理解范围，要由个体承受严重损害后果。因此风险的公共属性更加突出，需要由公共权力机构采取统一措施予以规制。三是，可预防性。当代社会的风险泛指与某种物理现象、人类活动或者技术相关的损害可能性，是具有社会意义的风险，易言之，这些风险均具有可预防性，或者至少应当在某种程度上可以将风险控制在可接受的强度和范围。四是，不可接受性。与该风险所带来的收益相比，风险所带的后果过于严重；与风险出现后损失控制的高度有限性相比，风险预防的优势与好处显而易见；而且从根本上来说，招致它们在道德或伦理上是错误的，尤其是在可以采取预防措施进行干预的前提下。

重大公共安全犯罪案件具有典型的不确定性、公共性、可预防性和不可接受性的特征，彰显了风险社会的典型特征。正是由于风险所拥有的这些典型特征，所以主动采取措施对风险进行事先预防所具有的现实意义不言而喻。无论是从制度效率、社会收益方面来说，还是从保护社会公众免受公共危险的权利方面来说，都需要做好提前甚至是超前干预和处置工作，避免严重损害结果的发生。

三、预防性犯罪治理的理论价值与现实意义

（一）预防性犯罪治理的理论价值

预防性犯罪治理是社会不断发展的产物，同时也是因应风险社会的到来而做出的预防公共危险行为的战略性调整。全球化使得风险溢出边界，国家的脆弱性增强；工业化使得风险日益复杂，技术的脆弱性增强；信息化使得万物皆可互联，网络安全日益脆弱；城市化使得风险易于积聚，人的脆弱性增强。在风险社会背景下，社会的各个环节相互依赖性（相互关联和相互依存）不断增强，社会的高度复杂性、风险的高度不确定性和控制的高度有限性（亦可称之为风险社会"三高"现象）内在地要求提前采取预防性措施，尤其是一旦发生危险，对于社会的损害具有高度扩散性，损害范围和后果难以控制，越早介入则控制条件越好，可以采取的措施越多、预留空间越大、将损害控制在最低程度的可能性越高。因此，对于危害公共安全和影响重大利益的风险有必要进行定期评估和常态化监测预警，做到"关口前移""防微

杜渐”"惩防并举"。

预防性犯罪治理的理论价值主要体现在以下几个方面。

第一，预防性犯罪治理具有中华文化基因。预防性犯罪治理根植于博大精深的中华文化，能够很好地矫正西方式线性思维，改变其割裂的、部分的、静态的研究范式及其应用的局限性，以整体性和辩证性思维重新审视公共危险，注重关系的、动态的、过程的研究范式，以获得更加贴近现实的认识和场景，预防性地采取措施以降低和规避风险。也正是因为如此，预防性犯罪治理具有更强的适应性。

第二，预防性犯罪治理体现了系统性思维，是系统治理的重要表现形式。系统性思维在更高层次上体现了当代马克思主义的辩证思维，在科学上以多样性、相关性和整体性为主要特征。系统方法论把研究对象放在系统的视域中研究，从整体、全局和过程出发，放在系统与要素、要素与要素、结构与功能以及系统与环境的对立统一关系中研究，综合运用政治、经济、行政、社会、法律、道德等各种手段，科学研判、精准施策、综合治理，以最优化地处理和解决问题。因此，预防性犯罪治理在构建的过程中，必定要统筹考虑所有能够用于预防和规制公共危险的法律制度，可以有效地缓解甚至打破学科门类的区隔。在这个意义上，预防性犯罪治理其实就是系统治理，预防性犯罪治理是系统治理的典型表现，或者说，预防性犯罪治理调用了系统治理的种种理念、模式、方式并落实到具体制度的构建之中，如果要采取预防性犯罪治理，就必须采取系统治理的模式。

第三，预防性犯罪治理是推进全面依法治国的重大举措。对于危害公共安全和影响重大利益的风险应当采取源头治理，事先主动采取预防性措施。一方面，需要制定相关制度确保相关责任主体能够做到早发现、早报告、早预警，形成并落实危险预警机制，加强监测与预警；另一方面，需要制定相关制度对所采取的预防性措施予以规制，确保不会因为"关口前移"而侵犯公民基本权利或者影响社会与经济发展，确保不会因为强调积极预防而逾越法治的边界。

第四，预防性犯罪治理强调并重视人之主体性与人格自律。"人格具有尊严，理应受到尊重"。[1]即使是犯罪人和被追诉人也具有人格，仍然留存着扬

---

[1] 刘军、潘丙永：《认罪认罚从宽主体性协商的制度构建》，载《山东大学学报（哲学社会科学版）》2020年第2期。

弃各种外在限制的能力和道德自觉的可能。在这个层面上，我们应当尊重所有人的人格，当然也包括犯罪人和被追诉人的人格。"把人当人看"就是人格尊严的最低限度要求，"使人成为人"是预防公共安全犯罪的根本途径。人格有尊严在于人是一种理性的存在者，但更重要的是人作为主体具有"自我立法"的能力。在关系到公共安全和社会利益等重大问题上，理应尊重广大人民群众的主体性，并调动其积极性主动参与共同治理，强调公共危险处置过程中的公共利益与群体责任、个体义务和人格自律，强调主体性地调处化解各种社会矛盾纠纷，强调公共危险处置过程中的主体性参与，打造共建、共治、共享的社会治理新格局。

第五，也是最重要的，预防性犯罪治理是习近平新时代中国特色社会主义理论和法治理论的重要组成部分，是中国共产党领导中国人民向世界展示中国制度特色和制度优势的重要品牌，拥有强大的中华文化基因、先进的科学方法论和广泛适应性，能够显著提升社会治理能力并不断完善社会治理体系。近年来平安中国建设取得了举世瞩目的成就，我国的犯罪治理举措始终"以人民为中心"，所采取的预防性犯罪治理措施富有成效，其中预防性犯罪治理成为核心议题，不断发挥其理论优势和制度优势，在保障国家长治久安、提升社会治理水平和增进人民幸福感等方面发挥关键作用。

（二）预防性犯罪治理的现实意义

党中央和习近平总书记高度重视公共安全体系建设，平安中国建设取得了举世瞩目的成就，但在公共安全风险领域出现了一些新情况、新问题，严重公共安全犯罪案件和突发事件层出不穷。严重危及社会公众生命、健康和重大财产安全。[1]这类公共安全风险案件具有突发性、严重危害性和应对滞后性等特点，传统公共安全风险法律制度体系常常捉襟见肘难以有效应对。为"未雨绸缪""防患于未然"，亟需研究前置性的预防法律制度体系，对公共安全危险予以体系性规制。

首先，预防性犯罪治理能够防止不好的事情由量变而转化为质变。在管理学中有一个非常重要的"海恩法则"，1931 年由德国涡轮发动机发明者帕布斯·海恩提出，即在事关飞行安全的每一起严重事故背后有约 29 次轻微事

---

[1]　参见《最高人民法院发布依法惩治危害公共安全犯罪典型案例》，载中华人民共和国最高人民法院网：https://www.court.gov.cn/zixun/xiangqing/429522.html，最后访问日期：2024 年 4 月 2 日。

故和 300 起未遂先兆以及 1000 起事故隐患。[1]"海恩法则"解释了这样一个铁律，许多重大事故都是由诸多小的隐患积累所导致的，正所谓"变起一朝、祸积有素"，祸患都是不断累积形成的，而非一朝一夕之事。从另外一个侧面，"海恩法则"还说明了一个重要问题，如果在平时足够谨慎，注意排除这些并不是太严重的隐患，就不会引起重大的事故。易言之，重大事故是可以避免的，只要足够谨慎地做好事先预防。

预防性犯罪治理的重要现实意义就是通过采取必要的预防性措施，以避免重大法益侵害和危害公共安全事件的发生。一方面，如果能够足够重视，并采取相应的化解矛盾纠纷、教育矫正、治安防范、公共安全风险预防等预防性措施，可以避免绝大多数恶性案件的发生。另一方面，如果不能够"见微知著"[2]提前采取预防性措施，一旦累积的隐患足够多则容易由量变而转化为质变，极易发生影响广泛的重特大案件。早在西汉时期，淮南王刘安对此早就有所论述，"人皆轻小害，易微事，以多悔。患至而后忧之，是犹病者已惓而索良医也，虽有扁鹊、俞跗之巧，犹不能生也"[3]。这充分体现了预防为主的理念与价值，如果不能够"未雨绸缪""治未病""治未乱"，等待病入膏肓、狼烟四起则为时已晚，必然会造成严重的危害与损失。因此，应当"防微杜渐"，把更多的精力放到事先预防性措施上来，当然应当以制度运行的方式，而非以任意不受拘束的方式采取预防性措施。

其次，预防性犯罪治理是应对公共安全挑战的一项战略。"战略"一词最初来源于军事领域，是"指导战争全局的计划和策略"，后被引申为"决定全局的策略"[4]，而被扩展应用于政治、经济、管理、文化、科技、教育、外交和社会发展等几乎所有的领域，甚至发展成为一种思维方式。预防性犯罪治理是应对犯罪对于公共安全挑战的一项战略，是从全局考虑谋划公共安全治理的规划和策略。在实现"统筹发展和安全，建设更高水平的平安中国"这一全局性纲领规划目标中，重要的价值理念就是采取制度性的预防措施，

〔1〕 参见《现代管理词典》编委会编：《现代管理词典》（第 3 版），武汉大学出版社 2012 年版，第 326 页。

〔2〕 《后汉书·丁鸿传》。

〔3〕 《淮南子·人间训》。

〔4〕 参见中国社会科学院语言研究所词典编辑室编：《现代汉语词典》（第 5 版），商务印书馆 2005 年版，第 1714 页。

积极主动地进行安全防御，调动各方面主体积极性共同参与、共同治理并且共享安全治理促进和保障发展的大好局面。除了全局性的规划和策略之外，在应对公共安全挑战过程中还应当抓住三个关键词，安全、预防、法治。应当在法治的框架下以预防为战略而实现安全的目标，因此以构建预防性犯罪治理体系作为具体的路径选择，即以预防性理念为统领将刑法、行政法、民法等不同法律部门和不同领域的法律予以制度化、体系化、精细化，并协调其内部关系形成合力，以共同完成应对公共安全挑战的战略目标。当然，"建设更高水平的平安中国"对于公共安全目标的设定也只能是通过预防性犯罪治理所塑造的稳定、均衡、可持续的公共安全，是统筹了"发展与安全"的公共安全，是"整体国家安全观"下的公共安全，而非绝对的、僵化的、不可持续的公共安全，更非牺牲发展与损害法治的公共安全。

将预防性犯罪治理界定为一种战略，重要的现实意义还在于，预防性犯罪治理不仅具有预先性，而且还应当根据态势的不断发展而不断做出调整，从而具有反应性或者适应性。虽然通常意义上的预防是事先防备之意，[1]亦即预防性犯罪治理是指具有事先防备性质的犯罪治理方式，是从制度层面提前做好防范性准备，防范可能发生的重大公共安全事件，但更需要构建具有预先防备性质的法律制度体系。所以预防性犯罪治理也可以包括事先预防和事后预防，所谓的事后预防是为了防止将来再次发生类似事件，从反应的时间顺序上仿佛是事后预防，但其着眼点仍然是为了预防将来可能发生的公共安全威胁，所以仍然属于防备性的预防，从而也是预防性犯罪治理的应有之义。

再其次，预防性犯罪治理对于建设更高水平的平安中国意义重大。"预防犯罪比惩罚犯罪更高明，这乃是一切优秀立法的主要目的"[2]，也是一切法律制度运行评估的核心指标。在公共安全体系性治理的诸多解决方案中，可以包括的措施、方法和手段有很多，但是应当特别地树立制度性预防的理念，特别地强调在法治的框架内以制度运行的方式进行治理，通过组合手段和措施有效地阻却和降低公共安全风险的发生，防止发生严重危害公共安全的案

---

[1] 参见中国社会科学院语言研究所词典编辑室编：《现代汉语词典》（第5版），商务印书馆2005年版，第1668页。

[2] ［美］贝卡利亚：《论犯罪与刑罚》，黄风译，中国法制出版社2002年版，第119页。

件。因此，应当着重构建立体式的公共安全风险预防法律制度体系，制度化地推行公共安全风险预防，比在犯罪行为发生后进行惩罚的成本更低、效果更好、更加持久；即便是对于已然犯罪的惩罚也应当树立预防性思维，完善刑罚体系、非刑罚处理方法和惩戒措施等，以发挥体系性预防犯罪的功能，因此，预防性犯罪治理的体系性构建对于建设更高水平的平安中国意义重大。

最后，预防性犯罪治理重在重建公众对于法治的信任与忠诚。对威胁公共安全的违法犯罪行为，在事前和事中采取预防性犯罪治理措施要比在事后追究刑事责任更加有效，即使在事后治理和责任追究中也应当以预防性理念为指导，重塑社会中人与人交往的行为模式，让遵守法律成为一种习惯，以减少犯罪的发生。在这个意义上，预防性犯罪治理还要重视积极的一般预防（Positive Generalprävention）效果，不能单纯为了惩罚而惩罚，惩罚的任务还在于"作为社会关系导向模型的规范维持"[1]，以肯认和重建社会公众对于法治的信任与忠诚。"让尊崇法治成为一种习惯！"[2]预防性犯罪治理可以通过向社会输入信息负熵的方式，引导个体行为遵循法律规范的指引，信任并尊重法律规范，以最大程度地减少社会的熵化。输入负熵不是为了对社会公众进行"训诫"，而是为了让公民通过所输入的信息负熵而学习行为模式，坚定其守法的信念，养成忠诚于法律的习惯。

综上，预防性犯罪治理具有重大的理论价值和现实意义，为了强化预防性犯罪治理的制度优势，并将制度优势转化为经济社会发展的推动力和保障力，亟需对预防性犯罪治理进行体系构建并在功能上进行相应的拓展。

四、预防性犯罪治理模式与治理体系的构建

（一）预防性犯罪治理中的分级预防

预防性犯罪治理旨在通过各种干预和介入手段防止不法侵害的发生与扩大，其实质是对犯罪进行全程干预，通过防范、遏制、阻断、复归甚至隔离不法侵害，以达到预防犯罪的效果。犹如中医"治未病"防治理论中的"未

---

〔1〕 Günther Jakobs, *Strafrecht, Allgemeiner Teil: Die Grundlagen und die Zurechnungslehre Lehrbuch*, Walter de Gruyter, 1991, S. 10.

〔2〕 刘军：《罪刑均衡的理论基础与动态实现》，法律出版社 2018 年版，第 42 页。

病先防、初病早治、既病防变、愈后防复"。[1]为此，预防性犯罪治理应当建立"分级预防模式"，以便在不同阶段更有针对性地应对公共安全危险的发展全过程，力争不发生法益侵害的危险，如果危险不可避免则将之造成的损害控制在最小的范围和程度。

其实不仅是中医的防治理论，现代医学在公共卫生领域也发展出了预防性思想，并逐渐发展成为独立的预防医学（Preventive Medicine）学科。19世纪末20世纪初人类积累了战胜传染病的经验，逐渐认识到人群预防的重要性，掌握了人群预防的措施，进而卫生学的概念也逐渐扩大成公共卫生，强调对公众健康的关心和政府为公众提供卫生服务的重要性，预防的概念从个人摄生防病扩大到社会性的预防。20世纪40~50年代北美开始广泛使用预防医学的术语，强调对抗疾病的个人、家庭和社会等在内的预防措施。[2]预防医学发展出了"三级预防"理论：一级预防（Primary Prevention），又称病因预防，即在发病前期针对致病因素所采取的根本性预防措施；二级预防（Secondary Prevention），又称临床前期预防或"三早预防"，即在疾病的临床前期做好早期发现、早期诊断、早期治疗的"三早"预防措施；三级预防（Tertiary Prevention），又称临床预防，是针对已明确诊断的患者采取实时、有效的处置，着眼于治疗、防止病情恶化、促使功能恢复等。[3]

其实针对前期预防性措施公共卫生专家也曾提出不同的细化方案，如Mrazek和Haggerty提出了一般性预防干预（universal preventive interventions）、选择性预防干预（selective preventive interventions）和指征性预防干预（indicated preventive interventions）的分类方法，[4]其概念框架比较精细，更重要的是非常具有可操作性和启发性。一级预防属于病因学预防，服务的对象是

---

〔1〕　根据《黄帝内经》"治未病"的防治思想，中医实践理论将之概括为"未病先防、已病早治、既病防变"或者"未病先防、既病防变、瘥后防复"。其实如果全过程"防未病"的话应当概括为"未病先防、初病早治、既病防变、愈后防复"。参见何泽民、何勇强：《中医学"治未病"理论内涵及其指导意义》，载《中医杂志》2015年第22期；朱向东等：《中医"治未病"思想的内涵探讨》，载《中华中医药学刊》2008年第12期；林晓柔、衷敬柏：《养生、康复与治未病学科相关问题的探讨》，载《中医教育》2016年第1期。

〔2〕　参见黄辉等：《公共卫生与预防医学学科发展》，载中国科学技术协会主编、中华预防医学学会编著：《公共卫生与预防医学学科发展报告（2007-2008）》，中国科学技术出版社2008年版，第3页。

〔3〕　参见姚应水、夏结来主编：《预防医学》，中国医药科技出版社2017年版，第15~16页。

〔4〕　参见郝伟、于欣主编：《精神病学》，人民卫生出版社2013年版，第265~266页。

一般公众或整体人群，如向他们宣传、普及精神卫生知识，提高公众的精神卫生水平。二级预防则是争取早期发现、早期介入，服务的对象是具有易患精神障碍危险因素的亚人群，三级预防则侧重于防止损害扩大，服务的对象是具有精神障碍的早期表现或具有精神障碍素质因素，但尚不符合诊断标准的个体。因此，根据具体实际情况及可利用的资源，有的放矢地针对整体人群、亚人群、个体开展预防性干预。

当前"三级预防"已经成为预防医学工作的基本原则与核心策略，"预防为主"也成为家喻户晓的公共卫生纲领和行动指南。不仅如此，针对近期频发的突发公共卫生事件，我国学者曾光于 2006 年提出了更加提前的"零级预防"（Zero Level of Prevention）的概念，即将公共卫生的堤坝前移，在"三级预防"的基础上建立"零级预防"，以减少致病因子。[1]俄罗斯犯罪学家阿·伊·道尔戈娃的观点是"预防犯罪直接标志着对人们、社会和国家进行超前保护，以免受犯罪者侵害"[2]。预防犯罪最广泛的定义是"一切可以减少犯罪的行为"[3]。既然如此，预防性法律制度在体系的构建上应当包括"零级预防"，从而演变为四个等级的预防。"零级预防"是"三级预防"框架之外的干预措施，是更进一步的"关口前移"和"超前预防"，是预防理念的进一步实践与完善。

公共卫生的"三级预防"模式也被借鉴用于公共安全风险预防的理论构建，1976 年美国犯罪学家班庭汉（Paul J. Brantingham）与佛斯特（Frederic L. Faust）二人提出了犯罪的"三级预防"模式，即"初级公共安全风险预防"（Primary Crime Prevention），该级预防所采取的措施主要是在物质和社会环境层面改变犯因性条件以减少犯罪。"次级公共安全风险预防"（Secondary Crime Prevention）则是对有可能引起犯罪事件的人和组织进行早期识别和干预。"三级公共安全风险预防"（Tertiary Crime Prevention）则是对再犯或者累犯的预防，实际上是对已经犯罪的人实行预防。[4]当然这些方案也不同程度

---

〔1〕 参见曾光：《论零级预防》，载《中华预防医学杂志》2008 年第 5 期。

〔2〕 ［俄］阿·伊·道尔戈娃主编：《犯罪学》，赵可等译，群众出版社 2000 年版，第 557 页。

〔3〕 参见 ［英］约翰·格拉海姆、特雷弗·白男德：《欧美预防犯罪方略》，王大伟译，群众出版社 1998 年版，第 15 页。

〔4〕 See Paul J. Brantingham, Frederic L. Faust, "A Conceptual Model of Crime Prevention", *Crime and Delinquency*, Vol. 22, No. 3, 1976, pp. 284-296.

地具有缺陷。以上各种方案都是以犯罪人为导向的预防性法律制度，其目标是层次性地预防犯罪行为的发生，但是这些方案中明显缺少了以被害人为导向的预防性法律制度。1991 年范迪克与瓦德（Van Dijk and Waard）在班庭汉和佛斯特分类的基础上，提出增加一个"被害人定向"的层次，从而成为四个层次的犯罪预防模式。[1]这种分类方式弥补了之前的犯罪预防模式的不足，使得犯罪预防更加体系和全面，更加具有实用性和可操作性。注重的是对实时犯罪案件发生的预防，主要集中在对于潜在被害人的救助、犯罪"热点（hot spots）"的监视等具体的措施上。当然也有学者分为舆论性防范、调解性防范、疏导性防范、警戒性防范和技术性防范。[2]正是由于 20 世纪以来实证犯罪学派在初级和第二层次的犯罪预防方面的失败，促使了犯罪学、犯罪预防学的转向。

当然"三级预防"也可以采取其他种类的分类方式，如分为环境整治、高危人群处理和罪犯矫正三级模式，或者初阶、中阶和高阶犯罪预防。[3]初阶预防试图以改造环境的方式预防犯罪，减少犯罪发生，集中于影响犯罪机会的自然、社会和环境因素；中阶犯罪预防的核心在人，或者说人口组，主要针对那些在犯罪边缘的人们，旨在干扰或者消除造成他们犯罪的环境或者条件。类似于公共卫生预防模式中的二级预防，针对个体或者人群中高危发病者进行干预；高阶犯罪预防，即犯罪后预防，重点放在已经犯罪的个体身上，对他们的居住环境和生活方式进行干预，预防重新犯罪。采取的方式方法包括威慑、改造、剥夺、处置等。类似于公共卫生预防中的三级预防，目标是已经得病的人，对他们的处理包括手术、治疗和康复。

我国也有学者直接借鉴公共卫生"三级预防"的理念与思想，构筑公共安全风险预防理论体系，[4]创新矛盾纠纷排查化解工作，[5]应当说都提出了

---

〔1〕　参见［英］约翰·格拉海姆、特雷弗·白男德：《欧美预防犯罪方略》，王大伟译，群众出版社 1998 年版，第 17 页。

〔2〕　参见冯树梁：《中外预防犯罪比较研究》，中国人民公安大学出版社 2003 年版，第 46~47 页。

〔3〕　参见［英］约翰·格拉海姆、特雷弗·白男德：《欧美预防犯罪方略》，王大伟译，群众出版社 1998 年版，第 16~17 页。

〔4〕　参见周亮：《从公共卫生三级预防看犯罪预防的理论体系》，载《福建公安高等专科学校学报》2004 年第 2 期。

〔5〕　参见吴辉：《公安机关创新矛盾纠纷排查化解工作刍议——借鉴公共卫生三级预防理论》，载《福建警察学院学报》2011 年第 1 期。

很好的完善意见和建议。从战略上说，预防犯罪的真谛应是"寓防于控"和"寓防于治"，失控和失治，都在实际上只能跟在犯罪后面跑，而不是防患于未然。[1]公共安全风险预防的模式多种多样，可以针对犯罪原因提出具有针对性的不同种类的公共安全风险预防模式，如情境预防、社区预防、综合治理等，但是无论哪种公共安全风险预防模式，都需要树立全程预防的理念并构建"三级预防模式"。预防犯罪的全过程，用我国简洁的语言来表述，无非是在"三个层次"上做文章：防患于未然、防患于将然、防患于已然。[2]预防不仅仅是"防患于未然"，还应当包括犯罪行为发生之时的公共安全风险预防，甚至事后的公共安全风险预防，应当将预防的理念贯穿于犯罪的具体处置和犯罪人的社会复归之考量之中。除此之外，对于有重特大法益侵害或者危险的犯罪还应当"关口前移""超前预防"，增加"三级公共安全风险预防"之前的"零级预防"，从道德教化、心理治疗、情感依赖、职业训练等不同层面加强行为人的自我控制，增强公共安全风险预防之"心防"工程。[3]"加强心防，既是现代社会公民对幸福生活健康发展追求的重要内容，也是防范社会风险、化解纠纷矛盾的重要手段。"褚宸舸说，当前应着力构建多方力量合作、多部门多机构协同的风险预防机制，"尤其要营造和谐家庭氛围，发挥家庭成员相互心理支持的作用。"[4]

这种公共安全风险预防模式可以称之为"分级预防模式"，重在构建与预防犯罪目的相契合的公共安全风险预防具体制度。之所以不直接构建纳入"零级预防"的"四级公共安全风险预防模式"，是因为"零级预防"是为消除"致害因子"或者防止"致害因子"出现在人群之中的"一般性预防干预"，更容易因为过于"主动"而侵及公民自由和基本权利，所以即使在理念上认可"零级预防"，在制度上可以构建"零级预防"，也应当单独明示并进行必要性审查，以防止打着预防犯罪的旗号而行侵犯人权之实。其实，预防

---

〔1〕 参见冯树梁：《中外预防犯罪比较研究》，中国人民公安大学出版社 2003 年版，第 91 页。

〔2〕 参见冯树梁：《中外预防犯罪比较研究》，中国人民公安大学出版社 2003 年版，第 37 页。

〔3〕 德国刑法理论中的"积极的一般预防"和笔者所提出的"积极的特殊预防"其实也是"零级预防"的一种，只不过这种"积极的预防主义"是以行为构成犯罪为前提的，亦即在刑罚考量上需要纳入"积极预防主义"的刑罚目的。参见刘军：《罪刑均衡的理论基础与动态实现》，法律出版社 2018 年版，第 57、76 页。

〔4〕 参见靳昊：《将"枫桥经验"作为预防性法律制度体系的核心——访西北政法大学枫桥经验与社会治理研究院执行院长褚宸舸》，载《光明日报》2020 年 12 月 14 日，第 5 版。

作为一种理念，应当贯彻在所有的社会治理法律制度之中。

（二）预防性犯罪治理的体系构建

《易·节》曰："天地节，而四时成。节以制度，不伤财，不害民。"[1]君王以典章制度为节制，用之有道、役之有时，才能不伤财、不害民；但另一方面，制度的真义在于"节"，即节制、抑制。预防性思想也当节以制度并体系性构建，方能"中正以通""守正创新"。"三级公共安全风险预防"模式具有很大的启发性，但是也存在很多的不足之处：从预防机制来看，三个等级的公共安全风险预防均没有指出预防主体的问题；同时也没有阐明预防犯罪运作的有效机制，如增加犯罪成本、降低犯罪收益等；另外，没有阐明三级预防之间工作边界和相互关系问题。诸多的预防性犯罪治理，如安全调查和邻里守望制度等，究竟属于哪一个等级也是存在疑问。而且相比较"三级公共安全风险预防"模式，"零级预防"是更具积极主动属性的公共安全风险预防，但缺乏清晰的概念、内涵和可操作的机制，制度边界过于模糊，需要对之进一步细化和具体化，以便构建全面的预防性犯罪治理体系。

为此应当以系统性预防理论为指导，创新公共安全风险预防体制机制，构建立体式的公共安全风险预防性犯罪治理体系，发挥制度性优势，系统性地推行公共安全风险预防前置调处与化解、事发预警与控制、事中应急响应与处置、事后恢复与问责等预防性犯罪治理，以建设更高水平的平安中国。预防法律制度的具体构建要坚持立体预防，并以构建多层次、立体式、全过程的预防法律制度体系为目标。

首先，构建前段、中段、末段预防相结合的立体式预防模式。"预防犯罪直接标志着对人们、社会和国家进行超前保护，以免受犯罪者侵害。"[2]根据公共安全危险发生的阶段来看，对于尚未发生公共安全具体危险时期，应当建立多元危险治理机制，完善监督机制和问责机制，构建和完善相应的法律制度，严防危险的发生和累积；在发生公共安全具体危险或者实施抽象危险行为时期，应当综合运用各种刑事政策和刑法制度，力图让行为人在危害较低的阶段停止下来；在公共危险或者侵害已经发生的阶段，应当加强末段预防，强调刑罚的教育、矫正和康复作用，加大力度进行监督与改造，加大从

---

[1] 参见（清）沈竹礽撰：《周易易解》，中央编译出版社2012年版，第184页。

[2] ［俄］阿·伊·道尔戈娃主编：《犯罪学》，赵可等译，群众出版社2000年版，第557页。

业禁止的力度，防止其再次侵害社会。"主动地位是制胜的法宝"，预防性犯罪治理的核心就是主动式预防，因此要千方百计处于主动地位超前预防，以变应变、以变治变、主动防变。从这个意义上来说，无论是"三级预防"还是再加上"零级预防"，都彰显了预防性犯罪治理的主动地位和主动干预的预防模式。

其次，构建多层次的预防性犯罪治理。预防犯罪最广泛的定义是"一切可以减少犯罪的行为"，〔1〕多层次的预防性犯罪治理应当以刑法为核心，围绕公共安全风险构建包括行政法、民法、社会法以及配套制度等在内的预防性犯罪治理，构建防范、控制、服务、建设相互融通的立体化防控法律制度体系。要进一步健全完善人民调解、行政调解、司法调解衔接联动工作机制，推动建立"综合性""一站式"调解工作平台，整合各类调解资源和力量，联动化解重大疑难复杂矛盾纠纷。〔2〕以"枫桥经验"为代表的预防性犯罪治理，就是要实现公共安全风险预防的向前延伸，就是要实现从更基础的层面对可能出现的法益侵害危险进行超前预防与处置，从而实现公共安全风险预防工作真正意义上的"关口前移""防患于未然"。

最后，构建多元主体参与的公共安全风险预防机制。"枫桥经验"是依靠人民群众化解矛盾纠纷，以预防为中心的基层社会治理经验，能够有效地预防犯罪、维护社会安全稳定，是以人民为中心的共建共治共享。为此，需要加强专业预防、兼顾社区预防；加强犯罪打击、兼顾被害人自主预防；坚持打防结合、预防为主。注重发挥专业人员和专业队伍对于公共安全风险预防的作用，兼顾社区预防，构建多元主体参与的公共安全风险预防机制，共建、共治、共享安全、稳定、和谐的社会发展环境。

预防性犯罪治理秉承"事先预防"甚至"超前预防"的理念，因此应当特别强调预防性犯罪治理的构建必须要坚持"以人民为中心"。"以人民为中心"是党的十九大报告阐释的崭新命题，是习近平新时代中国特色社会主义思想的重要内容。"以人民为中心"是指"人民是历史的创造者，是决定党和国家前途命运的根本力量"，坚持以人民为中心就"必须坚持人民主体地位，

---

〔1〕　［英］约翰·格拉海姆、特雷弗·白男德：《欧美预防犯罪方略》，王大伟译，群众出版社1998年版，第15页。

〔2〕　参见靳昊：《将"枫桥经验"作为预防性法律制度体系的核心——访西北政法大学枫桥经验与社会治理研究院执行院长褚宸舸》，载《光明日报》2020年12月14日，第5版。

坚持立党为公、执政为民，践行全心全意为人民服务的根本宗旨，把党的群众路线贯彻到治国理政全部活动之中，把人民对美好生活的向往作为奋斗目标，依靠人民创造历史伟业。"[1]我们党"坚持以人民为中心"、坚持人民主体地位；坚持立党为公、执政为民；践行全心全意为人民服务的根本宗旨；坚持教育人民群众，使其认识自己的利益，团结起来为自己的利益而奋斗的群众观点、群众路线；坚持发动群众、教育群众、依靠群众；坚持群众的自我教育、自我组织和自我完善；坚持预防犯罪过程中的主体性参与；这是预防性犯罪制度成败的关键。

　　预防性法律制度的构建必须要尊重并保障人民主体地位。人民需要什么，我们就去做什么。只有统筹发展与安全，才能够不断满足人民日益增长的美好生活需要，预防性犯罪治理体系是统筹发展与安全的具体实践，因此，构建预防性犯罪治理不能脱离"以人民为中心"，否则制度构建就可能荒腔走板甚至误入歧途。

---

　　〔1〕谭玉敏、梅荣政：《"以人民为中心"思想的理论源头——纪念〈共产党宣言〉发表170周年》，载《红旗文稿》2018年第4期。

网络犯罪预防性治理实践及其展开[1]

网络犯罪治理是公共安全体系建设的重要组成部分，应当在"总体国家安全观"思想指导下，坚持"以人民为中心""统筹发展和安全"，探索预防性治理模式，[2]全面落实打防管控措施，构筑有效网络安全屏障，全链条遏制网络犯罪，为建设更高水平的平安中国、法治中国做出新的更大的贡献。

一、网络犯罪的特殊性与治理难题

（一）网络犯罪的特殊性

信息技术彻底改变了世界的交流方式和生存空间，早在20世纪90年代美国麻省理工学院教授尼古拉·尼葛洛庞帝（Nicholas Negroponte）就说过，"计算不再只和计算机有关，它决定我们的生存"[3]。网络空间的出现极大地增加了思想交流、工作和生活的便利性，人们的生存状态也变得具有无限可能。在网络空间中可以工作协同、资源共享、互相影响、共同创造，甚至在某种程度上人们共用一个大脑在思考，人类的工作协同与思想交流达到了空前的规模，反过来又极大地促进了人类科技进步与可持续发展。然而计算机与信息网络技术的不断发展，在改变世界和我们每一个人生活的同时，也

---

〔1〕 本章为作者与博士研究生江雪合作的作品，其中江雪对于论文写作材料搜集以及后期处理等作了大量的工作，但是本章主要思想和观点均来自作者且文责自负。

〔2〕 党的二十大报告中列专章要求提高公共安全治理水平，"坚持安全第一、预防为主，建立大安全大应急框架，完善公共安全体系，推动公共安全治理模式向事前预防转型。"

〔3〕 ［美］尼古拉·尼葛洛庞帝：《数字化生存》，胡泳、范海燕译，海南出版社1997年版，译者前言第3页。

为犯罪提供了天赐良机。网络犯罪如影随形并不断迭代更新，甚至诸多的计算机和信息网络技术就是在与犯罪斗智斗勇的过程中发展起来的。

网络犯罪的发展过程存在着代际升级，大致可以划分为三种类型，分别是以信息网络为对象的网络犯罪（如非法侵入计算机信息系统罪）、以信息网络为工具的网络犯罪（如网络诈骗罪）和发生在网络空间的网络犯罪（如网络诽谤、侵犯知识产权犯罪）。[1]随着新的信息网络技术出现，网络犯罪仍在不断进化与发展，目前尤其需要密切关注的是涉及加密货币、云计算、人工智能、元宇宙等新型网络技术和网络空间的犯罪。应当说，在可见的未来还会出现第四种类型的犯罪，即来自网络的具有一定智能的实体能够自主发动攻击的网络犯罪。当然此种网络犯罪中的人工智能（AI）等是否能够成为刑事责任的主体还有待进一步厘清，但可以肯定的是，人工智能只有借助信息网络才能决策和行动，甚至只有借助信息网络才能够获取大数据，才能够进行深度学习。从某种意义上来说，足够复杂的信息网络是人工智能得以产生的基本前提，从而会更加依赖信息网络。因此，网络犯罪的名称仍然能够涵盖第四类网络犯罪，而且所有网络犯罪所呈现出来的特殊性都根源于信息网络本身。

无论哪种网络犯罪都共同拥有一个显著的特征，即无法脱离开信息网络。易言之，正是因为信息网络的加持才使得网络犯罪具有高科技性、虚拟性、数字性、信息性、隔体性、隐蔽性和跨境性等这些属性。网络犯罪的这些属性表明网络犯罪其实是一个多面体，但无论它有多少个面相，其本质上都是同一个实体。申言之，网络犯罪之所以具有这些属性，根本原因是信息网络高新技术的出现，因此无论哪种网络犯罪其实都存在跨境犯罪的情形。在广泛的意义上，网络犯罪并不是指犯罪学或刑法学上的犯罪类型，而是指在事实上具有跨越国边境或者跨越不同法域属性的网络犯罪形态。所有的网络犯罪都有跨境的可能，跨境性是网络犯罪的共同属性，是网络犯罪的高科技性所导致的。在狭义的层面上，网络犯罪通常是指以信息网络为对象的网络犯罪和以信息网络为工具的网络犯罪，前者如非法侵入计算机信息系统罪、非法破坏计算机信息系统罪、非法获取计算机信息系统数据、非法控制计算机信息系统罪等，后者如恐怖活动犯罪、毒品犯罪、洗钱罪、电信诈骗犯罪、

---

〔1〕　参见刘军：《网络犯罪治理刑事政策研究》，知识产权出版社 2017 年版，第 21~31 页。

侵犯数据信息犯罪、涉数字货币犯罪等。由于在犯罪过程中充分利用信息网络和黑客工具等计算机技术进行犯罪，狭义的网络犯罪日益成为重大公共安全风险，不但具有严重的社会危害性，而且所带来的风险具有高度的不确定性和控制的有限性，是真正的网络犯罪，因此亟需探索新的犯罪治理模式进行系统性治理。

（二）网络犯罪的治理难题

网络犯罪具有虚拟与现实的交互性、科技与犯罪的相干性、行为与结果的分离性、智能与隐蔽的二重性。信息与通信技术的发展，使得犯罪在虚拟空间中能够轻易跨越国边境，联网的计算机或者网络终端之间不但能够进行联络和通信，而且不断发展形成虚拟空间和网络社会，网络犯罪与传统犯罪不断相互渗透，网络犯罪类型出现"代际"升级，万物互联使得网络犯罪获得了行动能力，违法犯罪手段日趋信息化、动态化和智能化，世界各国无不深受其害。2021年5月7日，美国最大燃油管道公司科洛尼尔（Colonial Pipeline）遭受网络犯罪团伙"黑暗面"（Dark Side）勒索软件攻击，取走了近100GB的数据并提出500万赎金的要求，美国政府甚至宣布国家进入紧急状态。[1]据称科洛尼尔公司大概率支付了赎金，而犯罪分子至今仍然逍遥法外，国际社会对于该网络犯罪组织仍然知之甚少，甚至无法得知其藏身的大体地域。

信息网络技术建设一方面为创新犯罪治理理论、模式、体制和机制提供了技术和数据支持，另一方面也提出了一系列当前需要直面的新问题和新挑战。[2]借助信息网络技术犯罪人如入无人之境，没有边界和物理的限制，更重要的是，信息网络技术为传统犯罪插上了"飞翔"的翅膀，似乎所有的传统犯罪都可以演变或转化为一种"跨境犯罪"，都在一定程度上呈现出跨境特征，并有愈演愈烈的趋势。尤其是在我国境内网络犯罪治理全方位取得显著成效的背景下，网络犯罪移师境外的趋势明显。根据最高人民检察院2021年4月7日发布的相关数据，检方在2020年共起诉涉嫌网络犯罪（含利用网络和利用电信实施的犯罪及其上下游关联犯罪）14.2万人，同比上升47.9%，

---

〔1〕 参见《疑遭俄国黑客攻击，美石油公司付500万"赎金"？》，载澎湃新闻网：https://m.thepaper.cn/newsDetail_foruard_12680794，最后访问日期：2022年3月10日。

〔2〕 参见裴炜：《论刑事诉讼中网络信息业者的数据提供义务》，载《上海政法学院学报（法治论丛）》2022年第6期。

网络犯罪集团化和跨境化特征凸显。传统犯罪加速向网络空间蔓延，特别是利用网络实施的诈骗和赌博犯罪持续高发，2020 年已占网络犯罪总数的64.4%。[1]犯罪人可以利用信息网络技术攻击远在天边的被害人、破坏网络空间、毁坏物理设施，甚至进行恐怖袭击和军事打击。因此，网络犯罪也使得网络主权与网络安全成为国家战略关注的重点，并对网络犯罪治理提出了更高的要求。

网络犯罪治理过程中遇到的困难和问题很多，突出问题是跨境性使得网络犯罪的侦查、取证和追诉变得越来越困难，不但涉及司法管辖权冲突问题，也涉及适用哪国法律等法律冲突问题，甚至会出现同样一个行为在不同国家的法律评价和法律后果截然不同的问题。这在客观上也要求加强国家间关于网络犯罪的合作，制定和签订区域或者国际条约，对网络犯罪治理进行国际合作和共同治理的必要性和紧迫性日益凸显。[2]网络犯罪的特殊性、危害性、取证与管辖困境要求我们要及时更新治理理念、完善治理模式、提高治理能力，要求以全球化的视野采取合作的态度进行治理，否则网络犯罪就会盘踞在各国和地区之间的缝隙中而难以清除。不仅如此，网络犯罪对于国家主权与国家安全的挑战表现在很多方面，包括以网络恐怖主义、网络间谍、黑客攻击等为代表的网络犯罪，直接针对国家核心机密和核心利益发动网络攻击，窃取国家政治、经济、科技、国防机密信息，尤其是带有政治目的的"黑客攻击"甚至是"网络战争"等。随着计算机、互联网飞速发展，网络犯罪所带来的国家主权和国家安全威胁问题还会进一步发展，需要密切关注。

当前的网络犯罪治理模式存在着不适应犯罪发展形势、过于理论化而脱离实际、针对单项犯罪而缺乏适应性、犯罪预防效果不佳等明显短板。在全球化和风险社会背景下，借助信息网络违法犯罪变得日趋信息化、动态化和智能化，非接触犯罪越来越多，犯罪隐藏越来越深，传统的犯罪治理模式面对新型犯罪样态和犯罪形势时常捉襟见肘。为了因应网络犯罪的最新发展趋势，需要在梳理世界各国网络犯罪治理模式的基础上，探索更具针对性和实效性的网络犯罪治理模式。

---

〔1〕　参见《最高检统计发现 13% 的网络犯罪系跨境实施》，载腾讯新闻网：https://new.qq.com/rain/a/20210407A055XW00，最后访问日期：2022 年 3 月 1 日。

〔2〕　See Michael E. Doherty, Jr., "Marshall McLuhan Meets William Gibson in 'Cyberspace'", *Computer-Mediated Communication Magazine*, Vol. 2, No. 9, 1995, pp. 4-6.

二、网络犯罪治理模式的梳理与评析

（一）网络犯罪治理模式的类型分析

网络犯罪的跨境特性使之已然成为一种全球化的犯罪，传统的犯罪治理模式在应对网络犯罪方面已经捉襟见肘，亟需在基础理论上能够有所突破，提出符合新型网络犯罪实际情况并切实可行、高效运作的网络犯罪治理体系。

关于网络犯罪治理以及网络安全的分析路径在近些年来经过了许多观念性的巨变，从原来的"单打独斗""亡羊补牢"到"风险评估""综合应对"再到"网格治理""多元治理"。一路走来，我们不但更加深刻地理解了网络空间的本质，也更加了解了网络犯罪尤其是网络犯罪发生的原因和特殊性。针对如此高速发展的信息与通信技术，针对如此迅速扩展的人类生活新空间，针对逐渐获得决策能力和行动能力的信息网络，思考如何保持新生科技与网络空间的发展动力与活力，保持网络空间的开放、治理、自适应和自我进化是摆在我们面前的重要课题。一味地打击、压制、围堵与控制并非网络犯罪的治本之策，不但无助于获得网络安全环境，更不利于信息技术的发展与进步。

早在 1996 年，汉德莫尔和多佛斯（Handmer and Dovers）就提出了"抵抗与维持模式"（Resistance and Maintenance）、"边际改变模式"（Change at the Margins）和"开放与适应模式"（Openness and Adaptability）等三个层面的治理模式。2016 年乔治·克里斯图（George Christou）借鉴其学术思想，提出了面对网络威胁的三种类型的网络犯罪治理模式[1]，包括"科层管理模式""风险管理模式""自适应进化模式"。[2]"科层管理模式"的典型特征是优先强调国家主权，并采取科层管理的方式管理网络空间，国家控制信息和资源，通过控制资源投入和回应诉求等方式来决定是维持还是改变现状。"风险管理模式"则是要先发现网络空间中存在的问题，然后根据存在的问题进行改变，以便更加具有可持续性地维持现存系统。其典型特征是治理主体

---

〔1〕 See George Christou, *Cybersecurity in the European Union：Resilience and Adaptability in Governance Policy*, Palgrave Macmillan, 2016, pp. 25-28.

〔2〕 依据 George Christou 所阐释的各种治理类型和特征，可以归纳为科层管理模式、风险管理模式和自适应进化模式三种类型，以下将按照该三种类型进行阐释。

参与讨论并实行改革，"按图索骥"式地解决当下出现的问题。这种模式为传统的线性风险评估理论所支持，是一种问题导向的治理模式，也是最常见的一种面对威胁的反应模式。"自适应进化模式"以系统论为理论支撑，强调系统内部的非线性相干和自组织能力，强调系统的包容性、各方主体的参与性和非线性系统结构，以及系统所具有阶跃的可能性，从而能够生成一个足够复杂的、结构强健的生态系统，增强系统抵抗网络犯罪破坏和冲击的能力，并且在应对网络威胁时也不再过度关注某个具体点的安全威胁，不再局限于个别地方的应对失败，而是关注整个系统的可恢复性。在这种网络犯罪治理模式中，存在具有行动能力和相当自由度的多元治理主体，能够以合作的方式构建一个具有适应性和可操作性的组织程序，降低网络系统的脆弱性，提高网络系统的鲁棒性和抵抗网络攻击的能力。

"科层管理模式"的突出优点是高效的执行力。能够通过行政手段大量调用现有的力量，最大程度地控制网络安全威胁，短期内能够持续保持权力结构和能量指向，高效地完成各项网络安全防护任务。但是缺点也是显著的，因为过度强调网络犯罪治理的确定性和稳定性，从而缺乏灵活性与适应性。对于网络威胁很难及时做出恰当的反应，应对策略常常具有较大的惯性，不会因应时势变化而做出调整。"风险管理模式"短期观察的确是有效的，而且的确提供了解决问题的参与模式。但是这种模式也存在较大的问题，正如乔治·克里斯图所言，这种模式并不会导向治理方式的转换或改革，而仅仅是增加了边际效益。而且这种治理模式过度关注问题的表象而忽视问题产生的原因，因此制定的法律法规、协议标准等规范性文件也都只是修正性的而非真正的进步，更不具有革命意义。[1]所以说，"风险管理模式"下不可能出现网络犯罪治理的根本性改变和大规模变革，而只会拖延改革、扼杀创新、阻碍系统的复杂性进化。与以上两种治理模式形成鲜明对比的是，"自适应进化模式"不再仅仅关注现象，而是在个体、机构、社会与国家等多个层面关注网络安全的深层次问题，关注网络治理生态的形成以及自组织、自适应和自我进化的系统功能。当然，这种模式最大的缺点就是会增加成本和降低效率，在应对网络犯罪的反应速度方面也存在问题。申言之，这种模式解决了

---

〔1〕 See George Christou, *Cybersecurity in the European Union: Resilience and Adaptability in Governance Policy*, Palgrave Macmillan, 2016, p. 26.

网络犯罪治理中的自组织原动力问题，不断增加的系统复杂性有利于增强抗打击能力，但是会出现效率降低的现象。由此可见，以上三种网络犯罪治理模式各有优缺点，应用场景也会存在差异，很难出现绝对占优的单个模式。

（二）网络犯罪治理模式的适用场景

网络犯罪治理模式的历史流变，存在着一个治理主体多元化、治理方式多样化、治理目的综合化的过程。面对网络犯罪的威胁，尤其是在网络犯罪全球化的背景下，究竟采取何种治理模式才能够在保障自由和维持秩序、维护网络主权和采取国际合作等不同的价值取向方面求得最佳平衡，是网络犯罪治理过程中需要不断思考和最终需要解决的问题。

从网络犯罪治理的目的来看，如何将网络犯罪控制在合理范围内是最重要的价值取向。由乔治·克里斯图（George Christou）所谈到的三种网络犯罪治理模式，是面对网络威胁的三种反应类型，其实也是三种增强网络安全性和抵抗能力的模型。其目的是，如何才能够在治理的框架内对网络威胁进行规制和调整，以便打造一个具有自持性和回弹性的平台和机制。[1]应当说这三种网络犯罪治理模式虽然都有各自的长处和短板，但其实也是随着网络犯罪不断进化而不断调整治理模式的结果，或者说，这三种网络犯罪治理模式的变迁也是在与网络犯罪作斗争的过程中不断自我调适的结果。

"科层管理模式"称得上是一种经典的决策和管理模式，适用于有明确管理目标、管理过程和管理方法的各种事务。网络犯罪刚刚出现的时候，对于网络犯罪的威胁还是比较明确的，这个时候的"科层管理模式"极大地发挥了其资源整合与调配功能，带来了高效率。但是，随着网络犯罪的代际升级和不断拓展，尤其是网络犯罪与传统犯罪的高度结合，"科层管理模式"已经捉襟见肘。为了更好地解决这些问题，演变出了"风险管理模式"，通过对网络威胁进行风险评估和风险管控，不断讨论网络犯罪治理所需要解决的问题，并进行有针对性的改革与补强，及时堵住网络防御漏洞，试图将网络犯罪的威胁降低到最低程度。应当说"风险管理模式"在网络安全技术方面应当有很好的应用前景，但是在网络犯罪的社会治理方面应当难有更大的作为，存在着场景适用难题。在当下，面对不断增加的网络安全威胁，尤其是跨境网

---

〔1〕 See George Christou, *Cybersecurity in the European Union: Resilience and Adaptability in Governance Policy*, Palgrave Macmillan, 2016, p. 3.

络攻击更加具有智能性和隐蔽性，有的网络犯罪甚至是在不被人知的情形下发生的。在这种情形下"科层管理模式"和"风险管理模式"的不足日益暴露，而第三种类型的"自适应进化模式"反而彰显出巨大优势。"自适应进化模式"意在建构一个"作为适应性的安全而不是控制性的安全（security as resilience rather than the security of control）"的"网络空间生态系统"，[1]亦即构建一个足够复杂的、能够抵抗外部冲击的、具有自我进化能力的网络空间系统。这是一种系统论的观点。在网络空间系统中，各种治理主体能够发挥潜能实行自治，能够对网络攻击发挥足够的"适应性"和"应变力"，不但能够遏制网络空间法益侵害行为的发生，而且能够系统性地应对网络安全威胁，能够保证不同层次主体的自主防御与协同应对，并自主进化出应对更加复杂的网络犯罪的"网络安全生态系统"。

网络犯罪治理模式反映的是社会对于网络安全的共同需求，其实也是在与网络犯罪和网络安全威胁不断做斗争的过程中发展起来的，是网络犯罪治理模式自我不断完善的过程。网络犯罪由于已经跨越国边境或者跨越数个法域，所以更加需要以全球视野构建网络空间命运共同体，统筹推进国际治理与国内治理，加强国际合作、能力建设和技术支援。此种网络犯罪治理模式从治理主体上来看，或可称之为"多元主体治理模式"，从国际到国内、从政府到社会、从公共部门到私营企业、从经营者到消费者等所有参与者都是治理主体，而且在治理过程中全链条参与。当然网络犯罪治理更加强调国际社会之间的合作，发挥国际组织、行业自治组织和跨国企业的重要作用。但是，从应对网络安全的视角来看，网络犯罪治理的最终目的是立体性地获得网络适应性，或者说应对网络攻击和威胁的韧性，而这需要对网络犯罪和网络威胁进行预防性治理，提高社会整体尤其是关键网络基础设施的缓冲能力、吸收能力和功能性恢复的能力。

三、网络犯罪预防性治理的核心理念

（一）网络犯罪预防性治理模式的提出

信息网络正在经历着复杂而深刻的变化，这种变化甚至足以颠覆传统的

---

[1]　See George Christou, *Cybersecurity in the European Union: Resilience and Adaptability in Governance Policy*, Palgrave Macmillan, 2016, p. 31.

生活方式。恰如威廉·吉布斯所称的，一个"新的宇宙，一个平行于现实的世界，一个虚拟的空间，一个心智上的疆域，一个纯粹信息的王国"[1]。但现在可以说，信息网络还是孕育智能科技的温床。信息网络从前期的信息"互联"到后期的信息"互动"再到当下的信息"共生"，信息网络由单纯的"信息媒介"向"生活平台"和"智能空间"不断地过渡与进化，实现了由"工具"向"空间"再向"智能"的转换，信息网络甚至成长为日常生活、公民社会和智慧城市的"第二空间"。无论是电子商务、网络社区还是自动驾驶等人工智能，信息网络已经逐渐形成自身的社会结构，并对现实空间形成了巨大的辐射和镜像效应。尤其是在万物互联的今天，网络犯罪能够对现实世界造成巨大的损害，有必要进行预防性治理，以把网络安全威胁降低到最低程度。

人类已经进入以风险为本质特征的风险社会，"在风险社会中，不明的和无法预料的后果成为历史和社会的主宰力量"[2]，各种安全风险纷至沓来，其中就包括由于信息网络的出现所带来的网络安全风险。网络犯罪给人类社会带来了系统性的安全威胁，并成为一种公共风险，是人类社会所共同面临的风险，具有以下三个基本特性：一是具有高度不确定性。当前已是风险社会，社会结构高度复杂，各种高新技术所带来的安全风险具有高度的不确定性，一旦发生风险则具有高度的不可控性。随着信息网络的代际升级，尤其是随着人工智能和万物互联逐渐成为现实，网络犯罪不但具有智能性，而且有了实施更多网络犯罪的工具，犯罪分子在千里之外就能够通过信息网络实施网络攻击，甚至通过物联网而实施传统犯罪。网络犯罪所带来的安全风险与日俱增，不确定性也越来越大，如果发生网络攻击侵害后果难以预测，而且具有非常严重的扩散性，网络攻击的危害范围很难控制，动用公共资源予以规制的必要性也越来越大，越来越迫切。二是具有可预防性。当代社会所面临的风险是指具有社会意义的风险，因为关涉人类活动，或者与技术具有相关性，因此都是可以通过采取风险管理措施进行预防的风险。即使不能完全消除风险，至少可以进行风险预防、抑制、减缓和避免，将风险控制在可

---

〔1〕 Michael E. Doherty, Jr., "Marshall McLuhan Meets William Gibson in 'Cyberspace'", *Computer-Mediated Communication Magazine*, Vol. 2, No. 9, 1995, p. 4.

〔2〕 [德] 乌尔里希·贝克：《风险社会》，何博闻译，译林出版社 2004 年版，第 20 页。

接受的程度。网络犯罪所带来的安全风险更具隐蔽性，但仍然具有可预防性，尤其是从增强网络适应性或者功能可恢复性方面来看，我们可以做的工作还有很多，可以不断加强网络安全威胁预警、预防网络攻击、增强信息网络抗打击能力和数据恢复重建的能力。三是网络安全具有公共属性。网络犯罪安全风险在空间上分布广泛、涉及面广、影响深远，几乎涉及所有的与信息网络有关的领域、实体和个人，而且发动网络攻击的犯罪人可能隐藏在世界任何地方，可以从不同的国家和地区同时发动网络攻击，网络安全威胁可以潜伏很长时间却能在某个时期集中爆发、急剧扩散、瘫痪基础设施，对公共安全造成极大威胁，远远超出实体单位和个体的掌控范围，更不可能单独采取措施予以应对。因此网络安全日益成为公共安全和国家安全的重要组成部分，具有公共属性，需要由专门机关统一部署和协调采取系统性措施予以规制和应对。

正是由于网络犯罪以及造成的安全风险所拥有的这些基本特征，所以需要采取预防性治理模式，主动采取措施对风险进行事先预防和主动防御。无论是从国家安全、公共安全、社会收益、制度效率方面还是从个人利益方面来说，都需要做好事前预防甚至是超前干预和处置，避免严重损害结果的发生。如果从提供公共服务的层面来说，政府有义务提供公共安全产品，采取必要措施加强网络安全防范，而且社会公众也有免受公共危险的权利。

（二）网络犯罪预防性治理的核心理念

我国犯罪治理模式存在从单项治理向综合治理、从严打治理向标本兼治、从专业队伍治理向群防群治、从犯罪预防向被害预防的历史演变。近些年越来越多的学者开始反思我国实践中的犯罪治理模式，尤其是对于"严打"式的犯罪治理方式反思较多，并将我国的犯罪治理模式概括为"运动式治理模式"和"日常性治理模式"。前者的主要表现形式是"严打"，后者则以"预防和控制"为核心内容并由国家和社会多元主体共同实施，"作为国家治理和社会治理的有机组成部分，我国的犯罪治理活动主要是在运动式治罪和日常性治理这两种犯罪治理模式的组织、设计与引导下运作和开展的"[1]。有的学者认为我国正处于"压力型社会"，进而将我国的犯罪治理模式区分为"压力

---

［1］　单勇、侯银萍：《中国犯罪治理模式的文化研究——运动式治罪的式微与日常性治理的兴起》，载《吉林大学社会科学学报》2009 年第 2 期。

维控型"和"压力疏导型",[1]分别与"运动式治理模式"和"日常性治理模式"相对应。网络犯罪在治理过程中也存在着这种治理模式的分野,以电信网络诈骗犯罪治理为例,"严打"在短期上来看是有效的,甚至能够起到立竿见影的作用,对电信网络诈骗犯罪人的惩处不但能够直接减少犯罪的绝对值,而且在一定程度上能够震慑潜在的犯罪分子。但是随着时间的推移,电信网络诈骗犯罪便会出现反复,有的地方甚至出现点状扩散,唯有持续不断的"严打"才能够维持较低程度的犯罪率。因此,针对电信网络诈骗发生较多的村镇,采取"日常性"犯罪治理模式,"动员全社会进行集中整治"就势在必行。[2]但是最新的变化是,随着国内对于电信网络犯罪的"高压"态势力度不减,电信网络诈骗犯罪出现了"移师"境外的变化趋势,"严打"和"日常性"治理模式也变得越来越困难,边际效益呈现快速下降趋势。为了因应网络犯罪的跨境犯罪趋势,需要构建一种新的综合治理模式,突破当前犯罪治理瓶颈,探索更加具有针对性、适应性和实效性的"预防性犯罪治理模式"也就在情理之中。当然,"预防性犯罪治理模式"并非完全放弃当前的治理模式,而是转变理念和思路,将重心放在网络犯罪治理的主动防御上,吸收其他犯罪治理模式的优势,采取更加综合的治理措施,如采取信息技术的治理措施[3]、被害预防的治理方式[4]等,全面应对网络犯罪的挑战。因此,"预防性犯罪治理模式"是对"四个治理"(系统治理、依法治理、综合治理和源头治理)的落实、完善和创新,是方法论层面、实践层面和操作层面的犯罪治理模式。

预防性犯罪治理采取的是一种主动防御型犯罪治理模式,针对可能发生的不法侵害,预先采取干预性措施,以达到预防和控制犯罪的目的。中华文化源远流长,发展出了独特的辩证性思维和整体性思维,更能够以整体、发展、动态的眼光看待可能发生的社会风险和公共危险,孕育了诸如"治未病"

---

[1] 参见周建达:《转型期我国犯罪治理模式之转换——从"压力维控型"到"压力疏导型"》,载《法商研究》2012 年第 2 期。

[2] 参见《揭秘中国"诈骗村":以骗不到钱为耻》,载腾讯网:https://finance.qq.com/a/20160526/042117.htm,最后访问日期:2022 年 3 月 1 日。

[3] 参见金泽刚、刘鹏:《论信息技术与犯罪治理》,载《警学研究》2021 年第 5 期。

[4] 参见李恭通:《被害预防——我国犯罪治理的常规模式》,载《社会科学战线》2014 年第 3 期。

"治未乱""未雨绸缪""居安思危"等丰富的预防性思想。预防性法律制度直接源起于"枫桥经验"，并直面我国当下的社会治理问题，具有浓郁的时代背景，是具有中国特色的社会治理制度[1]。2020年11月中央全面依法治国工作会议上习近平总书记提出"要完善预防性法律制度，坚持和发展新时代'枫桥经验'，促进社会和谐稳定"[2]。要求从制度层面提前做好防御性准备，防范可能发生的重大公共安全突发事件。预防性治理之所以能够在中国诞生并发展起来，端在于预防性治理根植于中华文化优秀的沃土之中，具有强大的生命力和适应性。

网络犯罪预防性治理在理念上和具体举措上包含以下几层含义：一是网络犯罪预防性治理强调事先预防。网络犯罪具有跨境性和隐蔽性，网络攻击和网络犯罪的预测和预警存在困难，而且一旦发生网络攻击，损害结果具有扩散性。因此需要事先采取措施进行预防性犯罪治理，预先防范法益侵害或者危险的发生。"预防性"中的"预"本来就有"预先、事先"之意，而"防"则有"防备、防守、防御"之意。因此，所谓的预防性治理就是具有预先防范性质的治理模式或治理方式，是针对未来公共安全威胁而采取的一种预防性措施，以防御、防备可能发生的法益侵害结果。二是网络犯罪预防性治理强调动态防御。网络犯罪预防性治理抓住了犯罪治理要动态适应的精神实质，针对我国网络安全实际进行风险要素分析、结构整合和"脆弱性"补强，体系性地增强犯罪治理系统的韧性、提升功能可恢复性，采取措施主动干预和提前介入，构筑防范网络犯罪安全威胁的"防火墙"，全领域、全过程、全链条地做好分级安全防范，以便更有针对性地采取应对措施并适时调整。三是网络犯罪预防性治理强调体系性治理。预防性犯罪治理模式的优势在于精准防控、主动干预、自适应性强。为此，需要在对网络犯罪进行全面风险评估的基础上，构建和完善前段、中段、末段预防相结合的立体式预防体系、安全风险综合排查和预警体系、多层次的预防性法律制度体系和网络可恢复安全体系。网络犯罪预防性治理旨在"防患于未然、将然和已然"，通过各种干预和介入手段防止网络犯罪不法侵害的发生与扩大，不仅是源头严

---

〔1〕　参见刘军：《预防性法律制度的理论阐释与体系构建》，载《法学论坛》2021年第6期。

〔2〕　《习近平在中央全面依法治国工作会议上发表重要讲话》，载中国政府网：http://www.gov.cn/xinwen/2020-11/17/content_5562085.htm，最后访问日期：2022年11月30日。

防、过程严管、风险严控，而且是共建、共治、共享安全、稳定、和谐的社会发展环境。

四、网络犯罪预防性治理的具体展开

（一）网络犯罪预防性治理的目标

网络犯罪预防性治理目标是事先主动采取预防性治理措施，从整体上增强抵抗网络风险的韧性，获得"网络适应性"（Cyber Resilience）。[1]如有学者就认为，所谓的"网络适应性"可以被描述为任何组织面对网络攻击或网络威胁进行识别、侦测、响应、阻止和恢复的能力，以最小化网络攻击对其商业信誉和竞争优势所带来的损害。[2]Resilience 最早由加拿大生态学家霍林（C. S. Holling）提出，通常翻译成"韧性"，认为韧性决定了系统内部主体间关系的持久性，是系统促进和吸纳多样性能力的度量。[3]具有韧性的系统假定理性的有限性和未来的不确定性，强调异质性、选择的开放性和整体性，具有吸收不确定性和自我调适能力。[4]现在已经演变成为非常具有涵盖性和适用谱系的概念，并在治理领域广泛使用。[5]当然，Resilience 也具有适应性、回弹性、可恢复性、恢复力、复原力、应变力、顺应力等涵义，在具体的语境中，尤其是在与网络威胁相链接的文本中，也可以翻译成"韧性""抵抗力""抗冲击能力""抗打击能力"等。如果将 Cyber Resilience 翻译成"网络韧性""网络抵抗力""网络回弹性""网络可恢复性""网络抗打击能力"

---

〔1〕 2013 年欧盟发布《欧盟网络安全战略：公开、可靠和安全的网络空间》（The EU Cybersecurity Strategy：An Open, Safe and Secure Cyberspace, EUCSS 2013），其中有一项至关重要的战略思想就是"获得网络适应性"（Achieving Cyber Resilience），也是网络犯罪治理能力提升的集中体现。

〔2〕 See Nick Wilding, "Cyber Resilience：How Important is Your Reputation? How Effective are Your People?", *Business Information Review*, Vol. 33, No. 2, 2016, pp. 94-99.

〔3〕 See C. S. Holling, "Resilience and Stability of Ecological Systems", *Annual Review of Ecology and Systematics*, Vol. 4, 1973, p. 17.

〔4〕 See C. S. Holling, "Resilience and Stability of Ecological Systems", *Annual Review of Ecology and Systematics*, Vol. 4, 1973, p. 21.

〔5〕 正是因为如此，所以在社会治理层面将之翻译成"韧性治理""可恢复性治理""适应性治理"，是指社会在受到干扰、突发、破坏等事件影响后，通过一系列措施帮助社会获得预防、适应和恢复原本状态的能力。参见孙茂恒：《电信网络诈骗犯罪韧性治理探析》，载《辽宁警察学院学报》2021 年第 5 期。

等类似的表述，则只能反映出如果网络受到攻击恢复其系统和数据的能力，而忽略了对于网络攻击和网络威胁进行识别、侦测、阻止和做出反应的部分，不但对于网络犯罪预防性处置措施的部分缺少表述，而且对于通过"网络空间自治"建设网络的"自适应能力"和"自主进化"的内涵更是几乎不搭界。当然也可以将之翻译成"网络应变力"，应当说这个词是除了"网络适应性"之外最贴切的词，但是"网络应变力"在汉语的语境中仿佛更多的是一种被动改变而适应环境之意。而"网络适应性"却多了一层主动改变、灵活应变和自主进化之意，其本身不但内含了对于网络威胁的预防、提高抵抗力和从网络攻击或损害中恢复过来之意，更重要的是，适应性还反映了面对网络威胁而审时度势、主动应变的能力，内含了依据内部条件和外部环境主动地进行调整和适应的情形，表达了网络空间的自我调适和自主进化能力，能够从一个更大的范围和视角对网络威胁和网络安全进行审视，更能反映网络犯罪预防性治理的目标以及所要构筑的因应网络威胁能力之意。应当说"网络适应性"的概念非常全面地和完整地反映了 Cyber Resilience 的内涵，而且契合网络犯罪预防性治理的理念。正是因为网络犯罪高度的隐蔽性和不确定性，所以只能采取预防性治理的方式，增强社会机体面对网络威胁的主动适应性。

按照传统的犯罪治理模式，网络犯罪治理会更多地倾向于犯罪控制以便获得必要的网络安全保障。然而面对网络犯罪的跨境性和隐蔽性，很多犯罪的侦查、取证和追诉等都存在巨大的缝隙，加之不同国家之间的制度与文化差异以及相互之间的不信任，使得网络犯罪得以利用这种不良局面，蹑影藏形、遁名匿迹而伺机发动不测攻击。因此，提高网络适应性首先就要弥合这种缝隙，防止跨境网络治理过程中不同国家、地区和法域之间的分裂和对立被不法分子所利用，防止网络犯罪从境外对国内网络安全形成威胁，更不允许其通过获取不法利益而壮大势力甚至形成割据。申言之，应当全面理解"网络适应性"在网络犯罪治理中的重要作用。"网络适应性"不仅是在发生网络攻击之后的因应变化，因为网络犯罪治理决不能"临渴掘井"，更不能"贼去关门"；网络犯罪治理更加重要的理念是在发生网络威胁之时，甚至在发生网络威胁之前，就能够及时地采取预防性治理措施进行治理，防止出现重大的网络安全漏洞，遭受病毒感染或引起网络攻击。针对网络犯罪的威胁，唯有采取全新的预防性治理模式，才能够从容应对。2021 年 7 月 12 日，工业和信息化部、国家互联网信息办公室、公安部联合印发《网络产品安全漏洞管理规定》，其目的就是规范网络产品安全漏洞发现、报告、修补和发布等行为，防范网络安全风险。[1]其实这种漏洞发现、报告、预警、修补和发布等行为，是对网络犯罪与安全威胁进行预防性治理的具体举措，能够极大地提高"网络适应性"，防止网络攻击和安全威胁造成具体现实的损害。

网络犯罪预防性治理的优势在于精准防控、主动干预、自适应性强。在精准预测网络犯罪风险的基础上，构建和完善前段、中段、末段预防相结合的立体式预防体系、被害风险综合排查预防体系、多层次的预防性法律制度体系和多元主体参与的犯罪预防机制，共建共治共享安全、稳定与和谐的社会发展环境。

（二）网络犯罪预防性治理体系建设

网络犯罪预防性治理重在以法治化的方式推进治理结构调整与功能优化，拟从贯彻落实法治理念、健全多元主体参与治理、构建预防性法律制度、强化技术治理的法治保障以及完善国际社会合作规则等五个方面不断深化网络犯罪预防性治理体系建设。

1. 贯彻落实法治理念

强化法治理念是以法治化方式推动网络犯罪预防性治理的首要任务。法治是国家治理体系和治理能力的重要依托，社会治理亦需要以法治作为可预期的基本方式。[2]当前社会高度融合，信息发达、价值多元、利益广泛。"善治"本身即以公共利益最大化作为共同目标，在面对网络犯罪的安全威胁之时，更是要求政府要创新社会管理机制，不断提高治理能力、完善治理体系，"善于治理"并"治理于善"。网络犯罪预防性治理意味着在社会预防层面参与治理的各方主体要互动参与、合作协商、多元高效，不但提高了政府在社会管理过程中的权威和能力，而且能够提高公民对于政府决策和管理的信任程度，改善管理过程和政策工具，并最终提高公共利益和社会福祉。在某种意义上"善治"就是法治，是运行良善的法治，其中的共同参与、共同管理、多元治理

---

〔1〕 参见工业和信息化部、国家互联网信息办公室、公安部《关于印发网络产品安全漏洞管理规定的通知》（工信部联网安〔2021〕66号），该意见自2021年9月1日起施行。

〔2〕 参见高铭暄、傅跃建：《新时代"枫桥经验"与国家治理现代化：内在逻辑与实现进路》，载《上海政法学院学报（法治论丛）》2022年第4期。

也是当代法治的要求。以"善治"理念看待网络犯罪治理能力，应当从目标之"善"、过程之"善"、工具之"善"等方面提高依法治理能力，尤其是在公共利益最大化这一目标的确定上应当是"善"的。

应当坚持"人民主体性"，切实做到"以人民利益为中心"，为了广大人民群众的福祉制定周全的网络犯罪治理方案、采取应对措施、完善治理体系，充分发挥法治在治理过程中的规范引领和制度保障作用，全方位增强领导、组织、调度、协调、管理和服务等依法治理能力。唯有如此，才有可能调动广大人民群众的积极性和主动性共同参与、共同治理、共享治理成果。更重要的是，"人民主体性"能够确保网络犯罪预防性治理的目标是"善"的，价值导向是"善"的，治理模式是"善"的，治理方式和治理措施是"善"的，如此才能实现网络犯罪治理的法治化和现代化。

网络犯罪治理过程中要不断强化法治化治理的理念，而非一味地打击、管制、压制或者镇压。按理说犯罪毕竟是侵害他人法益的行为，理所应当地进行"无情打击"，然而对于网络犯罪而言却并非如此，不仅仅因为网络犯罪的确激发了人们的创新意识和探索精神，如基于炫耀的心理而编制计算机病毒或者入侵他人计算机以彰显其技术能力等行为，在一定程度上的确促进了网络技术的发展，而且为了应对网络犯罪有关单位也不得不进一步加强网络安全技术，甚至成为技术创新和技术发展的一大动力。网络空间的确已经成为人们日常交流与沟通的平台，个别越轨行为并不妨碍网络空间的发展，而且恰恰可能成为创新思想的来源，恰恰成为治理的参与力量之一。因此，对于网络犯罪尤其不能以全面镇压的治理模式对待之，而应当以预防性治理的模式，多元主体共同参与，否则效果可能适得其反，达不到治理所设定的目的。

2. 健全多元主体参与治理

网络犯罪预防性治理体系建设，必然会要求多元主体参与，必然会要求多元主体参与治理的规范化。网络犯罪治理是一项系统工程，涉及面广、高度复杂、极具艰巨性和挑战性，只能以"构建人类命运共同体"理念为指导，采取全球治理的模式，强调国家、地区、国际组织之间的合作治理，充分发挥多元主体的参与作用，实行以法律制度体系为支撑的源头治理和综合治理。特别强调网络犯罪预防性法律制度体系的构建，从根本上防范网络犯罪的境外攻击和破坏。在网络犯罪国际治理的层面，需要在尊重各个国家网络主权和网络安全需求的前提下，加强国际间的制度化合作，制定综合性的法律制度体系,为各国共同应对网络犯罪挑战在安全监管、司法认定、证据搜集、合作机制、经验交流和业务培训等不同层面提供制度支持与法律保障。从这个意义上说,网络犯罪预防性治理模式是一种全球视野的治理模式,能够以预防性的视角对网络犯罪治理的各项措施进行整合,并发挥出治理的最佳效果。

在世界范围内关于网络安全的制度架构和体系已经形成,但是均存在一个从"国家中心主义方案"(state-centric approaches)到"自愿行动计划"(voluntary initiatives)的过渡谱系。包括美国在内的越来越多的国家似乎在选定一个"自下而上"(bottom-up)的路径以提升私营部门的网络安全。在美国,这一趋势的重大标志是2014年国家标准与技术研究所(National Institute of Standards and Technology, NIST)的网络安全方案。[1]这一方案在某种程度上包含了定期升级网络安全的最好实践和国家网络安全的尽职调查(due diligence),并产生重要影响。我国学者也指出,"网络犯罪治理模式包括公力模式、私力模式和公私合作模式"[2]。因此,在网络犯罪的国内治理层面,需要着重考虑的影响因素主要包括效率和活力两个维度。要健全治理主体,注重发挥政府、社会和经济实体等多层面主体、多方利益相关者共同参加的"公私合作"模式优势,共同应对"相互依赖性脆弱"的挑战,而且公共部门和私营部门均有内在的需求和优势,能够取长补短,其中政府部门、互联网企业、行业协会组织和个体消费者等都能够发挥重要作用,从而使得网络犯罪治理主体呈现多元化,不断提升犯罪治理系统的"鲁棒性"和"适应性"。

3. 构建预防性法律制度

为此应当以系统性预防理论为指导,创新网络犯罪预防体制机制,构建立体式网络犯罪预防性法律制度体系,发挥制度性优势,系统性推行网络犯罪预防性治理模式有序展开,前置教育与宣传、事发预警与控制、事中应急响应与处置、事后恢复与问责等预防性法律制度,以建设更高水平的平安中国。

择其要者而言之,网络犯罪治理包括以下三个方面的预防性法律制度:

---

〔1〕 See Scott J. Shackelford, et al., "Bottoms up: A Comparison of 'Voluntary' Cybersecurity Frameworks", *UC Davis Business Law Journal*, Vol. 2, 2016, pp. 217-260.

〔2〕 江溯:《论网络犯罪治理的公私合作模式》,载《政治与法律》2020第8期。

一是共建共治共享法律制度。无数的基层社会治理经验证明，预防性犯罪治理要"以人民为中心"，坚决依靠人民群众，才能有效地预防犯罪、维护社会安全稳定，构筑共建、共治、共享的新格局。为此，需要加强专业预防、兼顾社区预防；加强犯罪预防督导、兼顾社会组织自主预防；坚持打防结合、预防为主。要特别注重发挥专业人员和专业队伍对于网络犯罪的专业性预防作用，构建多元主体参与的犯罪预防机制，共建、共治、共享安全、稳定、和谐的社会发展环境。二是关键信息基础设施保护法律制度。关键信息基础设施是增强网络抗冲击能力、提高网络的功能可恢复性、获得"网络适应性"的重要节点。2021 年 4 月 27 日国务院第 133 次常务会议通过《关键信息基础设施安全保护条例》，自 2021 年 9 月 1 日起施行，[1]其中就详细规定了国务院电信主管部门和其他有关部门在各自职责范围内负责关键信息基础设施安全保护和监督管理工作，系统性地构建起了关键信息基础设施安全防护体系，保护关键信息基础设施免受攻击、侵入、干扰和破坏。关键信息基础设施应当建设成为具有处理能力的实体，注重加强节点对于整体结构的支撑作用，重视节点之间的沟通与联络，探索重要节点功能的可替代性，能够大幅提高网络设施的功能可恢复性。这是网络犯罪预防性治理的重大举措，必将有效应对网络犯罪的侵扰和破坏。三是网络犯罪应急处置法律制度。网络犯罪预防性治理的关键在于建章立制、压实责任并遂行监督检查，应当继续完善网络犯罪的监测、预警、处置、救援、恢复重建等规章制度，尤其是应当加强重大网络威胁应急预案的制定与完善，做到凡事有章可循、凡事有人负责、凡事有据可查、凡事有人监督。一切都按照制度办事，发挥制度在固根本、稳预期、利长远、重效率方面的保障作用。

4. 强化技术治理的法治保障

在网络犯罪治理理念方面，应当完成从"风险管理"到"风险控制"再到"风险治理"的转变，健全相关技术治理规范，完善相关法律制度，防范网络犯罪预防性治理过程中的技术风险，以法治化推进治理方式的转变，强化技术治理的法治保障。如果说"风险＝威胁×脆弱性×影响"[2]的话，那么，

---

〔1〕　参见《关键信息基础设施安全保护条例》（中华人民共和国国务院令第 745 号）。

〔2〕　See Alexander Kott, et al., *Cyber Defense and Situational Awareness*, Springer International Publishing Switzerland, 2014, p. 266.

为获得"网络适应性"所采取的措施应当与威胁、网络脆弱性和影响成正比，风险越高采取措施加强"网络适应性"的投入就应当越大。为此，对于网络犯罪治理应当采取系统性的预防性治理，制定相关制度确保早发现、早报告、早预警；落实危险预警机制，加强监测与预警；制定"预警人"或"吹哨人"报告奖励制度，确保危险预警与报告渠道畅通，定期发布安全预警和预防措施；利用人工智能、大数据分析等现代科技手段主动寻的并隔离排害，采取精准措施抑制损失、恢复重建。为此需要加大网络犯罪预防性治理的技术支持，亦即"通过制定信息与通讯技术标准，采取网络安全技术手段，对网络犯罪等不法行为采取监控、防范与治理措施等方式"，[1]进行系统性治理。其核心目的就是通过技术预防获得"网络适应性"，即面对网络攻击或网络威胁进行识别、侦测、响应、阻止和恢复的能力。恰当的网络犯罪技术预防只有在对网络安全风险进行评估的基础上才能够有针对性地采取措施，并决定采取何种安全策略组合能够以最小的成本获得最大的收益。

当今已是算法时代，算法科学家可以为需要解决的问题和设定的任务提供数据（事件、场景）和标签（目标），神经网络就会自动寻找并优化解决方案，甚至自动处理并完成任务。大数据、算法、人工智能等信息技术能够为网络犯罪预防性治理在犯罪预测、风险预警、突发处置、漏洞查堵、病毒查杀、防火隔离、系统恢复、备份升级等方面提供巨大的技术支持，构建立体防控体系。因此，必须要加大力度研究如何采取最新技术手段防范网络犯罪的发生。当前亟需在以下三个层面加强技术预防：首先，应当构建大数据支持的犯罪情报系统。在大数据的支持下，基于地理信息系统的精准犯罪防控、重点基础设施的犯罪形态评估、重点人口网状关系库建设等成为网络犯罪预防性治理的重心。其次，强化深度学习算法对于犯罪危险的预测。随着神经网络日渐成熟，深度学习算法已经能够在数据情报的支持下，精准地进行视觉检测、行为预测、危险预警和情景预防。最后，构建"情报→预测→决策"智能化犯罪治理平台和人工智能辅助决策的应急指挥系统，实现精准治理、动态治理和功能性治理。目前在试点地区已经建立了应急指挥系统，人工智能辅助决策能够极大地提高在犯罪侦查、治安防控、应急处置、预防被害等方面的决策效率和反应速度。有必要加大投入，在全国范围内构建人

---

〔1〕 参见刘军：《网络犯罪治理刑事政策研究》，知识产权出版社 2017 年版，第 112 页。

工智能辅助决策的应急指挥系统，并加强网络犯罪预防性治理中的联网、联防、联动和联控。

5. 完善国际社会合作规则

网络犯罪预防性治理离不开国际交流与合作，[1]从理论到实践、从立法到司法、从惩治到预防、从技术研发到标准制定、从空间治理到技术治理等不同层面，网络犯罪治理的合作空间广阔，国际社会联合采取预防性治理措施的潜力巨大，而且由于网络犯罪的特殊性，除非国际社会共同应对，否则肯定会顾此失彼、左支右绌，极大地影响网络犯罪的治理效果。因此，应当积极参与制定网络犯罪治理国际规则，表达我国在网络犯罪全球治理中的诉求，完善国际社会合作体制机制，提升在网络安全评估、风险预警、信息交流、司法合作、网络安全宣传教育等诸多方面的合作与交流，有效惩治和预防网络犯罪。

以法治思维促进形成网络犯罪治理生态，不断完善国际社会合作的规则之治，践行人类命运共同体的理念，形成有利于预防性治理的国际合作大环境。网络犯罪治理生态的理念有利于以系统论看待和应对网络犯罪，深入推进网络犯罪治理向预防性治理模式转型，调动国际社会各方治理主体的积极性，加强团结协作共同应对跨境网络安全威胁。既然是网络犯罪治理生态，必然存在着多种样式、多个层次、不同形态的国际治理合作，因此在网络犯罪治理生态培养和形成过程中可以由易到难、由近及远，从区域治理向国际治理、从双边条约向国际公约、从单项合作向综合合作等不断向前推进和演化，逐渐形成多层次、相干性的治理生态，如此才能够不断完善网络犯罪治理体系、提升网络犯罪治理能力。

网络犯罪治理的制胜法宝是尽可能地占据主动地位，采取预防性治理模式，主动采取措施进行事前预防，适时应变、以变应变、主动防御。网络犯罪预防性治理采取"社会—技术"模型，在调动多元主体积极性加强社会预防的同时，着重加强技术防范的法治保障，在"什么都未发生时"即主动行动、创造安全。以网络技术应对网络安全威胁、预防网络犯罪，在网络安全

---

〔1〕《中华人民共和国网络安全法》第7条规定："国家积极开展网络空间治理、网络技术研发和标准制定、打击网络违法犯罪等方面的国际交流与合作，推动构建和平、安全、开放、合作的网络空间，建立多边、民主、透明的网络治理体系。"

评估和动态感知的基础上，深化网络安全环境治理、构建网络防御空间、强化网络犯罪信息交流、发展网络保障能力，采取主动网络防御，加强关键部门、关键领域、关键信息的技术安全，全方位获得"网络适应性"，增强网络的抗打击能力，构筑网络可恢复性安全体系。

基于安全可信的元宇宙预防性治理

元宇宙（Metaverse）大踏步地朝我们走来，大大超过人们的预期，将彻底改变人们的生活、生产乃至生存方式，演绎沧海桑田般的巨变。

与此同时，元宇宙发展仍然存在诸多的不确定性，各种刑事风险相伴而生，机遇与挑战并存。有必要牢牢把握机遇期和窗口期，顺应时代潮流，对元宇宙刑事风险进行系统的预防性治理。

一、元宇宙的快速发展带来诸多刑事风险

1. 元宇宙的快速发展如同引发"数字大爆炸"

元宇宙（Metaverse）一词最早出现在 1992 年美国作家尼尔·斯蒂芬森（Neal Stephenson）的科幻小说《雪崩》（Snow Crash）中，译者将之翻译为"超元域"[1]，是一个与物理世界相对应的虚拟世界，实质是一种"共享在线3D 空间"[2]，"虚拟空间"[3]，或者"全真互联网"[4]。我国媒体中"元宇宙"一词最早出现，则是在 2021 年 7 月 14 日《文汇报》的一则新闻中[5]，后续的新闻报道逐渐延续"元宇宙"的用语。

2021 年被称作是"元宇宙"元年，世界互联网大厂和科技巨头，如谷

---

[1]　参见〔美〕尼尔·斯蒂芬森：《雪崩》，郭泽译，四川科学技术出版社 2018 年版，第 29 页。

[2]　See Matthew Sparkes, "What is a metaverse", *New Scientist*, Vol. 251, No. 3348, 2021, p. 18.

[3]　参见〔美〕萨提亚·纳德拉：《刷新：重新发现商业与未来》，陈召强、杨洋译，中信出版社 2018 年版，第 177 页。

[4]　参见马化腾：《大洗牌即将开始，全真互联网到来》，载《中关村》2021 年第 1 期。

[5]　"人类每天不再打开电脑，而是通过虚拟头盔等设备进入元宇宙的虚拟世界。"参见卫中：《元宇宙，为游戏产业开启"宇航时代"》，载《文汇报》2021 年 7 月 14 日，第 6 版。

歌、微软、苹果、Facebook、Roblox、Epic Games、Decentraland、英伟达、西门子、腾讯、字节跳动、华为等，纷纷投资布局元宇宙，并迅速扩展到社交、娱乐、游戏、金融、技术等产业和领域。2021 年 10 月 28 日社交网站"脸书"（Facebook）创始人兼首席执行官扎克伯格（Mark Elliot Zuckerberg）宣布将公司名称更名为 Meta，致力于把现有的 Facebook 以及公司旗下的 Instagram 等多个社交媒体、实时通信平台进行逐步整合，打造一个全新的 Meta 平台。[1]由此，脸书也由著名的社交媒体公司转型为一家"社交科技公司"（A Social Technology Company），以彰显其"超越"二维世界进军三维"元宇宙"的决心。[2]"元宇宙"不但带火了相关产业，引发网络空间的"数字大爆炸"（digital "big bang"）[3]，而且也引爆了社会舆论，引起全球广泛关注，成为 2021 年度最热网络用语[4]。元宇宙不是一种技术，而是多种技术的聚合和不同应用场景下的抽象。

当前在元宇宙的带动下，先进技术日新月异，相关产业互促迭代，呈现加速发展趋势。2021 年包括 Decentraland，Cryptovoxels，The Sandbox，Somnium Space 的土地在内的加密资产总计售出 5 亿美元，这个数字在 2022 年预计将翻番。美国银行巨头花旗银行最近一份报告预测，到 2030 年元宇宙价值将达到 13 万亿美元。[5]无独有偶，有学者研究认为随着人类文明逐渐朝着数字生存多面体（multifaceted digital channel）的转向，据估计到 2025 年元宇宙市值

---

〔1〕 See "Say Hello to Meta-Mark Zuckerberg rebrands Facebook", On line at: https://mediaavata-arme. com/news/advertising-marketing/8880/say-hello-to-meta-zuckerberg-rebrands-facebook/，最后访问日期：2023 年 2 月 7 日。

〔2〕 参见《Facebook 改名 Meta：专注元宇宙发展，"非死不可"成过去式》，载网易网：https:// 163. com/dy/article/GNJ6LM4D0550GC6B. html，最后访问日期：2024 年 4 月 9 日。

〔3〕 See Lik-Hang Lee, et al. , "All One Needs to Know about Metaverse- A Complete Survey on Technological Singularity, Virtual Ecosystem, and Research Agenda", *Journal of Latex Class Files*, Vol. 14, No. 8, 2021, p. 1.

〔4〕 2021 年 12 月 20 日，国家语言资源监测与研究中心、商务印书馆、光明网、腾讯公司联合主办的"汉语盘点 2021"揭晓仪式在北京举行，"元宇宙"入选"十大网络用语""年度国际词"。参见《"汉语盘点 2021"年度字词揭晓》，载光明网：https://m. gmw. cn/baijia/2021-12/20/35393599. html，最后访问日期：2023 年 2 月 7 日。

〔5〕 See Harsh Kumar, "All You Need to Know About Crimes in Metaverse World", Outlook Money (Sep. 17, 2022), p. 1-2, On line at: https://www. businessoutlookindia. com/news/all-you-need-to-know-about-crimes-in-metaverse-world-news-207619，最后访问日期：2023 年 2 月 7 日。

将达到 10.5 万亿美元。[1]2022 年 11 月 30 日，美国科技初创公司 OpenAI 发布了一款聊天机器人 ChatGPT[2]，是人工智能技术驱动的自然语言处理工具，能够理解人类语言的语义和逻辑并进行互动，能够帮助撰写文案、执行翻译甚至编写代码，将彻底改变浏览器的搜索功能，甚至取代传统的互联网搜索引擎，并迅速在网络上爆红。[3]美国科技巨头纷纷加码人工智能。谷歌公司则于本月初向人工智能初创公司 Anthropic 投资近 4 亿美元，该公司目前正在加紧测试 ChatGPT 的竞品 Claude。亚马逊同样高度关注 ChatGPT 带来的挑战。[4]中国科技公司也紧跟步伐，2023 年 2 月 7 日百度也首次官方宣布："我们的大模型新项目——文心一言（英文名 ERNIE Bot），敬请期待!"[5]而"文心一言"正是类似 ChatGPT 的项目。但是就在推出 ChatGPT100 天之后，OpenAI 又发布了更强大的新一代语言模型 GPT-4。[6]此种生成式语音聊天机器人背后的深度学习模型并不复杂，但却是人工智能技术除了自动驾驶之外目前最好的落地项目，对于元宇宙而言则是解决了难度非常大的语义识别[7]、信息智能化处理以及高效协同的问题，非同质化通证（Non-Fungible Token，NFT）等数字经济所依赖的智能合约也能够更加便利地自动化处理，解决了

---

　　[1]　See Prachi Singh, Dev Karan Rajput, "Metaverse: Surging Need for Competent Laws with Increasing Metaverse Crimes", *International Journal of Law Management and Humanities*, Vol. 5, No. 5, 2022, p. 716.

　　[2]　See "*ChatGPT: Optimizing Language Models for Dialogue*", On line at: https://openai.com/blog/chatgpt/, 最后访问日期：2024 年 4 月 9 日。

　　[3]　ChatGPT 可以理解为是一个通用聊天机器人。GPT（Generative Pre-trained Transformer）顾名思义，就是"生成式预训练转换器"，是一种基于互联网可用数据训练的文本生成深度学习模型。参见《做作业、写论文、作诗、敲代码……火爆全球的 ChatGPT 究竟是啥》，载腾讯网：https://new.qq.com/rain/a/20230210A04IT300，最后访问日期：2023 年 2 月 11 日。

　　[4]　参见甄翔：《ChatGPT 大火！美科技巨头纷纷加码人工智能》，载环球网：https://3w.huanqiu.com/a/de583b/4Bb9Zqii6f0? agt=11，最后访问日期：2023 年 2 月 8 日。

　　[5]　《官宣：文心一言》，载百度网：https://baijiahao.baidu.com/s? id=1757151608975689299&wfr=spider&for=pc，最后访问日期：2023 年 2 月 8 日。

　　[6]　2023 年 3 月 15 日 OpenAI 公司，发布了新一代语言模型 GPT-4，它是 ChatGPT（聊天机器人）、GPT-3.5（自然语言处理模型）和 CLIP（连接文本和图像的神经网络）的某种有机组合。参见《GPT-4 是什么？会取代程序员吗？》，载新浪网：https://news.sina.com.cn/w/2023-03-17/doc-imymcvnz4254035.shtml，最后访问日期：2023 年 3 月 21 日。

　　[7]　早在 1998 年，蒂姆·伯纳斯·李（Tim Berners-Lee）就提出了语义网（Semantic Web）的概念。See Tim Berners-Lee, et al., "The Semantic Web: A New Form of Web Content That is Meaningful to Computers will Unleash a Revolution of New Possibilities", *Scientific American*, Vol. 284, No. 5, 2001, pp. 37-43.

元宇宙中的价值交换和信息流转的效率难题。

2. 元宇宙的快速发展带来诸多的安全隐忧与社会问题

元宇宙是人类的历史长河里的下一代网络。如果仅从互联网的历史来看，元宇宙是第三代互联网，有人称之为"3D 版的互联网"，也有人称之为 Web3.0，或者多维共创互信网。[1]中国互联网信息中心（CNNIC）第 43 次《中国互联网络发展状况统计报告》指出，作为特定概念的"下一代互联网"是指 IPv6，满足 IPv6 的互联网体系结构的基本特征，其时间阶段为 2015～2030 年；应用领域将包括物联网、大数据、云计算、移动 5G、量子通信、人工智能、虚拟现实、区块链应用等。目前来看，IPv6、5G 和人工智能可能成为下一代互联网发展的引爆点。[2]元宇宙的快速发展带来诸多的安全隐忧与社会问题[3]，不同之处在于，元宇宙解决的核心问题是用户的数据由谁来做主。

元宇宙的本质仍然是为了满足人类的生存和发展需要，但是人类社会每一次的技术进步，也都带来诸多的刑事风险，犯罪也如影随形。元宇宙高速发展的负面效应就是会导致犯罪猛增。[4]从犯罪学的视角来看，犯罪甚至是社会进步的原始动力。人类社会也在与犯罪不断作斗争的过程中，不断发展不断推动技术进步。不断升级的元宇宙犯罪和日益增长的刑事风险，需要更加有力的法律制度进行规范。

网络犯罪的确在全球范围内制造了诸多的混乱，如侵犯个人隐私、长期骚扰与威胁、智能系统偏见、病毒与垃圾邮件，这些问题不仅加剧了社会分裂，还扩大了社会不公，同时带来了越来越多的身体健康和心理健康问题。[5]这些问题在元宇宙中并未能得到彻底解决，但是新的技术加持又带来更多的

〔1〕 参见叶毓睿：《元宇宙的网络基础：Web3.0》，载《张江科技评论》2022 年第 2 期。

〔2〕 参见中国互联网信息中心（CNNIC）：第 43 次《中国互联网络发展状况统计报告》，载 http://www.cac.gov.cn/wxb_ pdf/0228043.pdf，最后访问日期：2023 年 3 月 22 日。

〔3〕 如果将元宇宙视作"下一代互联网"，那么元宇宙中出现的犯罪仍然可以称之为网络犯罪，是真正发生在网络空间的犯罪。

〔4〕 See Harsh Kumar, "All You Need to Know About Crimes in Metaverse World", Oatlook Money, Sep. 17, 2022, p. 1. On line at: https://www.businessoutlookindia.com/news/all-you-need-to-know-about-crimes-in-metaverse-world-news-207619.

〔5〕 See Prachi Singh, Dev Karan Rajput, "Metaverse: Surging Need for Competent Laws with Increasing Metaverse Crimes", *International Journal of Law Management & Humanities*, Vol. 5, 2022, p. 716.

刑事风险和社会问题，如元宇宙中多发的盗窃包括非同质化通证在内的加密资产犯罪。而有的风险及其影响尚不十分清晰，如最近爆火的 ChatGPT。有消息称亚马逊已要求员工谨慎使用 ChatGPT，警惕向其泄露公司秘密，包括正在编写的代码等。[1]一向高调的马斯克在使用 ChatGPT 后的感受是"好到吓人"，甚至断言，"我们离强大到危险的 AI 不远了"。比尔·盖茨则表示，ChatGPT 以及 AI 领域的进展令人激动，AI 将让很多事情变得高效，但长期来看，也有人们所担忧的失控问题。[2]AI 可能是人类当前面临的最不具有确定性的技术层面的大风险，元宇宙的高度数字化和信息化使得这种风险被放大。

的确如此，科技进步可能会带来更多的不确定性和更多的安全风险。现代性自带风险基因，安全问题内嵌于工业化与现代化进程中而无法祛除，人们被迫生活在"高风险社会"并成为"安全风险共同体"中的一员，在享受科技进步与社会发展所带来的各种生活便利、产业发展和巨大利益的同时，也不得不直面各种公共安全风险[3]。如何让科技造福人类，但同时避免对公共安全和秩序利益造成巨大损害和不可承受的损失，是值得深入思考并提前布局进行预防性治理的重要问题。

二、元宇宙快速发展所面临的机遇与挑战

（一）元宇宙是实现数据自主的网络空间

1. 元宇宙的内涵仍在不断丰富与发展之中

元宇宙（Metaverse）并不是一个新兴的概念，而是一个已经存在超过 30 年的旧词汇，是一个因为在线游戏和大型科技公司押注虚拟现实而重获吸引力的旧观念（An old idea is gaining new traction through online gaming and big tech's bet on virtual reality）。[4]早期的元宇宙常常与游戏产业联系在一起，如，早在 2000 年上线的"哈宝"（Habbo）就是一款大型的图形互动社区网络游

---

〔1〕 参见甄翔：《ChatGPT 大火！美科技巨头纷纷加码人工智能》，载环球网：https://3w.huan-qiu.com/a/de583b/4Bb9Zqii6f0？agt＝11，最后访问日期：2023 年 2 月 8 日。

〔2〕 参见金志刚：《中国版 ChatGPT 要来了？百度官宣：大模型新项目叫"文心一言"》，载新民网：http://news.xinmin.cn/2023/02/08/32313355.html，最后访问日期：2023 年 2 月 9 日。

〔3〕 参见刘军：《预防性法律制度的理论阐释与体系构建》，载《法学论坛》2021 年第 6 期。

〔4〕 See Matthew Sparkes, "What is a metaverse", *New Scientist*, Vol. 251, No. 3348, 2021, p. 18.

戏。再如 2003 年上线的 "第二人生"（Second Life）则是一款比较经典的虚拟游戏，2006 年杜兰杜兰乐队（Duran Duran）甚至在 "第二人生" 上成功举办了一场音乐会，"堡垒之夜"（Fortnite）、"战争机器"（Gears of War）、"罗布乐思"（Roblox）、"魔兽世界"（World of Warcraft）等都是具有元宇宙元素的经典游戏。游戏产业极大地驱动虚拟现实技术的进步。

元宇宙构成要素包括哪些，存在多种观点，分为 "二要素" 说（物理世界与虚拟世界）、"三要素" 说（物质、能量和信息）、"四要素" 说（增强现实、生活日志、镜像世界和虚拟世界）和 "多要素" 说（多种构成要素的复杂系统）。[1] 如果说虚拟空间是元宇宙的基本要素，那么，目前最成功的应用当属游戏产业，商业驱动和大型科技公司投资押注是元宇宙的重要推动力。现实世界中只能 "是其所是"，而虚拟世界中却可以 "是其所想"，可以经历和享受另外一种人生。元宇宙能够使用户深度参与、深度体验。当然，元宇宙并非局限于游戏产业，其内涵仍处于高速聚合时期。元宇宙是什么、可以做什么、未来的发展趋势如何？这些问题到目前为止仍然众说纷纭，相关产业仍处于泡沫大量产生的发酵期，元宇宙的内涵仍在不断丰富和发展。

元宇宙的真实含义仍然众说纷纭，但通常被描述为一个具有沉浸式体验的、持久存在的、重在互动和分享的虚拟世界。如马修·斯帕克斯（Matthew Sparkes）曾认为，元宇宙是一种持续在线的、整合应用 3D 图形的共享网络空间。[2] 根据学者的梳理，元宇宙可以是生活日志（lifelogging）、集体的虚拟空间（collective space in virtuality）、具象化或空间化的互联网（embodied internet/spatial Internet）、镜像世界（mirror world）甚或是全能宇宙（omniverse）[3]。这些说法都从不同的侧面揭示了元宇宙的不同属性，但是远未揭示元宇宙本质，以及其与基于 Web2.0 而构建的传统网络空间的不同之处。

2. 元宇宙是新技术驱动的信息王国

元宇宙发展不可能一蹴而就，而是一个系统工程，需要众多核心技术的

---

〔1〕 参见魏开宏、苏媛：《国外元宇宙研究述论：热点、堵点与愿景》，载《新疆师范大学学报（哲学社会科学版）》2022 年第 5 期。

〔2〕 See Matthew Sparkes, "What is a metaverse", *New Scientist*, Vol. 251, No. 3348, 2021, p. 18.

〔3〕 See Lik-Hang Lee, et al., "All One Needs to Know about Metaverse- A Complete Survey on Technological Singularity, Virtual Ecosystem, and Research Agenda", *Journal of Latex Class Files*, Vol. 14, No. 8, 2021, p. 1.

支撑。有学者揭示了元宇宙的八大核心技术，包括扩展现实（Extended Reality）、人机交互（User Interactivity/Human-Computer Interaction）、人工智能（Artificial Intelligence）、区块链（Blockchain）、机器视觉（Computer Vision）、物联网和机器人（IoT and Robotics）、边缘计算和云计算（Edge and Cloud Computing）、未来移动网络（Future Mobile Networks）等[1]，清华大学新媒体研究中心《2020-2021年元宇宙发展研究报告》的产业篇中列出了元宇宙的技术底座包括内容生产（人工智能、数字孪生）、认证机制（区块链）、数据处理（人工智能、云计算）、虚实界面（拓展现实、机器人、脑机接口）和网络环境（5G）等五个方面[2]。而有的学者认为，元宇宙的核心技术与区块链和Web3.0紧密相连，甚至可以说，元宇宙是区块链和Web3.0目前最佳落地场景，[3]在元宇宙中，视觉、听觉、触觉、嗅觉以及前庭平衡的"五感"能够被真实模拟、还原并获得沉浸式体验。

美国麻省理工学院媒体实验室的尼葛洛庞帝（Negroponte）曾经说过一句名言，"计算不再只和计算机有关，它决定了我们的生存"[4]。自从有了计算机和信息网络，人们就一直在谈论存在于计算机和互联网之间的网络空间或赛博空间（Cyberspace）问题，并将之设想为一个电子的疆域、知识和信息的世界，正如威廉·吉布斯（William Gibson）所描述的，这是一个"新的宇宙，一个平行于现实的世界，一个虚拟的空间，一个心智上的疆域，一个纯粹信息的王国"[5]。与现实的物质世界相比较而言，网络空间是人类创造的信息搜集、存储和实时交互的虚拟的"空间"。但是之前的网络空间都是中心化的，所有的信息和数据被各种网络平台占有、控制和利用，成为他们手中创

---

〔1〕　See Lik-Hang Lee, et al., "All One Needs to Know about Metaverse- A Complete Survey on Technological Singularity, Virtual Ecosystem, and Research Agenda", *Journal of Latex Class Files*, Vol. 14, No. 8, 2021, p. 1.

〔2〕　参见清华大学新媒体研究中心《2020-2021年元宇宙发展研究报告》的"产业篇"，载搜狐网：http://sohu.com/a/511077648_ 453160，最后访问日期：2024年4月9日。

〔3〕　参见杨清清：《STEPVR创始人郭成：元宇宙是Web3.0的最佳落地场景》，载《21世纪经济报道》2022年7月8日，第12版。

〔4〕　[美]尼古拉·尼葛洛庞帝：《数字化生存》，胡泳、范海燕译，海南出版社1997年版，译者前言第3页。

〔5〕　See Michael E. Doherty, Jr., "Marshall McLuhan Meets William Gibson in 'Cyberspace'", *Computer-Mediated Communication Magazine*, Vol. 2, No. 9, 1995, p. 4.

造财富的资源。但是区块链和 Web3.0[1]彻底改变了这一切，经由分布式数字身份（DID，Decentralized ID）[2]和非同质化通证（NFT，Non-Fungible Token）[3]，元宇宙空间的数据归属问题得到了很好的解决。数字资产被制成NFT，其资产信息和交易记录都将被记录在区块链上而难以篡改，不但网络空间的信任被重建[4]，而且价值交换和流转的效率因为智能合约而得到极大提高。

元宇宙不仅仅是与物理世界相对应的虚拟世界，而且是在去中心化技术、去中心化金融（DeFi，Decentralized Finance）和加密货币（Cryptocurrency）等与区块链直接相关的技术基础上建立起来的虚拟空间，[5]或者说，元宇宙是对所有利用区块链技术所构建虚拟世界的统称，它可以是在线游戏环境、NFT画廊，甚或虚拟城市。[6]元宇宙与之前的网络空间的不同之处在于，元宇宙是在区块链、加密货币、Web3.0 等技术加持下，确定了对于数据的拥有权，这将极大地激励普通用户的创新热情与创造潜力。在此意义上，元宇宙不仅仅只是一个"信息王国"[7]，而是真正的"产权互联网""创新互联网"，或者说是"价值互联网"。申言之，"价值互联网"是性质定位，是以知识创新和价值创造作为元宇宙的本质属性。正是"万事皆可编程"和"数据自主"彻底改变了网络空间人类的存在方式，不但极大地激发了人们的创新热情并提高了价值创造的效率，更重要的是，决定了人类的数字存在以及存在方式。

---

〔1〕 Web1.0 是"只读"（Read Only）互联网，Web2.0 是"可写"（Read & Write）互联网，而Web3.0 则是"可拥有"（Read，Write，Own）互联网，是不但能读写而且能够拥有的互联网。

〔2〕 "去中心化"带来的全新的认证方式和信用模式，分布式数字身份（Decentralized ID，DID）解决网络身份认证中的问题 DID 可以做到"前台匿名、后台实名"。See Manu Sporny, et al. , "Decentralized Identifiers（DIDs）v1.0：Core architecture, data model, and representations", W3C Recommendation, 19 July 2022. On line at：https://www.w3.org/TR/did-core/，最后访问日期：2023 年 2 月 7 日。

〔3〕 See Mark Cuban, "Non-Fungible Token", 10 January 2023, On line at：https://www.britannica.com/topic/non-fungible-token-dala，最后访问日期：2023 年 2 月 7 日。

〔4〕 See Scott J. Shackelford, Steve Myers, "Block－by－Block：Leveraging the Power of Blockchain Technology to Build Trust and Promote Cyber Peace", *Yale Journal of Law and Technology*, Vol. 19, 2017, p. 334.

〔5〕 See Matthew Sparkes, "What is a metaverse", *New Scientist*, Vol. 251, No. 3348, 2021, p. 18.

〔6〕 See Prachi Singh, Dev Karan Rajput, "Metaverse：Surging Need for Competent Laws with Increasing Metaverse Crimes", *International Journal of Law Management & Humanities*, Vol. 5, No. 5, 2022, p. 712.

〔7〕 See Michael E. Doherty, Jr. , "Marshall McLuhan Meets William Gibson in'Cyberspace'", *Computer-Mediated Communication Magazine*, Vol. 2, No. 9, 1995, p. 4.

目前元宇宙的各项关键技术仍处于不断试错与融合的过程之中，但是技术更新在不断加速，软硬件条件逐渐具备，元宇宙的发展大大早于人们的预期，尤其是在人工智能的加持下，会更加呈现出加速变异的趋势。但无论技术如何发展，将来的元宇宙会更加智能易用、更加丰富生动、更加注重交互、更具创新价值、更加复杂并逐渐形成更加具有自持性的生态。

（二）元宇宙是虚实共生的价值互联网

1. 元宇宙将彻底改变人类的生活、生产和生存方式

在虚拟空间，人类的生活、生产乃至生存方式将被彻底改变。一是物理世界有的，在元宇宙中也会有。通过"数字孪生"（Digital Twins）[1]，可以在元宇宙中模拟物理世界，将三维的物理世界映射到元宇宙，并在元宇宙中关联甚至演绎物理世界的变化。二是物理世界没有的，在元宇宙中会不断涌现。元宇宙必然会跨越"数字孪生"阶段，而出现"数字原生"（Digital Natives）。一开始可能是差异性变化，随着差异越来越多而逐渐出现数字进化，并最终出现在元宇宙中成为原生的事物，如数字藏品、数字游戏以及数字经济体系等，甚至达到"万事皆可编程"的状态。三是元宇宙的"超现实共生"将彻底改变人类的生存方式。在元宇宙的高级发展阶段，物理世界和虚拟世界的界限将越来越模糊，并出现虚实共生的现象，亦即"物理与虚拟现实的共生"（co-existence of physical-virtual reality），可以称之为"虚实共生""超现实共生"。之所以是"超现实"，是因为虚拟世界具有自持性，已经可以高度自我维持，内嵌于元宇宙的价值体系能够维持自我循环；而之所以称之为"共生"是因为元宇宙具有互操性（interoperability），虚拟世界和现实世界可以互相操作、共生互通。届时，人既是自然的存在，同时也是数字化的存在，在各种先进的软硬件技术支撑下，将极大地提高人的创新能力、激发人的创造潜力、改善人们的协同状况。人们如同是在"共用一个大脑"一般

---

〔1〕 数字孪生是指在虚拟环境中创造一个数字孪生体，当然在工业制造领域可以通过数字孪生技术而获得更多的洞见创意和决策优化。Michael Grieves 博士在 2014 年发布的文章中，"追溯"自己曾经在 2002 年密歇根大学 PLM 中心一次演讲中，提及了类似数字孪生的相关概念。他还"追溯"自己曾经在 2003 年的一次高管培训上提出了"物理产品的数字等同体或数字孪生体概念"。2011 年 3 月，美国空军研究实验室结构力学学部门的 Pamela A. Kobryn 和 Eric J. Tuegel 做了一次演讲，题目是"Condition-Based Maintenance Plus Structural Integrity（CBM+SI）& the Airframe Digital Twin（基于状态的维护+结构完整性 & 战斗机机体数字孪生）"，首次明确提到了数字孪生。

地进行创新性协同，共建、共生、共治、共享数字经济和虚拟世界的发展与繁荣。

元宇宙首先触动的是人们的生活方式。数字孪生使得人类开始踏入虚拟世界，人们可以在虚拟世界生活、交友、娱乐并进行高层次的工作协同。数字孪生在智慧教育[1]、智慧医疗、智慧城市、工业制造等领域有着广阔的应用前景。数字原生则将极大地改变社会生产方式，元宇宙成为价值互联网，是创造、传输、交换价值的虚拟世界，相应的社会规范不断完善，以确保虚拟社会能够自我维持。当然在数字原生阶段，最大的问题在于可能出现"信息孤岛"（information silo）现象，不同的虚拟世界之间以及虚拟世界与物理世界之间可能会存在信息交流上的障碍和困难。踏入"虚实共生"阶段，才是真正进入元宇宙阶段，申言之，在狭义的元宇宙阶段，数字化的物理世界与虚拟世界最终走向融合，物理世界与虚拟世界也将具有互操性，时间和空间的边界变得日益模糊，人们的生存方式将迎来颠覆性的改变。与此同时，人们也出现诸多的认知困难，在现实认知、身份认知、关系认知、价值认知、体验认知、具身认知上都有可能出现认知困难甚至认知上的错位。

元宇宙要真正地落地还有很长的路要走，不仅仅涉及元宇宙的三个发展阶段或者三种表现形式，而且支撑元宇宙发展的各项关键技术是决定性的制约因素，任何一项技术的迟滞发展，都有可能在整体上影响元宇宙的生长。当然，某个单项科技进发也有可能带动相关技术共同升级迭代，如人工智能尤其是深度学习的迅猛发展，将极大地提高扩展现实技术和产业升级，并有效地促进人机互动甚至脑机接口的发展。

2. 元宇宙的经济形态会发生极大改变

首先，数字经济与实体经济的相干与叠加。元宇宙是具有多面向、多层次、多元的虚拟空间，不同的虚拟空间可能分别专注加密货币、数字藏品、金融、社交、游戏、旅游、娱乐、购物、教育、体育、医疗、照护、虚拟不动产等方面，甚至完全开放的虚拟空间。虚拟空间之间可以通过跨链技术进行互联互通，不断丰富着元宇宙的内涵。元宇宙也可以有多个，并在此基础

---

〔1〕 之前难以实现或者效果不好的教育改革和探索，在元宇宙中都可以轻松实现，如启发式、讨论式、问题式、探索式教学方式，在娱乐中学习等教育模式变革。

上形成层级更高、范围更大的元宇宙。在此意义上，元宇宙是没有边界的、具有扩展力和自持力的、广袤的虚拟空间。元宇宙广袤而复杂的虚拟空间，能够为智力创造和工作协同提供强大而持久的支撑，创新动力绵绵不绝，出现更多全新的经济业态，生产方式、产业模式、经济结构和法律制度等都将发生极大改变，元宇宙的经济形态将全面转向知识经济，并与物理世界的实体经济产生相干与叠加，极大地提高生产效率。

元宇宙真正的功能和作用是产业赋能，改变生产要素供给体系，突破生产要素稀缺性制约，提升数字经济增长的持续性。[1]目前的元宇宙经济通常包括传统产业的数字化和数字经济产业化两大部分，但是这其实还是非常初级的状态，仍然受限于传统思维而将产业局限于物理世界，尚未踏入虚拟世界，更未涉及真正的虚拟世界经济，甚至还处于"数字孪生"的大门之外。而一旦实现"超现实共生"，虚拟世界与现实世界真正具备了互操性，主体与客体将融为一体，虚拟与现实难以严格区分，元宇宙的经济形态将发生巨变，虚拟经济与实体经济将实现全面融合。物理世界所有元素都能够映射于元宇宙，而元宇宙中的大胆设想也能够在物理世界中实现，"所见非所见、所想即所得"不再是笑谈。

其次，元宇宙的组织形态将发生革命性变革。在区块链技术的加持下，元宇宙能够确保"代码即法则"（Code is Law），"去中心化自治组织"或"道"[2]（DAO，Decentralized Autonomous Organization）则保障了规则的有序制定与执行[3]。"道"是建立在区块链分布式存储技术之上的组织形式，因此亦可以被称作"分布式自治组织"，达成共识的组织体可以为了完成某项任务或者共同目的而相互协作。"道"为自由创作和价值创造提供了全新的组织形式。

"道"是在共识基础上成立的自治组织，"道"不但能够自行运转而且能

---

〔1〕　参见钟业喜、吴思雨：《元宇宙赋能数字经济高质量发展：基础、机理、路径与应用场景》，载《重庆大学学报（社会科学版）》2022年第4期。

〔2〕　借鉴老子的《道德经》，将DAO翻译为同音的"道"，别有意蕴，正所谓"道可道，非常道。名可名，非常名"。"道"彰显了元宇宙的创新机制和创造动力，"周行而不殆"。

〔3〕　参见林天强：《元宇宙权：基于幸福数字经济学与数字生产生活方式》，载《人工智能》2022年第5期。

够自主进化。[1]同时，"道"也是全新的组织协同方式。凭借区块链分布式存储技术，"道"圆满解决了组织的去中心化、开放性、有序性、通证化和智能化难题，虚拟空间人与人之间无需第三方保证的信任问题，素不相识的陌生人也可以经由"道"而进行自主交互、开放协同、共享创新，为完成项目设定的目标而共同工作。在"道"这种去中心化自治组织中，人的身份、内容和智力成果都将自动存储在链上而难以篡改，可以根据个人的智力贡献确定成果归属，解决了知识评价和价值创新难题。如果顺利完成工作目标，智能合约将依据约定自动执行而无需人为干预，不但节约了成本而且提高了工作效率。

最后，元宇宙的经济模式变化多样。香港科技大学副校长汪扬说过，"我对元宇宙的定义是，元宇宙应该是未来数字经济的终极生态"[2]。在元宇宙中，数据不但"可读、可写"而且"可拥有"，拥有数据所有权将极大地激励元宇宙的知识创新与价值创造，元宇宙是真正的共享经济模式、创新经济模式和价值经济模式。

在元宇宙中，大量的具有版权的数字藏品、用户生成/创新内容（UGC/UCC，User Generated/Created Content）如井喷之势，呈现爆发状态，大量全新的虚拟经济形式也如雨后春笋一般，层出不穷。在虚拟世界中，人们可以自由地生活、交友、娱乐、游戏、工作，甚至可以"边玩边工作""边玩边挣钱"。如 Play2Earn 就可以边游戏边赚钱，游戏空间可以瞬间变成工作场所。持续火爆的"X2Earn"模式，即边游戏、边学习、边唱歌甚至边睡觉边赚钱的模式日益成为现实，为我们展示了元宇宙惊人的创造力和创新力。更重要的是，元宇宙可以极大地提高工作效率，推进产业升级改造，创新数字通证，打造全新的数字经济。

可以预见的是，随着经济模式转型、组织形态变革和知识经济引领的产业浪潮袭来，数字经济所占比重无疑会越来越大，越来越多的生产要素供给和社会资源分配将会在元宇宙中完成。为此需要积极应对元宇宙发展所带来的机遇与挑战，踊跃参与元宇宙发展进程，紧跟元宇宙发展的时代潮流，不

---

〔1〕 See Samer Hassan, Primavera De Filippi, "Decentralized Autonomous Organization", *Internet Policy Review*, Vol. 10, No. 2, 2021, pp. 1-10.

〔2〕 刘黎霞：《香港科技大学副校长汪扬：中国有能力成为 Web3.0 数字经济的"领军人"》，载《21世纪经济报道》2022年12月22日，第12版。

断增强我国在元宇宙发展中的话语权和规则制定权。

三、元宇宙存在不利益和无价值的刑事风险

（一）元宇宙的发展存在不利益的方面

元宇宙的发展可以用汹涌澎湃来形容，但是元宇宙产业发展仍处于初级阶段，诸多风险摆在面前不容忽视，涉及舆论泡沫、资本操纵、经济风险、垄断张力、产业内卷、算力压力、伦理制约、沉迷风险、隐私风险、知识产权等十大风险。[1]元宇宙存在的风险与其发展相伴而生，更多的是基于其自身特点或优势，有一些则是元宇宙独有的风险。从元宇宙本身发展来看，以下风险值得持续关注。

1. "去中心化"所带来的风险

元宇宙的底层技术是区块链，其分布式存储技术以及由此而带来的"去中心化"应用，如以加密货币为核心的"去中心化金融"（De-Fi, Decentralized Finance）和"去中心化组织"（DAO, Decentralized Autonomous Oranization）等，为元宇宙的发展带来全新的产业模式和生活模式。但同时，"去中心化"也带来诸多风险。

首先，"去中心化"金融存在一定风险。自从"中本聪"（Satoshi Naka-moto）创设第一款点对点（P2P）电子交易系统，并首次通过"挖矿"（Mining）获得第一批比特币（Bitcoin）开始，一种全新的"去中心化"金融系统正式诞生。"去中心化"金融系统不受某国政府或者中央银行控制，无需银行等第三方机构背书货币信用，无需公证、信用保证和中介服务，不仅可以免掉银行系统的巨额交易费用，而且将彻底改变货币的存在形式和交易方式，更严重的是此种金融系统完全改变了"中心化"的金融系统运作模式，不受政府或中央银行监管，不仅会带来系统性金融风险，而且能够轻而易举地转移财产并为各种犯罪提供金融支持，助力滋生各种犯罪活动。

另外，虚拟货币在价值变现方面也存在一定的风险，而且目前加密货币

---

〔1〕　参见清华大学新媒体研究中心《2020－2021年元宇宙发展研究报告》的"风险篇"，载搜狐网：http://sohu.com/a/511017648_453160，最后访问日期：2023年4月9日。该报告认为当前的元宇宙产业处于"亚健康"状态，未来发展不仅要靠技术创新引领，还需要制度创新（包括正式制度和非正式制度创新）的共同作用，才能实现产业健康发展。

名目繁多，相互之间并不能互通通用，用户在元宇宙中辛辛苦苦工作获得的报酬或者投资所购买的虚拟货币也极有可能一夜之间分文不值。不但用户损失严重，而且会对金融秩序造成严重冲击，并带来系统性金融风险。

其次，"去中心化组织"运行所带来的风险。区块链技术分布式存储和传输技术的另外一个具体应用就是"道"（DAO）。在共识基础上成立的 DAO，组织样态和运作发生了革命性变化，无需中心化的管理，操作具有过程透明、可追踪、可信任和不可篡改性。DAO 在去中心化共识协议和工作量证明机制的加持下，能够促使散在的个体为了一个共同的目标而协同工作，自主地进行价值生产和流转，智能合约可以自动执行，报酬可以通过加密货币的方式支付，无需中心化的管理和第三方的干预即可进行自我管理、自行运转甚至自我进化。[1]第一个受到广泛关注的"去中心化自治组织"是 2016 年成立的"The DAO"。它在比特币类型的区块链上使用智能合约，如此可以在线上聚拢陌生人进行投票或者投资冒险。其声称组织运作中没有任何中心化的权威存在，包括管理人员、执行人员和董事会等统统不再被需要。[2]DAO 不但解决了陌生人之间的信任问题，而且解决了组织的自治问题。

当然 DAO 也同样存在诸多的安全风险，安全性成为研究热点问题。仅以以太坊 Solidity 智能合约为例，其安全漏洞频发，落地不足 6 年的时间已经造成数万亿美元的损失；[3]而且安全风险均来自其自身特殊性，安全漏洞基于其特殊性而具有的风险，如智能合约的源码公开透明虽然保证了可信度，但是也给黑客带来了可乘之机；再如智能合约的可信度来源于其不可篡改性，但是又使得智能合约无法像传统程序那样通过打补丁等措施来修复漏洞。[4]智能合约其实并不那么智能，"链上安全"也早已成为网络安全关注的重点。

再其次，"去中心化"会形成新的垄断。"去中心化"并不是绝对的，反而会导致出现另外一种中心化，而且会带来新的不公。如元宇宙中的民主决

---

〔1〕 See Samer Hassan, Primavera De Filippi, "Decentralized Autonomous Organization", *Internet Policy Review*, Vol. 10, No. 2, 2021, pp. 1-10.

〔2〕 See Adam J. Kolber, "Not-So-Smart Blockchain Contracts and Artificial Responsibility", *Stanford Technology Law Review*, Vol. 21, No. 2, 2018, p. 198.

〔3〕 参见张漾藜等：《以太坊 Solidity 智能合约漏洞检测方法综述》，载《计算机科学》2022 年第 3 期。

〔4〕 参见张漾藜等：《以太坊 Solidity 智能合约漏洞检测方法综述》，载《计算机科学》2022 年第 3 期。

策同样是依据通证（Token）持有量所代表"权利"的大小，其实也是一种"权力"，因为作为决策中他的分量会更重，而普通用户根本无法匹敌，从而重新出现中心化趋势，会在不同层面出现权力集中，会带来相关产业更高程度的垄断。

最后，"去中心化"导致出现监管盲区，带来系统性管理风险。"去中心化的互联网形态会给各行各业带来重大变革，衍生出新的组织和行业形态，相应地也带来了新的监管问题。如区块链技术支撑下的匿名性社区，会给网络监管带来新的挑战；去中心化金融（DeFi）产品所蕴含的金融风险，也会考验金融管理部门的监管和防范能力。更多的组织和行业形态所伴随的风险问题，需要新的技术与规则来防范。"[1] "去中心化"的目的是建构价值互联网，但是出现新的治理问题。在元宇宙中，去中心化金融、去中心化虚拟货币、去中心化组织运营等都存在监管缺失的问题，会带来系统性金融风险。另外，"去中心化"对于经济秩序也会带来一定的冲击，元宇宙中进行的数字资产交易，双方的信用风险都很大，而且存在被操纵的可能，手段都很隐蔽，尤其是在信息不对称的情形下，很多投资者会盲从跟进，发生庞氏骗局的风险不断提升，如果置之不问，将会导致系统性经济风险。

2. "用户生成内容"的知识产权风险

作为新的价值互联网和生产生活网络空间，元宇宙能够赋予用户真正的数据自主权，能够以全新的组织形式和商业模式解决传统互联网时代存在的数据安全、侵犯隐私和数字巨头"作恶"等问题，尤其是能够很好地解决价值与创新问题。在元宇宙中，以个性化为特点的"用户生成内容"（UGC，User Generated Content），由于很多是由众多用户共同制作完成的，存在知识产权的合理分割与利用问题，在价值产品的交易、传输和变现过程中会出现诸多困难，容易产生知识产权纠纷，影响元宇宙的价值创造。

元宇宙会造成新的数字鸿沟，对于有些人来说甚至可能是无法逾越的，而资本剥削急剧扩大了这一数字鸿沟。除此之外，数字劳工（Digital Labor）问题也日益严重，足以引起深刻反思。在元宇宙中，"数据自主"成为激励，更多的人参与到元宇宙的价值创造之中，越来越多的 UGC 被生产出来，并以

---

〔1〕 刘艳：《Web 3.0：新的网络世界需要新的规则——走近下一代互联网（下）》，载《科技日报》2022 年 7 月 14 日，第 6 版。

各种"通证"（Token）方式标识其价值。这些行为很可能只是资本运作的结果或者表象，绝大多数的人很可能只是"参与"，或者是"流量"的负载，甚至是被操控的"僵尸"，这些被赋予"通证"价值的UGC很可能一文不值，这些都只是巧妙掩盖剥削的方式而已。如元宇宙最新的各种"X2Earn"经济模式如雨后春笋般破地而出，科技巨头不断利用算法，描绘用户画像并不断圈养用户，养成独特的用户内容输出圈与接受圈，提升用户粘性，使得用户不知不觉中心甘情愿地成为任人宰割的羔羊。我们以为是在玩游戏，但其实可能是在劳动；我们以为是在娱乐或学习，但其实却是在替资本赚流量。用户才是内容的创造者，并自认为是数据的所有者，但却成为免费劳工而受到剥削，被资本玩弄于股掌之中。

3. "虚实共生"所带来的风险

人类之所以有构建虚拟世界的冲动，端在于希望突破现实的各种限制，并尝试各种可能性，此即所谓的"虚拟世界补偿论"。人在现实世界所缺失的，会努力在虚拟世界中进行补偿；在有可能的时候，他会在现实世界实现虚拟世界中的补偿。虚拟世界可以"是其所不是"，从而挖掘出存在的多种可能性。因此，虚构一直是人类文明的底层冲动。[1]虚构是想象的产物，是创作的源泉，是创新的保障。虚构是人类社会进步的云梯。元宇宙第一次得以最大限度地在虚拟空间中还原现实世界，第一次可以真实地实现原来只能出现在想象中的虚构，第一次可以在虚拟世界演绎"虚实共生"。

元宇宙实际意味着"虚实共生"，真实与虚拟的界线逐渐被打破，越来越难以区分，甚至会产生幻觉和深度自我怀疑，带来一系列社会问题，存在较多的社会风险。虚实交融下潜藏着重重危机，用户过度沉迷元宇宙，不但可能出现认知难题、身份认同危机、人格解体危机，还可能无法面对真实世界，甚至可能出现社交障碍，患上社交恐惧综合症，也有可能罹患一些精神疾病，增加社会孤独感。

元宇宙的风险真实存在，并成为元宇宙能否健康发展的重要影响因素。应当在充分利用区块链、Web3.0和元宇宙等相关技术，创建安全可信的价值互联网，造福人类社会的同时，最大限度地降低各种安全风险，防止发生系

---

[1] 参见清华大学新媒体研究中心《2020-2021年元宇宙发展研究报告》的"理念篇"，载搜狐网：http://sohu.com/a/571017648_453160，最后访问日期：2023年4月9日。

统性危机。

（二）元宇宙中存在无价值[1]的刑事风险

元宇宙是新技术驱动的全新网络空间，对于经济形态和人们的生活方式的改变是革命性的，[2]但在本质上元宇宙仍然是网络空间，或者说，元宇宙第一次真正实现了虚拟的网络空间，网络空间的绝大多数犯罪，如在网络空间实施的侮辱、诽谤、侵犯知识产权、网络跟踪和骚扰、传播儿童色情图片等淫秽物品的犯罪等。当然，"人肉搜索"等侵犯他人隐私权的侵权行为等，[3]都有可能发生在元宇宙中。但是元宇宙的底层技术是区块链和 Web3.0，与基于 Web2.0 所构建"网络空间"相比已经有了质的飞跃，沉浸式体验、数字孪生、非同质化通证、虚拟金融、虚实共生等是元宇宙对于网络空间的最新发展与诠释，而新型犯罪也基于元宇宙这些特殊性应运而生。

1. 新型数据安全风险

网络空间已经成长为第五大主权领域空间，网络空间中的数据安全[4]向来是网络犯罪治理中高度重视并重点解决的问题。元宇宙虚拟空间的特殊性，各种新型数据形态不断出现，数据安全风险倍增，类型也发生新的变化。由于数字孪生体在物理世界中存在相对应的客体，而且模拟并反映其变动状况，存在与其他数字孪生体的互动，集中体现了物理世界真实客体的各种信息和数据，也包括人体健康、生物特征、遗传信息、动作习惯、个体偏好等诸多的信息数据，因此，数字孪生体本身就体现了个人隐私信息、知识产权以及相关研究信息等数据安全问题，甚至越出个人和组织体信息的范围而涉及国家安全。如自动驾驶汽车、无人机等相关驾驶数据，包括用户数据、地理标志和地图数据等，直接关联国家安全，不能不引起足够的重视。再如"第二人生"（Second Life）等游戏，为了提高游戏体验，目前的各种穿戴式装备可

---

〔1〕　"无价值"是对德语 unwert 的翻译，意指"违反价值"或"恶"的。德日刑法中常以"行为无价值"或"结果无价值"作为行为是否构成犯罪的论证根据。

〔2〕　有学者将元宇宙概括为技术集大成、展现一种新的经济制度、人类生存模式的改变等三大方面。参见胡艺洋：《媒介技术主义视阈试探析"元宇宙"现实走向》，载《互联网周刊》2023年第2期。

〔3〕　参见刘军：《网络犯罪治理刑事政策研究》，知识产权出版社2017年版，第31页。

〔4〕　《中华人民共和国数据安全法》第3条第1款规定："本法所称数据，是指任何以电子或者其他方式对信息的记录。"因此，数据安全可以指代包括个人隐私在内的所有的数据信息安全问题。

能会对人的各种动作信息进行记录。如果服务器被设置在中国以外的其他国家，则个人信息数据，尤其是"生物特征识别信息"（Biometric Data/Information）存在极大的泄露风险，即便相关服务器设置在中国境内，数据安全监管也是一个巨大的挑战。

传统数据安全至少应当包括六个基本要素，即机密性（Confidentiality）、完整性（Integrity）、可用性（Availability）、可靠性（Reliability）、可控性（Controllability）和不可抵赖性（Non-repudiation）。[1]元宇宙"万事皆可编程""虚实共生"的本质特征，不但极大地拓展了网络空间，产生海量信息数据，而且直接与人的生活、生产甚至生存紧密关联，其重要性程度不言而喻。但是元宇宙更高层次的精神内核其实是价值互联网，能够最大限度地发挥人类的创新和创造潜能，甚至说没有价值创新就没有元宇宙，也不需要元宇宙，因此元宇宙的数据安全还应当再加上"自主性"（Autonomy）。只有确保元宇宙用户的数据自主性，才能够保证在元宇宙中"超现实共生"的"住民"的积极性以不断创造价值，才能够促进价值生产、交换和流转，共建、共治、共享价值创新网络空间。

2. 洗钱、非法转移资金等金融犯罪难以防范

元宇宙的匿名性和"去中心化"导致出现严重的监管盲区，不但会带来诸多的经济风险，而且会导致大量洗钱、非法转移资金、破坏金融管理秩序和外汇管理制度等犯罪，以及与此相关联的资助极端主义、恐怖主义等犯罪行为，而且容易出现庞氏骗局和经济诈骗犯罪，导致大量投资者损失钱财。近一段时间，大量人群开始炒作NFT数字资产，不乏一些明星、知名企业介入NFT的交易，引发广大投资者的关注。最高人民检察院发布微博视频[2]，警示各种打着元宇宙、NFT数字资产旗号的新骗局，避免上当受骗。

当然，还有一些所谓元宇宙的"项目"，"水落石出"之前很难辨别其真伪。如部署于区块链公链Solana上的StepN是币圈非常出名的"X2earn"项目，自称秉承环保理念，可以减少碳排放"边跑边赚钱"，发行代币GMT和GST。用户购买虚拟跑鞋NFT，在运动散步时可以获得虚拟货币的奖励，同时

---

〔1〕参见李峰、李平主编：《网络与信息安全》，中南大学出版社2005年版，第1~2页。
〔2〕参见《小心元宇宙NFT新骗局!》，载最高人民检察院微博视频号：https://m.weibo.cn/status/4753927330857180? sourceType = weixin&from = 10C5195060&wm = 9006_ 2001&featurecode = newtitle，最后访问日期：2023年2月10日。

虚拟跑鞋 NFT 也可以升值和交易。2022 年 5 月 27 日，StepN 在其官方社交媒体上发布《关于清退中国大陆账户的公告》，称为积极主动响应相关监管政策，对 App 用户进行清查，若发现中国大陆地区用户，将依据使用条款对其账户于 2022 年 7 月 15 日 24:00 停止提供 GPS 及 IP 位置服务。[1]类似 StepN 这种"边 X 边赚钱"（X2earn）项目，如果只有经济模型而并没有实际创造价值的项目，则与庞氏骗局极为类似，也不乏幕后"庄家"的操纵，但是只要不断地有后来者加入，保持资金流并运转良好，也不一定就会转化为庞氏骗局，但是这种"击鼓传花"式的项目与绝大多数币圈项目一样，金融风险极高，加强监管似乎刻不容缓。

3. "深度伪造"带来的刑事风险

在元宇宙中，诈骗和伪造变得更加容易，尤其是在获得个人信息之后，个人生物特征的伪造也变得轻而易举，使得上述安全风险系数上升，安全环境变得更加复杂，而采取措施进行预防性治理的必要性不断上升。

由于"深度伪造"（Deepfake）技术日益成熟，可以很容易地借助深度学习算法和神经网络技术，进行人脸合成、语音模拟、动作拼接等。在元宇宙中，可以利用深度伪造技术制作更加栩栩如生的数字孪生体，在教育、医疗、游戏、社交等方面都有非常广阔的应用前景。但是深度伪造技术如果被滥用，不但可能侵犯个人隐私，还会对个人和企业带来实质性的损害，有可能会危及公共安全和国家安全，如散布虚假的信息、怂恿暴力行为、煽动恐怖活动、扰乱社会秩序、利用伪造的色情图片或视频敲诈勒索、实施诈骗、恶意报复或诋毁他人名誉及商业信誉等。深度伪造由于采用了深度学习和神经网络技术，伪造的逼真程度会不断提高，如果不能有效解决深度伪造的验证与识别问题，元宇宙系统可能会由于不具有可信度而大大降低信息流通、价值交换的效率，从而从根本上动摇元宇宙存在的根基，对于数字经济造成极大的打击，阻碍元宇宙的健康发展。

4. 虚实共生所带来的刑事风险

新近发展起来的虚拟现实技术（VR）的出现模糊了虚拟世界与现实世界的界限，不仅仅是环境仿真，更是多源信息融合的、交互式的、三维动态实

---

〔1〕　参见岳品瑜、廖蒙：《STEPN 代币闪崩"边跑边赚"风险暴露》，载《北京商报》2022 年 5 月 30 日，第 8 版。

— 105 —

景和实体行为的系统仿真，用"绝对身临其境"来描述一点儿也不夸张，甚至能够体验性别互换后所看到的世界，最终通过该体验帮助提高不同文化、社会和意识形态里个体的移情能力，促进两性以及不同文化与意识形态个体之间的相互理解、达成谅解、形成共识。按照目前的技术发展速度，如果在不远的将来出现类似"阿凡达"（avatars）[1]的那种"替身"，或者生活在另外一个"真实"环境中的个体，或者出现具有一定智慧的"虚拟人"，并不会令人感到惊讶。当前元宇宙和游戏中的"替身"虽然设计得还比较粗糙，能明显地感觉到与真人的区分，但是已经非常得逼真，代入感和沉浸感都足够强大。不仅如此，元宇宙中的社交软件无论是外观还是功能都已有质的飞跃，由于语义网络和人工智能的加持，在可预见的未来"替身"就足以代替用户参加虚拟空间的社会活动，甚至能够直接代表用户发表言论、表达思想、从事价值创造和创新工作，时空也会发生改变。这些个体或者他们的"阿凡达"组成了一个新的公共空间，在网络空间内部以及网络空间周边都会出现大量的需要治理的公共事务，治理模式也发生着深刻改变。

虚实共生意味着人们将生活在"双层社会"或"双层空间"，虚拟空间和现实空间存在着互动、联动和交并，因此所谓的"替身"更多的应该是"分身"。单纯地发生在虚拟空间中的所谓的"行为"，如果存在法益侵害或者危险本身即可构成犯罪，而且虚拟空间中的"行为"也有引发或者转化为现实犯罪行为并在现实世界中造成实质损害的可能，从而发生虚拟空间行为的"外溢"（spill out/spill over）现象。在虚拟空间通过他们的"阿凡达"对另外一个人的替身所进行的"伤害"、"性侵"或者"强奸"在现实世界中出现了真实的效果甚至严重后果，引起抑郁甚至自杀，当然，也存在溢出虚拟空间而转化为现实普通刑事案件的情形，如因为在网络空间发生的矛盾，转而出现现实世界中的斗殴甚至杀人案件等。不仅如此，虚拟空间发生的侮辱、诽谤、仇恨、"霸凌"、侵犯知识产权、侵犯财产权等犯罪行为层出不穷，因为"网络暴力"事件而引起的自杀事件也屡见不鲜。

元宇宙带来的刑事风险广泛而深刻，"替身"在元宇宙虚拟空间不但可能会从事犯罪活动，而且犯罪的行为样态和具体表现也会发生巨大改变，刑事犯罪的成立条件、刑事责任的承担主体、追究刑事责任的具体形式等都会发

---

〔1〕 代表用户的一种三维模型，来源于梵文"avatara"，"化身"之意。

生很大改变，为了因应新出现的刑事风险，刑法理论也必将进行调适并发生深刻变化。

四、基于安全可信的元宇宙预防性治理方案

（一）元宇宙治理战略目标是建设"网络强国、数字中国"

党的二十大报告在第四部分"加快构建新发展格局，着力推动高质量发展"中专门强调要建设"网络强国、数字中国"。信息网络已经成为重要的基础设施和国民经济的支柱产业，越来越多的传统产业进军网络空间，通过网络而插上高飞的翅膀，产业数字化和数字产业化的过程呈现加速趋势且两者高度融合。信息网络从前期的信息"互联"到后期的信息"互动"再到当下的信息"共生"，信息网络由单纯的"信息媒介"向"生活平台"和"智能空间"不断地过渡与进化，实现了由"工具"向"空间"再向"智能"的转换，信息网络甚至成长为日常生活、公民社会和智慧城市的"第二空间"。[1]世界全面感知、信息可靠传送、数据智慧处理成为信息网络建设中"网络强国、数字中国"的重要内容和建设目标。

习近平总书记高度重视网络安全和信息化，多次强调"没有网络安全就没有国家安全，没有信息化就没有现代化"[2]。信息网络安全是国家安全和公共安全的重要组成部分，中国式现代化离不开网络安全、数据安全和产业信息化。信息网络安全作为"网络强国、数字中国"的底座，将在未来的发展中承担托底的重担，是我国现代化产业体系中不可或缺的部分。[3]在"万物互联""虚实共生"的时代，机遇与挑战并存，发展与风险同在。不可能只有发展和机遇而没有风险和挑战，而且风险和挑战本身在某种意义上也是一种发展和机遇。

---

〔1〕 参见刘军、江雪：《跨境网络犯罪预防性治理模式及其展开》，载《上海大学学报（社会科学版）》2023年第3期。

〔2〕 参见《中央网络安全和信息化领导小组第一次会议召开 习近平发表重要讲话》，载中华人民共和国国家互联网信息办公室网：https://cac.gov.cn/2014-02/27/c_1116669857.htm，最后访问日期：2023年2月7日。

〔3〕 参见沈昌祥：《筑牢安全可信的网络安全保障体系 加快推进网络强国建设》，载《中国信息安全》2022年第11期。

当前数字经济席卷全球，对全球 GDP 的贡献约 40%。[1]从刑事政策的视角看待元宇宙治理战略，则应当是更大程度的自由、更大程度的保护、更大程度的社区聚合和更高程度的创新。国家应当加大对于基础性的区块链的投入，以公链作为区块链的主干，连接各种类型的区块链，通过相互竞争与发展，达成某种公约或者协议，共建、共治、共享数字经济时代已然到来。

人类社会交互无非是为了解决两大问题，一个是信息传递，一个是价值交换。安全可信是价值创造和创新的基础与前提，唯有安全可信才能够为元宇宙的健康发展提供保障，唯有安全可信才能够确保元宇宙的信息交流与价值交换顺畅进行，因此，元宇宙的风险预防与治理，应当以构建安全可信的价值互联网为目标。元宇宙基于自身的突出特点和优势，尤其是区块链分布式存储技术，能够很好地解决身份认证和产权确认问题，价值交换能够被自动记录并且不容易被篡改，为信息共享和价值创造提供了有力的技术支撑。也正是在这个意义上，元宇宙本质是价值互联网，或者说，元宇宙真正的价值在于知识创新与价值创造。

构建安全可信的价值互联网，不仅是元宇宙刑事风险治理的目标，也必须立基于为知识创新与价值创造提供环境与条件而不是相反，全力打造和维护元宇宙价值互联网的性质定位。因此，元宇宙的治理目标只能围绕知识创新与价值创造，将安全和可信问题作为元宇宙治理的直接目标。

（二）安全可信价值互联网为目的的预防性治理模式

伴随着工业化和信息化进程的不断深入，各种高新技术不断涌现，人类社会已经进入以风险为本质特征的风险社会。"在风险社会中，不明的和无法预料的后果成为历史和社会的主宰力量"[2]，社会的各个环节相互依赖性（相互关联和相互依存）不断增强，社会的高度复杂性、风险的高度不确定性、控制的高度有限性以及损害的高度扩散性[3]，内在地要求"关口前移"，对大风险提前采取预防性措施进行干预，采取风险处理"预防原则"（precautionary principle），在危险发生之前就采取一系列防护性和预防性措施

---

〔1〕 参见刘黎霞：《香港科技大学副校长汪扬：中国有能力成为 Web3.0 数字经济的"领军人"》，载《21 世纪经济报道》2022 年 12 月 22 日，第 12 版。

〔2〕 ［德］乌尔里希·贝克：《风险社会》，何博闻译，译林出版社 2004 年版，第 20 页。

〔3〕 参见刘军：《预防性法律制度的理论阐释与体系构建》，载《法学论坛》2021 年第 6 期。

来加以应对〔1〕，早发现、早报告、早预警，通过建立安全可信价值互联网获得"网络适应性"（Cyber Resilience），即提高网络的抗打击、抗冲击、抗破坏的能力与韧性。

预防性治理的理念在《中华人民共和国数据安全法》中得到了贯彻和体现，如《中华人民共和国数据安全法》第 3 条第 3 款规定："数据安全，是指通过采取必要措施，确保数据处于有效保护和合法利用的状态，以及具备保障持续安全状态的能力。""有效保护""合法利用""持续安全"是对数据安全的标准要求，而要达到这一要求必须要对数据安全进行预防性治理，提高信息网络尤其是关键基础设施的自持能力。为此，有学者提出建立可信"免疫系统"的观点，认为信息安全要彻底改变以前杀病毒、建防火墙的被动局面，而是要增强自主防御的"免疫系统"，而且为发展国产自主可控产业保驾护航。〔2〕所谓的自主防御的"免疫系统"其实就是获得"网络适应性"，亦即通过系统性采取预防性治理措施不断增强元宇宙等信息网络的抗打击能力、可恢复能力和韧性。不同之处在于，元宇宙如果真正实现"虚实共生"则更加需要进行预防性治理，因为对于虚拟社会的攻击一定会伤及现实社会中的实体，包括现实社会中的人。当然在获得"网络适应性"的过程中，自主可控是关键，正如一个国家的国防力量一样，绝不可受制于人。

当前元宇宙进入快速发展期，人们将生活在"双层社会"或"双层空间"，处于不断迈向"虚实共生"数字社会的重要发展阶段，虚拟社会是否安全可信将直接影响整个现实世界的发展与安全。元宇宙中各种以区块链和Web3.0 为基础的新应用应运而生、蓬勃发展，在带来全新体验和巨大商机的同时，也伴随着新的风险产生。"万物互联"促使信息网络逐渐形成自身的社会结构，万物感知、智慧控制〔3〕将成为元宇宙的标配，并对现实空间形成了巨大的辐射和镜像效应。"虚实共生"则意味着人们既生活在现实社会中，又

---

〔1〕　See Mark Geistfeld, "Implementing the Precautionary Principle", *Environmental Law Reporter*, Vol. 31, 2001, p. 11326.

〔2〕　参见王甬平：《建立自主可控、安全可信的国家网络安全体系　访信息系统工程专家、中国工程院院士沈昌祥》，载《宁波通讯》2015 年第 1 期。

〔3〕　参见高钢：《物联网和 web3.0：技术革命与社会变革的交叠演进》，载《国际新闻界》2010年第 2 期。

生活在虚拟空间中，虚拟空间和现实空间高度相干。人工智能、大数据、云计算、边缘计算、ChatGPT 语义网等新技术不断涌现，无论是个体安全风险还是公共安全风险都将成倍数增加，风险难以预测并具有高度不可控性，而且一旦发生重大安全事件，损害结果容易急剧扩大，虚拟空间和现实空间都难以幸免于难。无论涉及何种网络新技术和新应用，安全防护的机理仍然是"主动免疫安全可信"[1]。因此，有必要采取系统性措施进行预防性治理，针对可能发生的元宇宙风险，预先采取防范性、防御性或者干预性措施，以便把元宇宙中的安全威胁降低到最低程度，促进元宇宙价值互联网的健康发展。

预防性治理旨在"防患于未然、将然和已然"，通过各种干预和介入手段防止网络犯罪等刑事风险的发生与扩大，不仅是源头严防、过程严管、风险严控，而且是多元主体共建、共治、共享元宇宙发展的红利，创造安全、稳定、和谐的社会发展环境。安全可信价值互联网是对元宇宙进行预防性治理的主要目标。其中，安全可信是预防性治理的表征，维护元宇宙价值互联网的定位是预防性治理的核心。元宇宙的安全可信问题涉及面很广，但是大体可以分为硬件安全与软件安全、内容安全与应用安全、行为安全与运营安全、数据安全与管理安全、财产安全与秩序安全等。分类方法不同，安全的类型也不同。无论是何种类型的安全，元宇宙的安全可信始终围绕着信息传输和价值交换这两个方面。目前国家正在逐步推行可信网络技术，形成我国自主可控的安全可信网络系统。

这里涉及对于"去中心化"的理解和处置问题。元宇宙和区块链的优势是"去中心化"，而且价值互联网也是在"去中心化"的基础上发展起来的理念，甚至某种意义上来说，数据的去中心化也是风险的去中心化。但是区块链的分布式账本只是账本的一种表现形式，能够很好地防止篡改但不是必要的，与去中心化也没有必然的联系。而且去中心化也未必是最好的，因为基于保护公共利益的需要，总是需要中心化的监管，在涉及国家安全和公共安全的场合，中心化的监管更是无法缺位。而且在去中心化之后，仍然会出现其他形式的中心化，可能会带来更多的不公平、不透明和不信任，比如马

---

〔1〕 范赫男：《构建安全可信网络新生态 促进数字经济高质量发展》，载《网络安全与数据治理》2022 年第 5 期。

斯克所控制的狗狗币，在最开始是去中心化的，但是随后便出现了中心化的表现，反而会形成另外一种形式的集权，甚至是超越国界的集权，而且如果公共权威缺席的话这种集权将更加不受控制。"去中心化"其实应该理解为"多中心化"，或者"有限度的去中心化"，而不是完全的"无中心化"。更好地构建安全与信任，促进信息传递和价值流通，才是元宇宙和价值互联网的核心定位。

（三）加快安全可信价值互联网的安全防御体系建设

安全可信价值互联网的安全防御体系建设[1]，应当在"总体国家安全观"指导下进行，元宇宙风险治理应当采取系统治理的方式，不断完善风险预警监测体系、信息化防风险管控制度体系、应急管理和快速反应体系、全域联动和立体高效的安全防护体系，推进国家安全体系和能力现代化，坚决维护国家安全和社会稳定。

详而言之，应当从网络传输安全、信息系统安全、自主数据安全、个人信息安全、供应链安全、价值创新与交换安全等不同层面构建整体安全体系。运用系统科学理论与方法，对于公共安全预防性法律制度体系的要素、结构、功能、环境等进行综合性评估，加强对元宇宙安全风险的预测、预警与监测，对于重大公共安全风险应当采取源头治理，事先主动采取预防性措施进行化解和预防，严防危险的发生和累积，严防发生重大安全事件。如果说公共安全采取分级预防的模式在实践中被证明是行之有效的，那么对于有重特大法益侵害或者危险的犯罪还应当"关口前移""超前预防"，探索"三级犯罪预防"模式之前的"零级预防"。[2]应当说建立安全可信体系其实就是一种"零级预防"模式，因为虚实共生的元宇宙作为特殊的网络空间，其重要意义不亚于一个国家主权领域，属于需要进行安全防护的特别重大法益。

安全可信体系是以密码技术[3]为基础，以法律法规、技术标准和基础设施为主要内容，以解决网络应用中身份认证、授权管理和责任认定等为目的

---

[1] 《中华人民共和国数据安全法》第 4 条规定："维护数据安全，应当坚持总体国家安全观，建立健全数据安全治理体系，提高数据安全保障能力。"

[2] 参见刘军：《预防性法律制度的理论阐释与体系构建》，载《法学论坛》2021 年第 6 期。

[3] 早在 2003 年 9 月中共中央办公厅、国务院办公厅转发的《国家信息化领导小组关于加强信息安全保障工作的意见》中就提出要加强以密码技术为基础的网络信任体系建设。

的完整体系。[1]元宇宙在安全可信方面拥有天然优势，基于区块链技术、Web3.0和去中心化网络，用户身份和数据的可靠性能够得到有效维护。安全与可信密不可分，不可人为割裂；可信的才是安全的，安全必然要求可信。安全可信体系的构建是将安全问题提前至可信层面，通过构建可验证的信任（verifiable trust）解决网络安全问题，是一种信息网络安全预防性治理的治本之策和有力措施。所谓的可信，本意是指能够信任的（trusted）或者值得信任的（trustworthy）。评价是否能够信任或者是否值得信任，就可信的来源而言，至少包括人、信息和物理设施三大要素；与之相对应分别可以称之为身份可信、信息可信和实体可信。可信的判断标准众多，但是可以从对象、内容、技术以及方式等判断是否可信，以及可信的程度有多高。

元宇宙的安全可信体系主要依赖于密码学、区块链和管理学相关研究[2]，走的是一条"技术→管理→可信"的道路，其中技术是基础、管理是核心、法治是保障。以身份可信为例，可以通过部署公钥基础设施（PKI，Public Key Infrastructure），通过认证机构（CA，Certificate Authority）颁发可验证的数字证书（Digital Certificate），确定可信赖的数字身份，以充分解决信息网络空间的身份信任问题。其中PKI技术是基础，而认证机构的权威认证管理是核心，而只有证书库、密钥备份、证书的生成验证、证书链、时间戳等采取制度化运作，权威认证才有保障。其中，要着重解决元宇宙核心技术受制于人的问题，自主、可控、创新是解决安全可信网络的根本之路。

以一种整体性安全思想看待安全可信体系的构建，可以包括"可信计算"、"可信网络"和"可信应用"三个重要领域。[3]可信计算的核心是系统级别的安全芯片（TPM，Trusted Platform Module），因含有密码运算而可资获得信任。可信计算，就是解决国家主动防御、积极防御的根本出路，也是解决首要受制于人的技术路线。[4]以可信计算为基础的系统平台，将形成可信

---

〔1〕 参见张宁熙：《构建安全可信的网上政务服务信任体系》，载《保密科学技术》2017年第1期。

〔2〕 正所谓"三分技术、七分管理"，管理在安全可信体系中居于核心地位。

〔3〕 参见贺天：《风险 安全 可信 创新——2005年中国信息安全市场年度综述》，载《计算机安全》2006年第2期。

〔4〕 参见王甬平：《建立自主可控、安全可信的国家网络安全体系 访信息系统工程专家、中国工程院院士沈昌祥》，载《宁波通讯》2015年第1期。

计算环境。可信网络则是指接入可信，通过网络监管系统性地解决网络资源接入的可信问题。安全可信能够保证信息传输和使用的机密性、完整性、可用性、可靠性、可控性和不可抵赖性，同时确保数据的自主性和创造价值的可归属性。如此，才可充分体现安全可信价值互联网的真实涵义。

　　安全可信体系的构建是一项非常庞大的社会工程，要循序而进不可一蹴而就。目前的元宇宙还处于发展的初级阶段，还有很多的不确定性，但是不能就此放松监管。在不涉及重大安全利益的地方，要大胆地放开，敢于试错、不怕试错；在发展前景尚不明确的地方，可以制定政策适当引导；在涉及价值创新与创造的地方，可以采取经济激励的方式予以扶持。尤其是要规范平台行为，为平台设定安全可信管理义务和可疑风险报告义务。这是一种预防性治理的模式，能够在"什么都未发生时"即主动行动、创造安全，[1]增强鲁棒性，防患于未然。

---

〔1〕　参见刘军、江雪：《跨境网络犯罪预防性治理模式及其展开》，载《上海大学学报（社会科学版）》2023年第3期。

奖励性从宽的刑罚机理及其实现

认罪认罚从宽作为《中华人民共和国刑事诉讼法》（以下简称《刑事诉讼法》）规定的一项制度，如何在量刑适用上从宽一直存在理论争鸣并持续困扰司法实践，[1]根本原因在于对于认罪认罚从宽的理解被执着地限定在是否为量刑情节以及是一种什么类型的量刑情节上。必须要从促进公平正义、保障长治久安、增进社会团结的层面进行全面理解，对"向善者"予以奖励性从宽，并从行为激励与主体性选择的层面进行制度构建，才能够真正落实认罪认罚从宽的制度设计，恰当评价被追诉人刑事责任并适用刑罚。

一、认罪认罚从宽的实践性难题在于忽视人之主体性

认罪认罚从宽制度是《中共中央关于全面推进依法治国若干重大问题的决定》中确定要完善的一项刑事诉讼制度，[2]是确保严格公正司法、及时有效惩罚犯罪，落实宽严相济刑事政策、加强人权司法保障，优化司法资源配置、提升司法公正效率，深化刑事诉讼制度改革、构建科学刑事诉讼体系的一项制度。[3]经过较长一段时期改革试点之后，2018 年《刑事诉讼法》正式

---

〔1〕 参见刘军、潘丙永：《认罪认罚从宽制度规范化研究》，知识产权出版社 2021 年版，第 33~41 页。

〔2〕 参见《中共中央关于全面推进依法治国若干重大问题的决定》（2014 年 10 月 23 日中国共产党第十八届中央委员会第四次全体会议通过），载共产党员网：https://news. 12371. cn/2014/10/28/AR-TI1414 492334767240. shtml，最后访问日期：2022 年 5 月 2 日。

〔3〕 参见最高人民法院、最高人民检察院、公安部、国家安全部、司法部（以下简称"两高三部"）印发《关于在部分地区开展刑事案件认罪认罚从宽制度试点工作的办法》的通知（法〔2016〕386 号），该司法解释自 2016 年 11 月 10 日起施行。

确立认罪认罚从宽制度，第 15 条规定犯罪嫌疑人、被告人认罪认罚的，"可以依法从宽处理"。当前有大量的刑事案件适用认罪认罚从宽制度，2021 年全国已办结刑事犯罪案件中，89.4% 的人适用了认罪认罚从宽制度；[1]2022 年认罪认罚从宽制度在检察环节适用率已超过 90%，量刑建议采纳率 98.3%，一审服判率 97%，高出未适用该制度案件 29.5 个百分点。[2]虽然认罪认罚从宽制度司法改革取得了巨大成功，但是作为从宽处理的事后量刑情节，司法实践中却仍然存在着诸多困境和难题。

其一，与既有量刑情节存在竞合，关系不明、衔接不畅。"两高三部"《关于适用认罪认罚从宽制度的指导意见》（以下简称《认罪认罚从宽指导意见》）第 6、7 条对于"认罪""认罚"做了界定，认罪认罚从宽制度中的"认罪"是指"犯罪嫌疑人、被告人自愿如实供述自己的罪行，对指控的犯罪事实没有异议"，"认罚"是指"犯罪嫌疑人、被告人真诚悔罪，愿意接受处罚"，并认为"认罚"考察的重点是"犯罪嫌疑人、被告人的悔罪态度和悔罪表现"而且"应当结合退赃退赔、赔偿损失、赔礼道歉等因素来考量"[3]。由此可见，认罪认罚与自首、坦白等刑法中的法定量刑情节存在着高度竞合，[4]与刑事诉讼法中规定的刑事和解也存在大幅度重合，[5]与悔罪、退赃退赔、赔偿被害人损失、获得被害人谅解等酌定量刑情节也有不清之处，有的酌定量刑情节本身就是认罪认罚的表现形式，存在着大量重叠的部分。认罪认罚是独立的量刑情节、附随的量刑情节还是综合的量刑情节，与其他量刑情节之间的关系如何，都是必须要厘清的问题。

其二，从宽理由过于宽泛、从宽标准难以量化。《刑事诉讼法》第 15 条仅笼统地规定了认罪认罚"可以依法从宽"，但是依据哪部法律、何种情节、

---

〔1〕　参见《最高检苗生明：认罪认罚成办案"重器"，精准高效适用待"打磨"》，载新京报官网：https://www.bjnews.com.cn/detail/164670827914347.html，最后访问日期：2022 年 5 月 2 日。

〔2〕　参见《最高人民检察院工作报告》（第十四届全国人民代表大会第一次会议　张军 2023 年 3 月 7 日），载中华人民共和国最高人民检察院官网：https://www.spp.gov.cn/gzbg/202303/t20230317_608767.shtml，最后访问日期：2023 年 6 月 30 日。

〔3〕　"两高三部"《关于适用认罪认罚从宽制度的指导意见》（高检发〔2019〕13 号），自司法解释自 2019 年 10 月 11 日起施行。

〔4〕　广义的认罪可以包括自首、坦白和狭义的认罪，在如实供述自己的罪行方面存在重合，除非特别指出，本书的认罪采狭义的概念。

〔5〕《刑事诉讼法》第 288 条第 1 款规定："……犯罪嫌疑人、被告人真诚悔罪，通过向被害人赔偿损失、赔礼道歉等方式获得被害人谅解，被害人自愿和解的，双方当事人可以和解……"。

如何从宽等都未尽其详。当然《认罪认罚从宽指导意见》在第8、9条中对此做了更加详细的解释，列举了依法决定从宽以及从宽幅度把握上需要考虑的要素，虽然在从宽幅度的把握上尚未量化，但是对于办理认罪认罚从宽案件的指引作用显著，已经非常具有可操作性。概括而言包括以下4项操作规则：可以从宽而非一律从宽、依法决定是否以及如何从宽、综合考量确定从宽限度和幅度、与其他量刑情节不重复评价。其中比较刚性的要求是"依法"从宽的要求，对于减轻、免除处罚的应当"于法有据"，从而将认罪认罚从宽重新指引回到刑法中法定量刑情节的规定。至于说综合考量，涵盖了认罪认罚的不同诉讼阶段、对查明案件事实的价值和意义、是否确有悔罪表现，以及罪行严重程度等不同理由，但是从宽的理由仍然过于宽泛，从宽标准更加难以量化，而且认罪、认罚、从宽的内部关系也有待进一步厘清。

其三，从宽幅度过大、从宽依据存疑。虽然认罪认罚是否属于量刑情节尚未尘埃落定，但是2021年版的《关于常见犯罪量刑指导意见（试行）》（以下简称《量刑指导意见》）[1]已然把认罪认罚规定在了"常见量刑情节的适用"中，除了第8个量刑情节"当庭自愿认罪"之外，还将认罪认罚列为第14个量刑情节并对认罪认罚案件从宽适用幅度进行了量化：认罪认罚的可以减少基准刑的30%以下；同时具有自首、重大坦白、退赃退赔、赔偿谅解、刑事和解等情节的，可以减少基准刑的60%以下，犯罪较轻的，可以减少基准刑的60%以上或者依法免除处罚。无从知晓为什么会有减少基准刑30%以下幅度的规定，但是与其他量刑情节相比，这个从宽幅度也仅仅是个平均水平。《量刑指导意见》中自首、坦白、一般立功、退赃退赔、积极赔偿被害人经济损失并取得谅解的分别是可以减少基准刑的40%、20%、20%、30%和40%以下，其中积极赔偿但没有取得谅解的和尽管没有赔偿但取得谅解的，可以分别减少30%和20%以下。也就是说，认罪认罚和坦白、退赃退赔、积极赔偿但没有取得谅解等量刑情节的从宽幅度处在一个水平线上。但是如果叠加其他量刑情节，那么从宽的幅度还是相当高的，可以达到60%，犯罪较轻的甚至可以免除处罚。这个减轻幅度在其他量刑情节中是没有的。真若如此，认罪认罚案件从宽的幅度过大，而且明显逾越了法律的规定，在

---

[1] 参见最高人民法院、最高人民检察院《关于常见犯罪的量刑指导意见（试行）》（法发〔2021〕21号），该司法解释自2021年7月1日起施行。

减轻或者免除处罚应当"于法有据"方面存在矛盾，在理论阐释方面也需要加强论证。

其四，认罪认罚从宽所意欲实现的刑罚目的不明晰。《认罪认罚从宽指导意见》第 9 条在从宽幅度的把握上提出了明确的量刑激励，即主动认罪、早认罪、彻底认罪和稳定认罪的刑罚从宽幅度更大；反之，被动认罪、晚认罪、不彻底认罪和不稳定认罪的从宽幅度就会大打折扣。[1]这种奖励性质的刑罚评价毫无疑问有利于促使被追诉人[2]选择尽早主动认罪认罚，并最终实现案件繁简分流、合理配置司法资源的制度设计目的。但是认罪认罚从宽不仅仅是通过认罪而换取刑罚奖励，更不仅仅是"实体上从宽处罚"和"程序上从简处理"，还有实现更加高远刑罚目的的任务。而且仅仅将认罪认罚视作量刑情节、计算刑罚折扣，会极大地低估认罪认罚从宽制度的存在价值，背离司法改革的初衷和意旨，模糊通过认罪认罚从宽的司法改革促进社会团结的大方向。因此，还应当全面检讨认罪认罚从宽制度适用过程中如何恰当地、有顺序地实现各种刑罚目的。

认罪认罚制度适用过程之所以存在这些困境，端在于简单化地理解认罪认罚从宽制度，忽视了人以及行为的多样性，忽视了刑罚激励对于人之决策的重大影响，忽视了人的主体性选择和惩罚过程中的自我救赎，更重要的是，没有能够以一种刑法宽容论的视角[3]看待认罪认罚从宽制度。认罪认罚从宽制度并不适用通常的量刑模型，存在诸多的实体与程序上的特殊性、刑罚目的的多层次性和制度属性上的多义性，但其最大的特殊性在于通过考察被追诉人的事后表现[4]而给予奖励性从宽，区别对待和刑罚个别化是认罪认罚从宽制度的灵魂，因此需要一种新型的、立体的行为激励模型给予支撑，并圆满解决制度适用中的上述难题。正因如此，适用认罪认罚从宽制度的每个案

---

[1]　该奖励性刑罚政策在《人民检察院办理认罪认罚案件开展量刑建议工作的指导意见》中也得到了贯彻。参见最高人民检察院《人民检察院办理认罪认罚案件开展量刑建议工作的指导意见》（高检发办字［2021］120 号）第 14 条，该司法解释自 2021 年 12 月 3 日起施行。

[2]　在刑事诉讼法学的层面，被追诉人可以指代犯罪嫌疑人、被告人，因此除非直接引用法条将以被追诉人指代犯罪嫌疑人、被告人。在刑法学和犯罪学层面上，则根据语境变化可以使用犯罪人的概念。

[3]　因为主题与篇幅所限，关于宽容理念以及刑法宽容论将专门撰文详述。

[4]　被追诉人的事后表现很多，包括认罪、认罚、悔罪、取得被害人谅解、速裁或简易程序选择以及对于提高诉讼效率所作贡献等，而从宽仅仅是对以上主体性选择行为的刑罚奖励。

件的处理结果必然存在很大的不同，司法机关在案件处理过程中存在很大的自由裁量空间，因此更加需要强调制度适用过程中的法律效果与社会效果。不但对于认罪认罚的自愿性、真实性和合法性应当给予额外的审核，而且必须要坚持证据裁判原则，刑罚减让必须要有事实根据和法律依据，确保罚当其罪、避免罪刑失衡，避免案件处理严重背离公众正义直觉，努力让人民群众在每一个司法案件中感受到公平正义。

二、当前量刑情节竞合解决方案对认罪认罚激励不足

（一）当前量刑情节竞合解决方案择要评析

为了纾解认罪认罚在司法实践中存在的诸多困境，尤其是解决与自首、坦白、悔罪、赔偿损失、获得被害人谅解等量刑情节的竞合关系问题，理论界进行了深入讨论。核心问题集中在认罪认罚是独立的量刑情节还是非独立量刑情节，是一种重复性的量刑情节还是综合性量刑情节上。对认罪认罚作为量刑情节的性质界定将直接影响认罪认罚制度的适用并决定最后的从宽幅度：如果是重复性量刑情节，则在量刑适用上只能择一适用，而不能多次适用出现重复性评价；反之，如果是独立性量刑情节，则可以在竞合的量刑情节之外，单独考虑认罪认罚并给予量刑上的从宽处理。

1. 重复性量刑情节说的主要观点

重复性量刑情节说认为，认罪认罚的实体从宽仍然要落脚到实体法上，并将认罪认罚作为一个具体量刑情节来看待，因此不是一种新的独立的量刑情节。如最高人民法院杨立新法官认为，认罪认罚包括了实体上的被认定为"认罪"和"认罚"的一系列情节，前者与自首、坦白和当庭认罪相似，后者与退赃退赔、积极赔偿被害人损失等量刑情节有重合之处，因此在实体从宽处理上对于重合情节不应当重复评价。[1]有学者以悔罪为主线确立阶梯式的从宽量刑标准，分别是自首型、坦白型和功利型（即被动认罪认罚型），[2]被追诉人的主动性和悔罪程度逐渐降低，从宽的幅度也相应地减小。其实

[1] 参见杨立新：《认罪认罚从宽制度理解与适用》，载《国家检察官学院学报》2019年第1期。

[2] 参见杨梅：《精准刑抑或幅度刑：认罪认罚从宽案件中量刑建议问题》，载《河南工程学院学报（社会科学版）》2021年第3期。

质是缩小认罪认罚的成立范围，只有既不构成自首，又不符合坦白的时候，才有可能适用认罪认罚从宽。但无论如何，认罪认罚与其他量刑情节存在竞合是一种客观事实，同时也根据认罪认罚概念的广狭不同，而存在不同的竞合关系，当然并不能就此认为认罪认罚是重复性的量刑情节，因为认罪认罚作为量刑情节存在着不能完全涵盖的部分，或者说，存在着独立的部分，如对于诉讼效率的促进，就是其他量刑情节所无法涵盖的从宽处理的理由。

2. 独立量刑情节说的主要观点

正是看到了认罪认罚不同于其他量刑情节的部分，所以才产生了独立量刑情节说。该学说认为，认罪认罚不同于传统量刑情节，是一个全新的、独立的量刑情节，能够直接影响最终的量刑结果。樊崇义教授在处理认罪认罚从宽与坦白、自首之间的关系上明确表达了自己的观点，认为《刑事诉讼法》修正案的立法原意就是激励犯罪嫌疑人、被告人积极认罪认罚，促使真正悔罪，实现重新做人的社会效果，为此"认罪认罚从宽应当是自首、坦白、认罪之外一个新的独立的量刑情节。亦即在自首、坦白、从轻或减轻的基础上，应再给予适当从宽处罚。"[1]最高人民法院周加海法官也倾向于认为认罪认罚"是自首、坦白、认罪之外的一个新的独立量刑情节。唯有如此，才可能政策上起到鼓励犯罪嫌疑人、被告人认罪认罚的效果"[2]。独立性量刑情节说也并非看不到认罪认罚与其他量刑情节之间的竞合关系，而是说，在具体影响量刑的处理上应当额外考虑认罪认罚对于提高诉讼效率的促进作用，并在量刑上给予恰当的激励。也有实践部门人士认为，从理论和实践两个维度来看，认罪认罚已经成为独立的量刑情节。[3]而在检察机关提出的量刑建议书和法院的司法裁判文书中，已经出现单独引用《刑事诉讼法》第15条的规定作为量刑依据的情形，认罪认罚已然成为法定的从轻减轻处罚情节，当然是程序法上的从宽量刑情节。

---

〔1〕　樊崇义：《认罪认罚从宽与自首坦白》，载《人民法治》2019年第1期。

〔2〕　《"2018刑事诉讼法颁行"的一次高端对话》，载正义网：http://www.jcrb.com/procuratorate/theories/academic/201811/t20181121_4473422.html，最后访问日期：2022年5月20日。

〔3〕　参见李立峰、闫丰锦：《"认罪认罚"应视为独立的量刑情节》，载《检察日报》2019年5月21日，第03版。

3. 应当对认罪认罚独立的部分单独评价

从以上争论中可以看出，在认罪认罚与其他量刑情节的关系上，存在着重合的部分，但是也存在独有的部分。对于重合的部分，自然不能重复评价；但是对于独有的部分，则应当单独评价，而且应当基于制度设计的初衷给予充分的激励。如此看来，认罪认罚很难用单一的量刑情节予以概括，而只能是一种综合的量刑情节。应当说这是一种比较中肯的学术观点，并不会引起学者的广泛批评。但问题在于，既然重合的部分不能重复评价，认罪认罚就不应该包括这些"纯属多余"的情节，不但引起竞合而且容易混淆。更深层次的问题在于，"综合量刑情节说"貌似综合，但仍然是一种二元对立的范式，无非就是在"正""反"之后多出一个"合"来，仿佛更具辩证性，但采取的仍然是非此即彼的立场，仍然没有脱离二元论的窠臼。

（二）认罪认罚的内涵变迁彰显制度激励

认罪认罚究竟是重复性量刑情节还是独立性量刑情节？抑或综合性量刑情节？不应当仅仅从量刑情节的表面进行解读，因为认罪认罚的确与其他量刑情节存在竞合关系，还应当对认罪认罚的内涵变迁中所彰显的制度激励进行体系性解读。

1. "认罪"表现在于主体性选择

无论是"认罪"还是"认罚"均存在概念内涵上的变迁。就"认罪"而言，各个层级的规范性文件在表述上存在着从"对指控的犯罪事实没有异议"[1]到"承认指控的犯罪事实"[2]的变化，虽然从形式上看变化不大，但是实质内涵上却存在重大不同。新的"认罪"表述中，"承认""指控的""犯罪事实"是其关键词，从而"认罪"是指对于犯罪事实的承认，否认部分犯罪事实并不必然否定认罪，对犯罪事实、性质和罪名有异议并不代表着不认罪。这种概念内涵的变化，不但回应了认罪认罚从宽制度在试点期间的诸多

---

[1] 2016年全国人民代表大会常务委员会《关于授权最高人民法院、最高人民检察院在部分地区开展刑事案件认罪认罚从宽制度试点工作的决定》中"认罪"是指"犯罪嫌疑人、刑事被告人自愿如实供述自己的罪行，对指控的犯罪事实没有异议"。同年，"两高三部"《关于在部分地区开展刑事案件认罪认罚从宽制度试点工作的办法》沿用了该概念表述。

[2] 2018年新《刑事诉讼法》将"认罪"修改为"犯罪嫌疑人、被告人自愿如实供述自己的罪行，承认指控的犯罪事实"。2019年"两高三部"《认罪认罚从宽指导意见》中大致沿用这一概念表述，为"……对指控的犯罪事实没有异议。"

疑难问题，而且在表述上也更加精准，更重要的是，强调了被追诉人认罪的主动性和诉讼过程中的主体性地位。因为"承认"除了被动的"接受"与"认可"之外，还包含了主动的"同意""认领"甚至还可以包含积极的"赎罪"之意，而不仅仅是先前的"没有异议"而已。以主体性哲学的视角看待认罪认罚从宽制度，无论是认罪认罚，还是反悔与撤回，都是当事人的主体性选择，都应当受到尊重，并在此基础上给予相应的司法处置。[1]因此，同样是认罪却可以因为其主动性和主体性程度不同而区别对待。刑罚除了责任抵偿之外，还在于预防必要性。积极赎罪层面的认罪，更加彰显了其主体性自觉，在预防必要性层面上可以在刑罚上给予更大的宽容和宽大。

2. "认罚"的考察重点是悔罪

如果说"认罪"的概念涵义还只是重大变化而已，那么"认罚"可以称之为嬗变。规范性文件的规定存在着从"同意人民检察院的量刑建议并签署具结书"[2]到"愿意接受处罚"[3]再到"真诚悔罪，愿意接受处罚"[4]的变迁，不但在概念表述的形式上出现了重大变化，而且内涵也不断丰富。虽然修改为"愿意接受处罚"主要原因是为了将认罪认罚扩展到整个诉讼过程，而不仅仅局限于起诉阶段，但是将"真诚悔罪"作为认定"认罚"的条件，而且"重点考察犯罪嫌疑人、被告人的悔罪态度和悔罪表现"，应该说是一大进步，排除了表面上认罪但实际上不认罪而适用认罪认罚从宽制度的可能性。当然，这种概念表述上的变化也随之带来了新的问题，即在认罪认罚与法定量刑情节自首和坦白出现竞合尚未解决的前提下，又与酌定量刑情节"悔罪"出现了竞合，而且还与作为悔罪表现的赔偿被害人损失、获得被害人谅解等酌定量刑情节相竞合。

综上，如果不能从尊重当事人主体性人格和主体性选择的层面来看待认罪认罚制度，就会极大地降低这一制度的实践价值。"刑法的制裁作用，并非一种实现正义的绝对目标，而只是一种以正义的方式达成维护社会秩序目的

---

〔1〕 参见刘军、潘丙永：《认罪认罚的主体性撤回及其司法处置》，载《山东警察学院学报》2021年第5期。

〔2〕 参见2016年全国人民代表大会常务委员会《关于授权最高人民法院、最高人民检察院在部分地区开展刑事案件认罪认罚从宽制度试点工作的决定》和"两高三部"《关于在部分地区开展刑事案件认罪认罚从宽制度试点工作的办法》第1条。

〔3〕 参见2018年《刑事诉讼法》第15条。

〔4〕 参见2019年"两高三部"《认罪认罚从宽指导意见》第7条。

时，不得不采用的必要手段。"[1]正义不仅是"同样的情况同样处理"，更在于"不同情况要不同处理"；没有被认真对待的特殊性，不但是对当事人主体性的漠视，更无法对行为决策起到激励作用。认罪认罚的实质是奖励性从宽，是时候采取一种更加具有包容性的视角，对认罪认罚的不同情形进行有针对性的刑罚层面上的奖励。

三、认罪认罚作为奖励性从宽量刑情节的刑罚机理

认罪认罚从宽在不同层面上，可能存在不同层面解读。"认罪认罚从宽"之所以会存在性质定位上的争论，而且难以提出一个令各方都能够接受的、周全的解决方案，端在于将争论聚焦于认罪认罚是何种量刑情节上，而没有在刑法宽容论视角下讨论如何区别对待主体性选择认罪悔罪以及更加适应刑罚个别化的量刑方案。无论是量刑影响因素的复杂性、并合主义的刑罚目的还是综合的量刑原则、量刑过程动态性以及量刑结果的均衡性等，量刑理论都更加趋向于综合和包容，不仅包括各种刑罚目的、量刑情节，而且当事人各方利益都能够涵盖在内。

（一）认罪认罚从宽是对宽严相济刑事政策的贯彻落实

认罪认罚从宽与其说是《刑事诉讼法》确立的一项司法改革的制度性成果，毋宁说是宽严相济基本刑事政策的具体化，是一项具体的刑事司法政策，只不过是面向"从宽"的、跨越不同法律部门的、综合性的刑事政策，但是否从宽以及从宽的幅度等也应遵循"宽严相济"。

1. 认罪认罚从宽是宽严相济刑事政策的具体化

《认罪认罚从宽指导意见》第 1 条就要求"贯彻宽严相济刑事政策"，做到"该宽则宽，当严则严，宽严相济，罚当其罪"。但是刑事政策本身是一个包含了元刑事政策、基本刑事政策和具体刑事政策的政策体系。[2]宽严相济刑事政策是我国的基本刑事政策，不但贯穿立法、司法和执行，而且横跨实体法和程序法，更重要的是，在基本刑事政策之下还有诸多的具体刑事政策。

---

〔1〕 转引自苏俊雄：《刑事犯与行政犯之区别理论对现代刑事立法的作用》，载《刑事法杂志》1992 年第 1 期。

〔2〕 参见刘远、刘军：《刑事政策的理论与实践》，载《中国刑事法杂志》2004 年第 2 期。

如 2022 年 4 月 30 日最高人民法院、最高人民检察院、公安部联合发布的《关于敦促拐卖妇女儿童相关犯罪嫌疑人投案自首的通告》[1]就是一项具体刑事政策，是宽严相济刑事政策的具体实施，充分体现了"从严惩处"和"从宽处理"的辩证统一。具体刑事政策是基本刑事政策的具体化，受到基本刑事政策的指导和制约，但同时也是刑法的刑事政策化，因此不能超越刑法的规定。在关于整治拐卖妇女儿童犯罪的具体刑事政策中可以看到，无论是从严还是从宽都强调"依法"，即"在本通告规定期限内自动投案，如实供述自己罪行的，可以依法从轻或者减轻处罚；犯罪较轻的，可以依法免除处罚""在规定期限内拒不投案自首，继续实施拐卖妇女、儿童相关犯罪活动的，将依法从严惩处"。就认罪认罚从宽而言，毫无疑问也是一项具体的刑事政策，只不过是从宽面向的具体刑事政策，也应当贯彻宽严相济的刑事政策，惩罚与宽容相互倚重、相互促进，充分发挥刑事政策的激励作用，促使被追诉人认罪认罚，并依据其认罪认罚的程度依法给予实体上和程序上的相应待遇。

2. 认罪认罚从宽是具体刑事司法政策

将认罪认罚从宽理解为一项具体刑事政策，就不会纠结于其是独立性量刑情节还是非独立性量刑情节，是实体性量刑情节还是程序性量刑情节的争论。认罪认罚从宽是贯彻宽严相济刑事政策的具体司法制度，是一项制度化的、具有综合性的具体刑事政策，不能简单地理解为仅对量刑结果起作用的量刑情节，更不能简单地理解为实体上从宽、程序上从简。应当从以下几个方面把握认罪认罚从宽刑事政策的综合性。

一是综合全案、区别对待。认罪认罚从宽的具体适用，应当贯彻宽严相济刑事政策，在"宽"、"严"、"相济"和"罚当其罪"不同层面进行综合把握，根据具体案情区别对待。《认罪认罚从宽指导意见》第 1 条对于区别对待的具体情况进行了列举，区分了"尽量依法从简从快从宽办理""积极适用""一般应当体现从宽""慎重把握"等不同情形，因此认罪认罚从宽不是一味从宽，而仍然是坚持公平正义前提下的从宽，仍然是根据具体案件性质、情节和对社会的危害程度以及被追诉人的个体情形的从宽，因此，是一项具体的从宽刑事政策。量刑情节的定位难以体现认罪认罚从宽制度的价值，导致

---

[1]　参见《三部门联合发布通告 敦促拐卖妇女儿童相关犯罪嫌疑人投案自首》，载人民网：http://society.people.com.cn/n1/2022/0430/c1008-32412640.html，最后访问日期：2022 年 4 月 30 日。

认罪认罚在从宽适用上的难题和悖论。

二是跨越不同法律部门的综合性刑事政策。认罪认罚从宽刑事政策，不仅是包括了实体法、程序法、执行法等不同法律部门的综合性刑事政策，而且还是包括了公、检、法三机关在落实认罪认罚从宽制度中的职责，律师、社会调查评估、社区矫正等不同机构人员的参与，以及被追诉人诉讼权利保障和被害人权益保护等诸多价值考量的综合性刑事政策。在认罪认罚从宽制度适用过程中，不仅包括不同机构与人员之间的协调配合、相互制约，还包括刑事诉讼当事人各方利益的平衡保护。

三是综合考虑各方因素的罪责刑相适应。认罪认罚案件的办理需要综合考量与罪责相关的因素和与行为人个性相关的因素，在充分考虑责任刑、预防刑、社会复归等刑罚目的的基础上，全面考虑不同地区和时期之间、不同案件之间、同一案件内部的量刑均衡，[1]确保罪责刑相适应，防止偏离一般司法认知的量刑失衡。也正是这个原因，还应当从刑事一体化的视角对于认罪认罚从宽制度进行全面理解和阐释。

（二）认罪认罚从宽是实体与程序互动的奖励性情节

认罪认罚从宽不仅仅是实体上从宽、程序上从简，还存在实体上从宽和程序上从简的交通互动，亦即实体上的认罪认罚能够导致程序上从简，反过来，程序上的效率提升也可以在实体上给予额外的从宽优待。在这个意义上认罪认罚可以被称作"奖励性"量刑情节，[2]实体上奖励悔罪，程序上奖励合作，而且程序上的合作本身也是重要的悔罪表现。通常情况下，量刑折扣是分等级的（Graduated），它基于认罪的时间和其免予取证证明的难度的不同，而具有不同的折扣量。[3]认罪认罚从宽制度，旨在通过刑罚减让肯定和鼓励被追诉人做出有利于增加个人福利和公众利益的行为选择并最终实现社会团结。

---

〔1〕 参见刘军：《罪刑均衡的理论基础与动态实现》，法律出版社 2018 年版，第 168 页。

〔2〕 参见刘军、潘丙永：《认罪认罚从宽制度规范化研究》，知识产权出版社 2021 年版，第 142 页。

〔3〕 See Fiona Leverick, "Tensions and Balances, Costs and Rewards: The Sentence Discount in Scotland", *Edinburgh Law Review*, Vol. 8, 2004, pp. 360-388.

1. "从宽"处理跨越了实体和程序

"认罪认罚从宽"是《刑事诉讼法》规定的量刑情节，属于程序法上的量刑情节，[1]但是对于"可以依法从宽"应当做广义理解，包括结果性的和过程性的、实体上的和程序上的宽大和优待。樊崇义教授虽然坚持的是"独立量刑情节说"，但却是在将认罪认罚从宽视为刑事诉讼制度和程序的前提下来看待认罪认罚从宽与其他量刑情节的关系的，并将认罪认罚从宽视为实体规范和程序保障一体构建的综合性法律制度，"要把'从宽'下判充分体现在程序中，用程序正义确保实体正义，以达公正与效率的高度统一"[2]。因此，需要从刑事一体化的视野来看待和理解"认罪认罚从宽"的制度设计及其刑事政策功能。《认罪认罚从宽指导意见》第8条直接阐明了对于"从宽"的理解，"从宽处理既包括实体上从宽处罚，也包括程序上从简处理"，其中的程序上从简处理可以理解为是一种过程性优待。但其实认罪认罚作为量刑情节跨越了实体与程序，不仅仅是实体上从宽、程序上从简，还包括一系列的优待和处遇，比如适用速裁或者简易程序可以快速办理刑事案件或者适当简化刑事程序，即使适用普通程序也可以适当简化法庭调查、法庭辩论等程序，不但能够提高诉讼效率，而且能避免冗长的司法追诉过程所带来的附带损失和精神损耗。[3]再如不需要判处刑罚的轻微刑事案件可以不起诉，当然还可以包括变更刑事强制措施，如取保候审、监视居住等，以及变更具体办案方式、具体处理方式等方面的刑事处遇等。

2. 认罪认罚不但实体上可以从宽，而且能够导致程序上从简

《刑事诉讼法》第222条规定了适用速裁程序的条件，在符合案件事实和证据要求的前提下，"被告人认罪认罚并同意适用速裁程序"，由审判员一人独任审判。速裁程序只适用于可能判处3年有期徒刑以下刑罚的案件，虽然被告人所涉嫌罪名的法定刑高于3年有期徒刑，但是只要认罪认罚在实体上获得从宽处理有可能在法定刑以下量刑，就能够适用速裁程序，因此认罪认罚不但能够实体上从宽，而且实体上从宽能够进而获得程序上从简的优待，

---

〔1〕　再如刑事和解也是程序法上的量刑情节。依据《刑事诉讼法》第290条之规定，公诉案件双方当事人和解的，可以依法对被告人从宽处罚。

〔2〕　樊崇义：《认罪认罚从宽与自首坦白》，载《人民法治》2019年第1期。

〔3〕　当然，犯罪嫌疑人、被告人享有程序选择权，可以选择普通程序而放弃程序上从简的优待，并不影响认罪认罚的成立。

避免长期诉累所带来的负担与损耗。除此之外，《刑事诉讼法》第214条规定的简易程序也有类似的功能和效果，在"被告人承认自己所犯罪行，对指控的犯罪事实没有异议"和"对适用简易程序没有异议"的前提下，审判期限也大大缩短，体现了从简从速的司法精神。而且对于可能判处3年有期徒刑以下刑罚的，可以由审判员一人独任审判。由于简易程序只是体现了被告人"认罪"的情形，而且在事实和证据方面的要求也存在差异，因此在诉讼程序的从简从速程度上也有较大不同，这本来即符合认罪认罚的差异性原则。当然，简易程序的适用范围也更广。

3. 程序上的效率提升也可以在实体上给予额外的从宽优待

为了激励犯罪嫌疑人、被告人主动认罪认罚、悔罪赎罪，依据其对于查明案件事实、提升诉讼效率等程序上的意义和价值，应当在自首、坦白、悔罪等量刑情节之外给予额外的刑罚奖励，从宽的幅度应当更大。既认罪又认罚的从宽幅度要大于只认罪不认罚或者仅有自首、坦白的情形；不同诉讼阶段的认罪认罚也应依据其在诉讼效率提升方面的贡献而区别对待。《认罪认罚从宽指导意见》第9条在"从宽幅度的把握"上明确了认罪认罚从宽的程序法意义，甚至可以说，对于诉讼效率的提升，才使得认罪认罚从宽获得了不同于实体性量刑情节并独立存在的依据。在此意义上，选择速裁程序或者简易程序本身就能够较大程度地提升诉讼效率，理应给予额外的刑罚奖励。程序法上存在需要独立评价的部分，对此也需要在检察机关量刑建议中予以单独体现。

（三）认罪认罚奖励性从宽的衡量标准是悔罪表现

"认罪认罚从宽"在制度设计上涵盖了实体和程序两个部分，而且内含了二者的互动关系。这样一种性质定位有利于打破实体与程序区隔的二元叙事、有利于破除静态看待刑罚量定的成见、有利于实现罪刑的动态均衡，[1]但更为重要的是，认罪认罚从宽制度能够主体性地看待犯罪人，并为犯罪人提供悔过、赎罪乃至自我救赎的机会。"人谁无过？过而能改，善莫大焉"[2]，动态看待犯罪人的主体性选择并给予相应的奖励与惩罚，这才是真正的刑事一体化的视角。

刑法从来不是为了惩罚而惩罚，也不是为了预防而预防，而是为了化解

---

〔1〕 参见刘军：《罪刑均衡的理论基础与动态实现》，法律出版社2018年版，第209页。
〔2〕 《左传·宣公二年》。

社会矛盾、促进社会团结，构建预防性法律制度，并不断提高国家治理能力，推进国家治理体系现代化。[1] 为了更加精准地评估犯罪行为的性质、危害、因果关系等，刑法教义学发展出了一整套内在逻辑层层递进的刑法理论，对于实现刑法的保护机能与保障机能起到了决定性作用。然而刑法教义学的最大缺陷在于割裂地而非整体地、静态地而非动态地、孤立地而非关系地看待犯罪现象、犯罪行为和犯罪人，从而一定程度上呈现出教条主义的弊端，在案件处理过程中机械、僵化地评价犯罪人的刑事责任，在刑罚适用上脱离具体情形和实际状况，不能以变化和发展的眼光看待惩罚与预防，在定罪处刑中对于犯罪人的个性与特殊性关注不足，所判处刑罚即便符合形式上的公平与正义观念，但是距离实质正义却越来越远。如果违背人民群众的公平正义观念，不但法律效果不佳，社会效果更是堪忧。任何人的行为都并非处于真空状态，而是存在于社会环境之中并不断与他者进行着互动。犯罪行为其实也是一种互动的过程，而且是启动刑罚权对之进行评价的前提和基础。在定罪之后的刑罚量定过程中，还应当将犯罪行为放回到犯罪发生的场景中，放回到整个因果链条中进行评价，包括犯罪前和犯罪后的行为表现也应当纳入到刑罚的评价中来，必须要以整体、发展和动态的眼光看待和评价犯罪与刑罚。

　　道义之刑法既然是要行为人因为其过错行为而承担责任，那么就理应查明行为人究竟是错在哪里、错误的程度如何以及有无值得宽宥之处。"往者不可谏，来者犹可追"[2]，过去发生的事情无法挽回，唯有将来的前景可以期待。如果犯罪人真诚悔过，努力采取措施弥补自己的过错，通过赔偿或补偿被害人的方式，抵偿自己所犯罪行并获得被害人的谅解，刑法也应当展现出宽容的姿态而给予刑罚上的减让，这是一种惩罚与合作的姿态，也是宽严相济刑事政策的应有之义。正是基于这种考虑，所以有学者主张"悔罪者方从宽"[3]，这是抓住了认罪认罚从宽制度适用的精髓。悔罪是悔恨自己的罪恶，[4] 因此，悔罪首先是一种悔恨、懊悔、后悔的心理态度，通常意义所讲的"悔罪"实

---

〔1〕　参见刘军：《预防性法律制度的理论阐释与体系构建》，载《法学论坛》2021 年第 6 期。

〔2〕　《论语·微子》。

〔3〕　万毅：《悔罪者方从宽：认罪认罚从宽制度的实质解释——基于规范实务操作的角度》，载《人民检察》2018 年第 21 期。

〔4〕　参见中国社会科学院语言研究所词典编辑室编：《现代汉语词典》（第 5 版），商务印书馆 2005 年版，第 609 页。

质上是"悔过",是对自己所犯罪行之过错的追悔。[1]但是悔罪不仅仅是一种主观心态,更是需要有作为悔罪表现的赎罪行为,通过赔偿、补偿、赔礼道歉等进行部分的罪责抵偿,以弥补犯罪行为对于被害人所造成的伤害,减轻对于已然犯罪的自责与悔恨。赎罪是犯罪人悔罪心理态度的外化,不但是犯罪人的主体行为选择,更是犯罪人的自我救赎。只有针对已经犯下的罪行,采取措施努力改正与弥补,才有可能真正认识到自己的错误,才有可能获得被害人的谅解,也才有可能获得内心的平复,放下悔恨的心理包袱,重新做人并复归社会。

认罪认罚而给予从宽的制度核心是悔罪,没有悔罪的认罪认罚,如同没有灵魂的躯体,唯余一副空壳。悔罪首先是悔过,其次是赎罪,最后更是一种自我救赎,是被追诉人犯罪后的主体性行为选择,是合作型司法和量刑从宽主体性协商的重要体现。[2]唯有以主体性为标准看待被追诉人的认罪认罚和悔罪赎罪,犯罪人才能够从认罪认罚中得到救赎,而不仅仅是"爬过功利主义的毒蛇般弯弯曲曲的道路"[3]去获得从宽的量刑优惠。更重要的是,唯有以悔罪态度和悔罪表现为标准,才有可能修复受到犯罪行为创伤的社会关系,被追诉人也才配得上如此宽大的量刑幅度。

四、认罪认罚奖励性从宽的具体实现与行为激励

(一) 认罪认罚从宽传统量刑对行为激励存在较大局限

认罪认罚从宽在不同的层面上存在着不同的理解,但是无论是在刑事政策层面还是在量刑情节的层面,对行为人的激励是万变不离其宗的要义。刑罚应主要是改造性的,[4]刑法不应当对所有的犯罪人都给予同等对待,而应当依据个人表现采取差别化待遇,对于弃恶从善者给予刑罚奖励,不断强化

---

〔1〕 参见万毅:《悔罪者方从宽:认罪认罚从宽制度的实质解释——基于规范实务操作的角度》,载《人民检察》2018 年第 21 期。

〔2〕 参见刘军、潘丙永:《认罪认罚从宽主体性协商的制度构建》,载《山东大学学报(哲学社会科学版)》2020 年第 2 期。

〔3〕 [德] 康德:《法的形而上学原理——权利的科学》,沈叔平译,商务印书馆 1991 年版,第 164~165 页。

〔4〕 参见 [法] 马克·安塞尔:《新刑法理论》,卢建平译,(香港) 天地图书有限公司 1990 年版,第 20 页。

和坚定犯罪人的再社会化努力。在这个过程中，犯罪人的悔罪态度与悔罪表现是具有决定性意义的因素。不但是自我救赎，而且有助于犯罪人复归社会，促进社会团结并防止再次发生严重的社会分裂行为。

认罪认罚从宽制度本来是内含了悔罪情节的，但是因纠结于与其他量刑情节的竞合而无处安放。在《认罪认罚从宽指导意见》中，悔罪虽被作为认罚的重要组成部分和评价标准之一，却又导致以下三个方面的问题：一是认罪不再和悔罪发生勾连，成为一个无关事项，但其实自首、坦白和狭义的认罪都在一定程度上体现了被追诉人的悔罪态度，甚至可以称之为悔罪表现。当然也存在认罪但是并不悔罪的情形，那么其刑罚奖励自然也需要打折扣。二是认罚的成立需要单独考察被追诉人是否悔罪，从而实际上缩小了认罚的成立范围。从认罚的字面含义上来看，未必能够直接引申出悔罪；而且在司法实践中，也存在着认罪认罚但是并不悔罪的情形，甚至存在认罪但是不认罚，或者认罚但是不认罪的情形。三是悔罪量刑情节被吸收，无法独立评价。将悔罪作为认罚的一个行为表现，导致悔罪无法直接影响量刑结果，容易出现被追诉人激励不足的现象。被追诉人没有动力去通过刑事和解、退赃退赔、赔偿损失等方式获得被害人谅解，从而也就难以实现真正的社会复归，极大地影响认罪认罚案件的社会效果。

如果悔罪被认罚所吸收，在认罪认罚从宽的行为激励模型中就只剩下认罪和认罚两大影响量刑的因素，从而成就了一个平面的行为激励模型（如图1所示）。[1]如果将认罪与认罚分别被设定为横轴和竖轴，认罪和认罚的程度分别为从0到1，便能够得出从最小从宽幅度（不认罪不认罚的情形，从宽幅度为0）到最大从宽幅度（充分认罪认罚的情形从宽幅度为1）的空间，其所得到的从宽幅度即为横轴和竖轴所得数值所围起来的面积。当然其中也包括从只认罪不认罚到只认罚不认罪的情形，如此便出现一个矩形的区域。理论上来讲，矩形范围内所有的点都有可能是具体量刑从宽的结果，并彰显从宽幅度以及与认罪认罚之间的关系。示意图中仅仅是以认罪和认罚各自独立起作用的设定而出现的全域状态下的从宽幅度，实际中可能成立认罪认罚的矩形范围会受到很大的限制。比如说，根据当前对于认罪认罚的理解，至少要承

---

〔1〕　这是一个行为激励模型，所表达的是有多少行为可能性，或者说可以容纳多少认罪认罚的行为情形，而并非显示横轴与竖轴关系的函数。

认基本犯罪事实才有可能被认定为认罪，同时只有在认罪的基础上也才有可能存在认罚的问题；再比如说，在认罪的前提下至少要表示愿意接受处罚，在诉讼阶段上至少要在庭审结束前认罪认罚等，这是典型的认罪认罚从宽适用区域。申言之，在认罪认罚行为激励模型（从宽关系模型）中，存在着并不适用认罪认罚从宽制度的情形，和典型适用认罪认罚的情形，在两者之间也存在着一个模糊地带，属于可拓展的区域。当然，对于仅承认部分犯罪事实或者仅愿意接受部分处罚的情形，是否也能适用认罪认罚从宽制度？这是一个有待讨论的问题。如果从行为激励的层面上来看，只要存在认罪认罚的情形，无论程度如何，原则上就有适用认罪认罚从宽制度的空间。

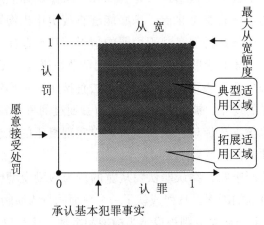

图1　认罪认罚从宽关系示意图

这样一种平面的认罪认罚从宽的行为激励模型具有简单明了的优点，但是因为将悔罪解释为认罚的组成部分，导致悔罪及其程度与量刑宽大之间的相关性无法直接体现出来，从而失去了对于被追诉人悔罪的激励。悔罪在量刑影响因素中具有特殊的地位，责任刑和预防刑都难以涵盖悔罪情节。当然，可以将悔罪解释为人身危险性或再犯危险性更小以论证刑罚减让的正当性，并体现在预防刑之中，但是如果仅仅考虑预防刑则无法给予如此宽大的刑罚优惠。悔罪更多的是为了实现社会复归的刑罚目的[1]，更多的是为了恢复受

---

〔1〕　之前更多的是将社会复归的刑罚目的也划归预防刑的范畴，但其实二者相距甚远。社会复归是通过矫正而再社会化，因此属于教育刑或目的刑的范畴。

到犯罪行为创伤的社会关系，并最终实现社会团结的目的。

人类社会有关刑罚制度一直在改革之中，并延伸到确立对"向善的罪犯"的宽容或宽大措施，[1]因此，在传统刑罚论层面涉及二元的责任刑和预防刑无法涵盖的部分，需要将社会复归或者社会团结纳入到刑罚目的中来，成就三元立体的刑罚目的结构。如此拓展的、具有一定空间结构和政策纵深的行为激励模型，将能够有效激励行为人选择弃恶从善、重新做人，获得被害人和社会的谅解而真正地重新复归社会，并最大程度地增进社会团结。

（二）认罪认罚奖励性从宽的行为激励与主体性选择

在认罪认罚从宽制度中，认罪和认罚是前提和基础，但悔罪才是最值得刑罚奖励的行为表现，而且在某种程度上，认罪认罚本来也是悔罪的一种表现。为了更好地体现奖励性从宽，强化犯罪人再社会化进程，需要单独对悔罪进行评价。为此需要在认罪和认罚之外设定第三个坐标线（纵轴），从而成就了一个立体的行为激励模型（如图 2 所示），该模型能够很好地化解认罪认罚从宽制度在适用过程中出现的各种实践难题和理论困境。

基于悔罪态度和悔罪表现而对于被追诉人选择认罪认罚给予刑罚奖励，一方面是在程序上承认其诉讼主体地位，另一方面也是对其主体性行为选择的肯定。唯有如此也才有可能激励被追诉人向着规范所设定的目标前行，否则就只是为了获得刑罚减免的口服心不服，而非真诚悔罪。未能真诚悔罪的被追诉人即使获得从宽处理，也很难再次融入社会，因为被害人或社会一般人对犯罪的憎恨之情尚未得到平复，甚至很难起到预防犯罪的作用，反而会导致强化逃脱惩罚的侥幸心理[2]。因此，所谓的真诚悔罪其实就是被追诉人主体性选择的悔罪，而且更多的是为了奖励其主体性的行为选择才给予刑罚减让。

---

〔1〕　参见［法］马克·安塞尔：《新刑法理论》，卢建平译，（香港）天地图书有限公司 1990 年版，第 18 页。

〔2〕　恰如"新年的愿望是被王××暴打一顿"的梗，其实暴露的是公民对于执法机关的高度不信任，也是对"花钱买刑"的揶揄。参见《新年愿望是被王思聪揍一顿？这个梗很丑陋》，载澎湃网：https://www.thepaper.cn/newsDetail_ forward_ 21551521，最后访问日期：2023 年 1 月 16 日。

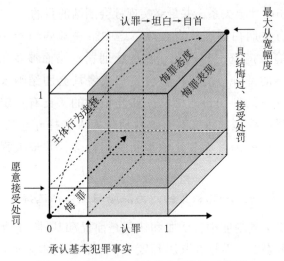

图 2　认罪认罚奖励性从宽行为激励模型

在这个立体的认罪认罚从宽行为激励模型中，由于增加了悔罪作为直接考量因素，因此认罪认罚从宽制度的典型适用区域由原来平面的二维空间转变为一个立体的三维空间，最大从宽幅度也由原来的认罪认罚转变成悔罪行为激励下的认罪认罚，变得更加具有深度和拓展性，不但各种量刑情节关系丰满、结构简单、关系明了，而且能够容纳更多的行为样态，显著增加了刑事政策的纵深和回旋余地，对于被追诉人的行为激励也更加具有多样性，更加有利于通过匹配刑罚奖励幅度而增强行为激励。如此构建的行为激励模型，能够将认罪认罚从宽放到社会复归和社会团结的大背景中去思考，有效地化解认罪认罚从宽制度在适用过程中出现的各种实践难题。

1. 惩罚、预防与奖励，刑罚目的以及相互关系的再厘清

由于存在刑事学派的分立，刑罚目的也在不同层面上存在着多种情形的对立，[1]但是在刑罚裁量层面一般概括为责任刑和预防刑。责任刑是基于责任抵偿原则依据犯罪行为的社会危害而量定的刑罚，预防刑则是基于预防犯罪的考虑依据犯罪人的人身危险性而量定的刑罚。虽然在责任刑与预防刑关系上存在着谁更加优先的争论，但是并合主义的刑罚目的观通常认为责任刑为预防刑设定了上限和下限，预防刑需要在责任刑的范围内进行裁量，只有

---

〔1〕　参见刘军：《该当与危险：新型刑罚目的对量刑的影响》，载《中国法学》2014 年第 2 期。

在基于复归社会的目的考量可以突破责任刑的下限。权衡正义论与责任刑、功利论与预防刑、防卫论与目的刑这三者有相同与差异之处，预防刑与目的刑都是为了预防犯罪，都属于刑罚之相对论，[1]因此可以将二者归属于广义的预防刑。但是自从 20 世纪 60 年代"发现被害人"运动，尤其是经过恢复性司法的洗礼之后，社会复归理论日益凸显其重要性，刑罚目的论更多地呈现出三足鼎立之势。社会复归理论以犯罪人复归到一个没有仇恨的社会作为刑罚的最终目的，虽然对于预防犯罪而言同样意义重大，却是以主体性为导向的一种刑罚理论。更加凸显的是犯罪人的自我教育、自我改造与自我完善，因此也是一种需要更加提倡的刑罚目的论。

在量刑中对于社会复归刑罚目的的考量，重在考察犯罪人对于受创社会关系的修复。其中，被害人是犯罪行为的直接受害者，能否取得被害人谅解成为修复被犯罪人破坏的社会关系的关键。然而这仍然属于犯罪人和被害人对立的视角，社会复归理论仍然没有脱离二元论的窠臼。虽然"发现被害人"在刑罚量定层面仍然不失为重大进步[2]，但是在被修复社会关系中，还有一个重要的关系方，即以社区为代表的社会整体。需要把社会复归放到社会的大背景中去考察，看看是否有利于修复受损的社会关系整体，刑罚的减让是否有利于社会团结，而不是造成更大的社会分裂。在这个层面上，存在着积极的一般预防主义可以发挥的空间。申言之，认罪认罚从宽的刑罚裁量结果是更多地体现对犯罪人真诚悔罪的谅解，从而能够更好地抑制分裂性社会行为；但是也有可能会助长潜在的犯罪人产生侥幸心理，认为只要认罪认罚就会获得刑罚减让，从而弱化了刑法的一般预防效果。由此可见，社会复归更加注重的是犯罪人的再社会化，而复归一个没有仇恨的社会则是在原有刑罚目的的基础上增加了对于被害人谅解的考量，而是否能够促进社会团结却是一个全方位的刑罚目的，其中包括了犯罪人、被害人和社会关系修复等不同层面的考量，而不仅仅是以犯罪人为中心的刑罚裁量。

2. 认罪认罚从宽与既有量刑情节竞合的圆满化解

以惩罚、预防和奖励三重维度为内容的新并合主义刑罚目的观作为指引，

---

〔1〕 See Funcke-Auffermann, Niklas, *Symbolische Gesetzgebung im Lichte der positiven Generalprävention*, Duncker & Humblot GmbH, 2007, p. 67.

〔2〕 我国《刑事诉讼法》中被害人已经具有当事人地位，改变了只是"另外一个证人"的尴尬境地；但是我国刑法理论和刑法教义学中仍然没有被害人的位置。

认罪认罚从宽与其他量刑情节之间的竞合问题也就迎刃而解。通过对认罪的内涵进行解析，广义的认罪可以包括狭义的认罪、坦白和自首，在如实供述自己的罪行方面存在重合。正如图 2 所示，可以分阶段给予相应的刑罚奖励，但是不重复奖励，从宽幅度由小到大。就认罚而言，前文论证过程中拟将悔罪从认罚中剥离出来，因此认罚也就只剩下"愿意接受处罚"，并根据认罪认罚的阶段、愿意接受处罚的程度给予不同的从宽幅度，更多的是基于程序上的贡献而从宽。除了处于横轴和竖轴的认罪、认罚之外，在此立体的量刑模型中还需要对分布在纵轴上的悔罪单独进行评价，主要考察被追诉人的悔罪态度和悔罪表现，如退赃退赔、赔偿损失、刑事和解、赔礼道歉等，根据是否真诚悔罪、悔罪程度、是否获得被害人谅解、对于受创社会关系的恢复程度等，进行全面衡量，以确定能够给予的从宽幅度。因为自首和坦白是法定量刑情节，存在直接由法律规定的从宽处罚规则，因此在该量刑模型中所涉及的量刑影响因素就仅剩下狭义的认罪、认罚与悔罪，量刑情节之间的关系简单明了，相应的量刑奖励甚至能够较大程度地量化。如此便能够很好地解决认罪认罚从宽与既有量刑情节的竞合以及从宽理由过宽、从宽标准难以量化的问题，实体与程序量刑情节的争论也变得没有实际意义。

3. 实现认罪认罚奖励性从宽的司法方法

认罪认罚从宽制度适用的关键问题是如何从宽，并给出从宽处罚的实质性理由，而且能够进行一定程度的量化，进而实现罪责刑关系的动态均衡，而不是维持一种机械的平衡。由于责任刑对于预防刑的限定（双面责任主义），很难以预防犯罪作为正当化理由突破责任刑的下限，或者说，即使认为被追诉人不再具有再犯可能性，也不能突破责任刑的下限，因为存在需要抵偿的责任，更何况还有一般预防的问题。但是基于社会复归和社会团结的考虑，却可以突破责任刑的下限。不能忽略犯罪事实对于量刑情节的影响，同时也不能无视犯罪人事后悔罪、改善、补救的愿望与做法。公平和正义不仅是恰当地对待同一性，更需要恰当对待特殊性。

在《量刑指导意见》中，量刑情节对于基准刑的调节存在两个阶段，按照先后顺序对基准刑进行调节：第一阶段，先用与犯罪构成直接相关的量刑情节进行调节，如刑事责任能力、防卫过当和避险过当、未完成形态、共同犯罪等，这些量刑情节所对应的刑罚都属于责任刑的范畴。第二阶段，再用剩余的其他量刑情节调节基准刑，包括事前（如累犯、前科）、事中（如犯罪对象为弱势人员）和事后（如认罪认罚、退赃退赔、立功）量刑情节。这些量刑情节属于广义的预防刑的范畴，因此只能在犯罪构成量刑情节之外再次调节基准刑。调节的方法依然是按照调节比例"同向相加、逆向相减"，然后调节基准刑。与其他量刑情节不同，事后量刑情节的突出特点在于都是奖励性质的，[1]以鼓励犯罪人认罪悔罪并与司法机关合作。如果仅仅是在第二阶段中和其他量刑情节一同进行调整，难以体现出认罪认罚从宽的行为激励效果，因此应当增加第三个调节基准刑的阶段，[2]并把认罪认罚、悔罪和坦白、自首等其他事后量刑情节作为一类，且不必拘泥于是否存在法定减轻量刑情节，而是以恢复社会关系、增进社会团结、复归没有仇恨的社会作为考量标准，在综合考虑犯罪事实和危害后果的前提下，可以突破法定刑的下限并给予更加宽大的处理。因为是对基准刑的第三次调整，而且是奖励性质的量刑情节，是刑法对于犯罪人将来的行为选择所展现出的一种宽容与合作的姿态，因此自愿性、主体性的悔罪和社会团结意向，是评价认罪认罚制度是否成功的根本性标志。

在调整基准刑的比例上，对于认罪认罚的，区别认罪认罚的阶段、对查明案件事实的价值和意义等，可以减少基准刑的30%以下；在认罪认罚的基础上，真诚悔罪、成功修复受创社会关系的，可以减少基准刑的60%以下。这个30%或60%以下幅度的确认，依据的就是被追诉人的主体性行为选择，从而在认罪认罚从宽制度的适用上，真正实现具有差异性的分配正义，真正实现具有行为激励功能的动态的罪刑均衡。

习近平总书记强调，"深化司法体制改革，建设公正高效权威的社会主义司法制度，是推进国家治理体系和治理能力现代化的重要举措"。当前司法改革不断深入，从刑事和解到少年法庭，从简易程序到速裁程序，从认罪认罚从宽再到企业合规不起诉改革，都贯穿从宽从速的理念和主线，对于推进司法改革、校正刑事司法的僵化性具有重要意义。但是对于为什么从宽、如何从宽、实体与程序互动从宽、从宽背后的刑罚机理、公平正义与诉讼效率的

---

〔1〕　与此相反，广义预防刑的其他量刑情节，如事前和事中的量刑情节，却都是从重甚至是加重刑罚的量刑情节。

〔2〕　每一个阶段采取的都是"同向相加、逆向相减"的方法，用公式表示如下：$A×(1±α_1±α_2±α_3)$……其中 A 代表基准刑或量刑情节调节基准刑后的刑期，α 代表量刑情节调节比例，±根据量刑情节是从严情节还是从宽情节确定，从严为"+"，从宽为"-"。

关系等问题都亟待深入研究。从而奖励性从宽不仅仅是认罪认罚制度适用中的个别问题，而是一个基础性问题，也是司法改革需要思考的重大理论与实践问题。

"非宽大无以并覆，非平正无以制断"[1]，惩罚是因为犯罪人对社会的戕害与背叛，然而惩罚过后这种背叛和伤害就应该被忘记，就应该被宽恕，不能把犯罪人永远钉在耻辱柱上，否则社会就会为自己制造更多的敌人。宽容不仅仅表现在宽恕犯罪人的罪行之上，还表现在因为犯罪人认识到自己的错误并与社会的重新合作而获得的奖励。刑罚不能为了惩罚而惩罚，也不能为了宽容而宽容，无论是惩罚还是宽容目的都是实现社会团结，都是实现社会的重新合作和共同进步。

---

[1] 《文子·上仁》。

下 编

预防性犯罪治理下的
刑法制度改革

预防性治理视角下的监督过失责任

监督过失责任的体系性构建是贯彻落实"总体国家安全观""统筹发展和安全，建设更高水平的平安中国"的重要举措。广义的监督过失包括狭义的监督过失、管理过失和监管过失，是基于特殊的社会关系或社会地位而产生的特殊作为义务，是一种积极的作为义务。监督行为主体必须在其职责、业务和义务范围内主动采取措施防止和排除安全隐患，足够谨慎地防止出现重大公共安全危机，以维持社会机体的正常运转。"刑行一体""纪法贯通"式构建的预防性治理，能够有效地遏止安全生产责任事故的高发态势。

监督过失责任在理论上的发展以及实务上的应用始于二战以后的日本，[1]虽然我国学者很早便已经注意引介该理论并开展相关研究，[2]但是监督过失理论在我国并没有引起广泛注意，尚缺乏全面系统的研究和司法适用。监督过失属于一种特殊的过失，从公共安全的视角看待监督过失，既需要加强监督过失责任的追究，以避免出现危及公共法益的结果，又应当予以限制，以避免寒蝉效应，伤及社会经济发展。通过构建监督过失责任体系，强调规范警醒作用，促进形成统一的违法性意识，以有效遏制安全生产事故高发的态势。

一、公共安全视域下监督过失责任之区分

党的十九届五中全会提出了"总体国家安全观"，要求"统筹发展和安全，建设更高水平的平安中国"。安全和发展关系到人民群众的最根本利益，

---

〔1〕 参见彭凤莲：《监督过失责任论》，载《法学家》2004 年第 6 期。

〔2〕 参见张明楷：《监督过失探讨》，载《中南政法学院学报》1992 年第 3 期。

要坚持人民至上、生命至上，把保护人民生命安全摆在首位，全面提高公共安全保障能力；完善和落实安全生产责任制，加强安全生产监管执法，有效遏制危险化学品、矿山、建筑施工、交通等重特大安全事故。在十九大报告中，安全生产已经提到了国家安全战略和人民根本利益的高度，同时也是建设更高水平平安中国的重要组成部分。因此，如何在"总体国家安全观"的指导下，将安全发展贯彻到国家经济社会发展的各领域和全过程，构建预防性治理，防范和化解影响我国现代化进程的各种风险，就成为当前亟待解决的问题。其中对于违反"安全生产责任制"和懈怠"安全生产监管执法"等监督过失责任体系的完善，成为健全安全生产法治体系、全面提升公共安全保障能力的重要支柱，能够有效遏制安全生产责任事故高发态势。

(一) 安全生产责任事故中的监督过失责任

2021年7月2日山东省人民政府印发了《关于烟台招远曹家洼金矿"2·17"较大火灾事故调查报告的批复》，[1]同意事故调查组对事故的原因分析和责任认定，将烟台招远曹家洼金矿"2·17"火灾事故认定为一起由于企业违规动火作业引发的较大生产安全责任事故。[2]在这起事故的处理建议中，负主要领导责任的包括招远市曹家洼金矿法定代表人、招远市曹家洼矿业集团有限公司法定代表人、董事长、总经理王敬志，董事兼副总经理李进桂，副矿长徐国栋，安全总监宋涛，车间主任王永志，温州矿山井巷工程有限公司烟台招远办事处负责人杨茂兴等6人，已被公安机关采取措施，建议司法机关依法追究其刑事责任；另外，对事故发生负有直接责任的温州矿山井巷工程有限公司烟台招远办事处实际控制人林书渊、曹家洼金矿3号盲竖井检修工程施工队负责人王德铅等4人已被公安机关采取措施，建议司法机关依法追究其刑事责任。该批复对于事故责任认定的一个显著特点是，对于涉嫌犯罪的人员区分了两种责任，即对事故负"主要领导责任"和"直接责任"。

---

〔1〕 参见山东省人民政府《关于烟台招远曹家洼金矿"2·17"较大火灾事故调查报告的批复》（鲁政字〔2021〕117号），载山东省人民政府网：http://www.shandong.gov.cn/art/2021/7/9/art_107851_113179.html，最后访问日期：2021年7月9日。

〔2〕 2021年2月17日早上6点山东省烟台市招远市夏甸镇曹家洼金矿3号竖井发生火灾事故。此次事故造成6人死亡，另有4人成功获救。参见《山东"2·17"金矿6人死亡事故起因查明！暴露出哪些问题？有何措施解决？》，载搜狐网：https://www.sohu.com/a/451983629_120068166，最后访问日期：2021年7月9日。

这其实涉及一个非常重要、但是在我国刑法中仍未受到足够重视的"监督过失责任"的认定和判断问题。对事故负"直接责任"的犯罪嫌疑人是否构成犯罪，按照传统刑法的犯罪构成进行判断即可，涉及的是一般过失理论。然而对于负"主要领导责任"的犯罪嫌疑人是否构成犯罪的判断则涉及"监督过失责任"理论，由于其实行行为并未直接对法益造成侵害或者危险，行为与结果的因果关系并不明确，对于所发生的"重大伤亡事故或者造成其他严重后果"的主观过失心态的判断也存在诸多难题。更何况此类案件还涉及"一般过失"与"监督过失"的过失竞合等复杂问题，有必要辟专文进行研究，以利对该类刑事案件进行预防，防止危害公共安全事件的频繁发生。

我国刑法目前并没有明确规定监督过失责任，但是部分刑法条文以及司法解释已经意识到其与一般过失的区别。烟台招远曹家洼金矿"2·17"火灾事故处置已经正式进入司法程序，根据媒体所披露出来的案件事实情况，该案可能会涉及重大责任事故罪和重大劳动安全事故罪等罪名，如果存在强令或组织冒险作业等行为的话，还会涉嫌构成强令、组织他人违章冒险作业罪。《中华人民共和国刑法》（以下简称《刑法》）第 134 条规定的重大责任事故罪和强令违章冒险作业罪并没有明确犯罪主体的范围，《中华人民共和国刑法修正案（十一）》对于《刑法》第 134 条第 2 款的修订增加了"或者明知存在重大事故隐患而不排除，仍冒险组织作业"的行为方式，罪名也修改为强令、组织他人违章冒险作业罪[1]，但是并没有从根本上改变该罪名的犯罪主体范围，最高人民法院、最高人民检察院《关于办理危害生产安全刑事案件适用法律若干问题的解释》仍然适用。[2]易言之，重大责任事故罪的犯罪主体，包括对生产、作业负有组织、指挥或者管理职责的负责人、管理人员、实际控制人、投资人等人员，以及直接从事生产、作业的人员。而强令、组织他人违章冒险作业罪仅包括前者，而不包括直接从事生产、作业的人员。这是从司法解释的内在逻辑上得出的当然结论。另外，该罪名后来被修改为"强令、组织他人违章冒险作业罪"，其中突出强调的"他人"是实际从事生产和作业人员，因此无论是"强令"还是"组织"都是处于领导、指挥、组织或监督

---

[1]　参见最高人民法院、最高人民检察院《关于执行〈中华人民共和国刑法〉确定罪名的补充规定（七）》（法释〔2021〕2 号），该司法解释自 2021 年 3 月 1 日起施行。

[2]　参见最高人民法院、最高人民检察院《关于办理危害生产安全刑事案件适用法律若干问题的解释》（法释〔2015〕22 号）第 1 条、第 2 条，该司法解释自 2015 年 12 月 16 日起施行。

地位的人员，申言之，对这些人员追究的是监督过失责任而非一般过失责任。

按照这种分析逻辑，能够很好地区分重大责任事故罪和强令、组织他人违章冒险作业罪之间的关系，依之二者之间是法条竞合的关系，《刑法》第134条第2款是特别法，优先适用，而且因为是"强令"或"组织"的行为，比重大责任事故罪中一般的监督过失责任更重，从而需要提高该罪的法定刑。强令、组织他人违章冒险作业罪的立法目的就是加大处罚处于领导、指挥和监督地位的行为人，从而能够较好地防止发生类似的劳动安全事故。《中华人民共和国刑法修正案（六）》将"情节特别恶劣的"情形由"处3年以上7年以下有期徒刑"修改为"处5年以上有期徒刑"，最高刑由过去的7年提高到15年有期徒刑，较大幅度地加大了此类犯罪的处罚力度。虽然也有学者主张强令、组织他人违章冒险作业罪也包括直接从事生产、作业的人员，[1]但这种观点与立法目的不符，在司法实践中会导致无法区分一般监督过失和重大监督过失的责任差异。由此可见，我国立法实践中已经关注到监督过失责任，甚至有意识地区别对待了一般监督过失和重大监督过失。

烟台招远曹家洼金矿"2·17"火灾事故案还可能涉及重大劳动安全事故罪。依据《刑法》第135条和相关司法解释的规定，重大劳动安全事故罪只能由"直接负责的主管人员和其他直接责任人员"构成，亦即只有"对安全生产设施或者安全生产条件不符合国家规定负有直接责任的生产经营单位负责人、管理人员、实际控制人、投资人，以及其他对安全生产设施或者安全生产条件负有管理、维护职责的人员"[2]才能构成重大劳动安全事故罪。前者是监督过失责任，而后者则是一般过失责任。存在类似规定的罪名还有大型群众性活动重大安全事故罪（《刑法》第135条之一）。当然，即使刑法条文只是规定了"直接责任人员"，如工程重大安全事故罪（《刑法》第137条）、教育设施重大安全事故罪（《刑法》第138条）、消防责任事故罪（《刑法》第139条），甚至是没有直接规定犯罪主体的危险物品肇事罪（《刑法》第136条），从理论上都能够将"直接责任人员"解释为"直接负责的主管人员和其他直接责任人员"，进而区分监督过失责任和一般过失责任。

---

〔1〕 参见张明楷：《刑法学》（第4版），法律出版社2011年版，第640页。

〔2〕 参见最高人民法院、最高人民检察院《关于办理危害生产安全刑事案件适用法律若干问题的解释》（法释〔2015〕22号）第3条。该司法解释自2015年12月16日起施行。

（二） 监督过失责任的独立地位及其重要性

确立监督过失责任的独立地位有助于厘清各种安全生产责任事故罪中的监督责任与直接责任，形成刑法吓阻合力，分阶段阻断因果链条，有效预防违反安全管理规定的危害公共安全风险。曹家洼金矿"2·17"安全生产责任事故之前仅一个多月，栖霞笏山金矿也曾经发生"1·10"重大爆炸事故，[1]山东省烟台市的这两起金矿事故暴露出了安全生产的诸多问题，短短一个多月连续发生两起重大安全责任事故绝不是偶然的，一定是企业在生产作业和监督管理方面出现了重大纰漏，一定是相关执法部门的执法监督存在重大缺失。[2]相关媒体在报道中对此也进行了总结和梳理：包括外包工程管理极其混乱、违规动火作业问题突出、民用爆炸物品安全管理混乱、吸取事故教训不深刻、监管部门作风不深入等问题，[3]其中涉及的外包工程更是出现"三不管"，即发包单位不管施工单位、施工单位上级公司不管下属项目部、项目部不管自己队伍，可见其内部监督管理已经极度混乱，发生重特大生产责任事故或重大劳动安全事故是迟早的事情。有必要针对暴露出来的问题相对地进行整治，其中监督过失责任更是重中之重。

监督过失责任在犯罪论体系中具有重要地位，以预防主义的视角来看尤其如此。在当代风险社会背景下，社会的各个环节相互依赖性（相互关联和相互依存）不断增强，社会"三高"现象（社会的高度复杂性、风险的高度不确定性和控制的高度有限性）日益凸显，尤其是一旦发生危险转化为实害的可能性增高，后续社会损害后果的控制难度越来越大，因此越早介入则控制条件越好，可以采取的措施越多、预留空间越大，将损害控制在最低程度的可能性越高。重大事故是可以避免的，只要足够谨慎地做好事先预防。正所谓"变起一朝、祸起有素"，祸患都是不断累积形成的，而非一朝一夕之

---

〔1〕 参见《山东五彩龙投资有限公司栖霞市笏山金矿"1·10"重大爆炸事故调查处理结果公布》，载搜狐网：https://www.sohu.com/a/452368922_99958228，最后访问日期：2021年7月9日。

〔2〕 山东省人民政府对于这两起安全生产事故调查报告的批复，已经很能够说明这些问题的存在。参见山东省人民政府《关于山东五彩龙投资有限公司栖霞市笏山金矿"1·10"重大爆炸事故调查报告的批复》（鲁政字〔2021〕39号），载山东省人民政府网：http://www.shandong.gov.cn/art/2021/2/26/art_107851_110844.html，最后访问日期：2021年7月9日。

〔3〕 参见《山东"2·17"金矿6人死亡事故起因查明！暴露出哪些问题？有何措施解决？》，载搜狐网：https://www.sohu.com/a/451983629_120068166，最后访问日期：2021年7月9日。

事。因此"防早防小"成为公共安全预防的不二法宝。预防性治理的重要现实意义就是通过采取必要的预防性措施，以避免重大法益侵害和危害公共安全事件的发生。如果不能够"未雨绸缪""治未病"，等待病入膏肓就为时已晚，必然会造成严重的危害与损失。因此，确定监督过失责任的独立地位并予以完善，有利于体系性地构建预防性治理，以便"统筹发展与安全"，兼顾发展利益与安全利益。

在众多的违反安全管理规定、危害公共安全类犯罪以及威胁公众安全的风险治理过程中都涉及监督过失责任，如果处于领导、指挥和监督地位的人员不履行监督职责，甚至乱指挥、强令或组织冒险作业而发生重大事故或者重大防范风险，不科以刑事处罚则显然违背公平正义，难以预防此类犯罪的发生。当然，监督过失责任不仅涉及单位内部以及基于特殊的社会关系或者社会地位而产生的监督过失问题，也涉及具有监管职责的国家机关工作人员的监督过失问题，更涉及监督过失责任的"刑行一体""纪法贯通"式构建的问题，为此需要以更加宽泛的视野体系性地构建监督过失责任制度体系。

二、监督过失责任的理论源流与概念重构

（一）监督过失责任的理论源流

人既然生活在一定的社会关系和组织体中，基于特殊的社会关系或社会地位必然会产生特殊的监督义务，这是一种积极的作为义务，以便有效地防止法益侵害结果的发生。监督过失责任在理论上的研究和司法上的适用，有利于督促监督义务人尽职履责、恪尽职守，预防和减少安全生产责任事故和公共安全事件的发生。2021 年 7 月 9 日国家矿山安全监察局召开新闻发布会介绍，国家矿山安监局从 2020 年 4 月起开展了矿山安全专项整治三年行动，重点对煤矿、非煤地下矿山、尾矿库进行安全排查整治。2021 年上半年，各级各部门共查处煤矿安全的问题隐患 178 758 条，其中重大隐患 344 条，罚款 4.8 亿元，责令停产整顿 374 处，提请关闭非煤矿山 100 座。[1] 这说明我国安全生产形势依然非常严峻。

---

〔1〕 参见《罚款 4.8 亿 国家矿山安监局上半年查处煤矿安全问题隐患 17 万余条》，载环球网：https://china. huanqiu. com/article/43smQ1Yi3qZ，最后访问日期：2021 年 7 月 10 日。

在当代风险社会背景下，这种积极的作为义务要求更加急迫，更加具有现实意义，也有利于平衡社会发展与公共安全之间关系。有效、精准、结构合理的监督能够拧紧安全生产的"安全阀"，防止各种责任事故和安全事故的发生。

预防性治理是从制度层面提前做好防范性准备，防范可能发生的波及不特定多数人生命财产安全的重特大公共安全事件。[1]以预防主义的视角，需要在理论上和司法实践中区分监督过失责任和一般过失责任，以便超前部署，分阶段阻击涉公共安全风险。刑法必须立基于预防，否则只剩下惩罚的痛苦而一无是用。那么监督过失责任与一般过失责任究竟有什么区别？对二者进行区分的理论优势何在？又是如何能够防范重大公共安全事件发生的？

监督过失责任在理论上的发展以及实务上的应用最早出自日本的司法判决，如熊本水俣病、森永奶糖砒素中毒事件等，[2]主要是为了解决在食品安全、公共卫生、环境污染、安全生产以及医疗事故等诸多领域中涉及公共安全的犯罪案件中，如何处置在管理和监督职责上存在过失的犯罪人问题。"监督过失论本质上是新过失论的一种，只是通常在处理安全生产领域重大责任事故时适用。"[3]由于监督过失实行行为常常与其他过失行为纠缠在一起，或者说在监督过失实行行为与法益侵害结果之间通常会介入其他因素，尤其是常常会介入人的过失行为甚至是故意行为，从传统刑法的视角难以评价监督过失的因果关系，难以直接认定法益侵害的结果是否在过失的注意义务范围之内，而且监督过失与作为"中间项"的其他介入因素尤其是过失行为之间的关系也是众说纷纭，从而在刑法教义学上以新新过失论扩大化解释的方式成就了监督过失责任。

何谓监督过失责任？从字面意义上来看，是指因为不履行或不恰当履行监督义务而导致法益侵害结果的出现时所应承担的责任。但是对于"监督"二字的理解不同而存在广狭之分。广义的监督过失包括管理过失和狭义的监督过失，我国学者多采取这种广狭概念之分的立场，如张明楷认为"如果监督者不履行或者不正确履行自己的监督或者管理义务，导致被监督者产生过失行为引起了结果，或者由于没有确立安全管理体制，而导致结果发生，监

---

〔1〕　参见刘军：《预防性法律制度的理论阐释与体系构建》，载《法学论坛》2021 年第 6 期。

〔2〕　参见廖正豪：《过失犯论》，三民书局 1993 年版，第 226 页。

〔3〕　彭凤莲：《监督过失责任论》，载《法学家》2004 年第 6 期。

督者主观上对该结果就具有监督过失。"〔1〕即监督过失又分为狭义的监督过失和管理过失，在狭义的监督过失中存在着被监督者的过失行为，即，"监督者有义务防止被监督者产生过失行为，却没有履行这种义务（如没有对被监督者作出任何指示，或者作出了不合理的指示），导致了结果发生。"〔2〕当然，也存在将监督过失和管理过失并列的观点，认为管理过失与监督过失存在质的差别，不应混为一谈。〔3〕申言之，监督过失与管理过失是互斥的关系，而不是广狭的关系，或者说监督过失不能包括管理过失。再如日本大谷实教授认为，监督过失是指违反使直接行为人"不要犯过失的监督注意义务的过失"，而管理过失是指"管理者自身对物力、人力设备、机械、人员体制等管理上有不善而构成过失的情况。"〔4〕依之，管理过失其实是一种直接过失，只不过是发生在管理层面上的过失，是对管理者治下的物、设备、体制、制度等不发生致害或者损失的保证义务的违背，实行行为是管理中的过失危险行为，法益侵害的结果是管理者自身的过失所直接导致的。虽然管理过失中，发生法益侵害的结果通常也会介入其他因素，比如暴雨、雷电、山火等自然因素，抑或介入了不构成刑事关系的人的行为，当然这种场合也可以存在过失竞合关系，但是这些介入因素并不阻断管理过失与损害结果之间的因果关系，亦即管理过失与损害结果之间存在直接的因果关系。

（二）监督过失责任的概念重构

从以上分析中可以看出监督过失与管理过失的差异还是比较明显的，尤其是在是否存在"中间项"的其他过失以及过失竞合关系等问题上存在显著差异。管理过失实质上并不存在真正的"中间项"，即使存在过失竞合关系，由于其本身也是直接过失，所以相当于共同过失加害的过失竞合，对各行为人按照各自的犯罪成立条件追究违反注意义务的责任。而就监督过失责任而言其理论上的重要性在于，被监督者的过失危险行为以及所导致的损害后果，作为监督者而言应当预见到并采取措施予以避免，除非基于合理信赖而不负

---

〔1〕 张明楷：《刑法学》（第4版），法律出版社2011年版，第271页。
〔2〕 张明楷：《刑法学》（第4版），法律出版社2011年版，第272页。
〔3〕 参见［日］西田典之：《日本刑法总论》，刘明祥、王昭武译，中国人民大学出版社2007年版，第226页。
〔4〕 ［日］大谷实：《刑法总论》，黎宏译，法律出版社2003年版，第156页。

过失责任。之所以在监督过失和管理过失之上还有一个广义的监督过失的概念，端在于这两种过失都是基于社会组织体活动而产生的过失危险行为，[1]都是有作为义务而怠于履行，而且通过加强社会组织体尤其是生产经营单位内部的监督与管理关系，能够有效预防此种过失危险行为。我国的"监督"二字本身就有领导、指挥、督促、协调和管理之意。在古代汉语中，"監，臨下也。从臥，衉省聲。古銜切。瞥，古文監从言。"[2]"督，察也。一曰目痛也。从目叔聲。冬毒切。"[3]现代汉语中所说的"监"和"督"仍然保留了古代文字中的应有的涵义，监是指"从旁察看、监视"[4]，督就是"督促指挥"[5]。因此，所谓的"监督"是指"察看并督促"[6]。在较为宽泛的意义上，管理也是一种监督，是一种制度化的监督，管理是监督的一种方式。当然，管理还可以包括对于物的管理，而监督则通常是对人的监督。无论是监督还是管理，说明了监督者或管理者在组织内部或者社会体系中的领导地位，申言之，无论是监督过失还是管理过失其实都是在探索处于领导地位的监督者或者管理者的刑事责任追究问题。也正是在这个意义上，有学者认为监督责任实质上就是领导责任问题。[7]奥地利学者弗雷德蒙德·马利克（Fredmund Malik）曾经对"管理"和"领导"做了简单梳理，认为二者含义完全相同，Manager 和 Führungskraft，或者 Manager 和 Führer 都是管理者或者领导者之意，德语中的 Führerung 也可以与 Management 互译。[8]"管理就是把

---

〔1〕　实践中还存在另外一种过失，是基于一定的社会地位，如监护地位，而出现的具有保护被害人权益的作为义务，但是不作为而导致的监督过失。如在交通肇事中，父亲不履行救助孩子的义务而导致孩子死亡的结果。但是这种所谓的"监督过失"其实是民法意义上的"监护"过失，按照不真正的不作为犯理论就足以解决，无需再生搬硬套具有公法意义的"监督过失"来追究其刑事责任。

〔2〕　（汉）许慎：《说文解字》（卷八，臥部），中华书局 1963 年版，第 170 页。

〔3〕　（汉）许慎：《说文解字》（卷四，目部），中华书局 1963 年版，第 72 页。

〔4〕　参见中国社会科学院语言研究所词典编辑室编：《现代汉语词典》（第 5 版），商务印书馆 2005 年版，第 662 页。

〔5〕　参见中国社会科学院语言研究所词典编辑室编：《现代汉语词典》（第 5 版），商务印书馆 2005 年版，第 333 页。

〔6〕　参见中国社会科学院语言研究所词典编辑室编：《现代汉语词典》（第 5 版），商务印书馆 2005 年版，第 663 页。

〔7〕　参见胡鹰：《过失犯罪研究》，中国政法大学出版社 1995 年版，第 253 页。

〔8〕　参见［奥］弗雷德蒙德·马利克：《管理：技艺之精髓》，刘斌译，机械工业出版社 2018 年版，第 19 页。

'控制'植入系统中，并使系统始终处于'控制'之下。"〔1〕因此，社会组织中的管理者通过组织、领导、控制、协调、计划实施和检查监督等职能来协调组织活动以实现既定目标的过程就是管理。管理过程必然伴随着组织、指挥、监督和检查，因此广义的监督过失当然可以包括管理过失，其实质是基于其在社会组织体系中的地位和关系而承担的积极作为义务和领导责任。

因此，广义的监督过失包括狭义的监督过失和管理过失。这两种监督过失都是组织体内部的，也可以称之为"领导责任"，而过失竞合中的其他过失或者说一般过失承担的则是直接责任。在这个意义上，广义的监督过失责任仍然有其存在的理由。从上文中提到的重大责任事故罪的犯罪主体来看，对生产、作业负有组织、指挥或者管理职责的负责人、管理人员、实际控制人、投资人等人员承担的是广义的监督过失责任，包括监督过失和管理过失，而直接从事生产、作业的人员则是承担直接责任。张明楷采广义的监督过失概念，"如果监督者不履行或不正确履行自己的监督义务，导致被监督者产生过失行为，引起了危害结果发生，或者由于没有确立安全管理体制，而导致危害结果发生时，监督者主观上对该危害结果就具有监督过失。简单地说，监督过失就是监督者违反监督与管理义务的一种过失心理状态"〔2〕。二者的区别在于：管理过失是一种独立的过失，即使存在其他直接过失也只能是并存的过失竞合；而狭义的监督过失则是一种叠加的过失，与其他过失共同导致了损害结果的发生。从过失竞合形态上来看前者是并联的关系而后者是串联的关系。

以上多讨论的还仅是组织体尤其是生产经营单位内部的监督过失责任（广义的），随着社会化分工越来越细化，面对的公共安全风险日益递增，出于维护公共法益的需要，专门的安全生产监管机构对于安全生产的监督管理之重要性日益突出。只有加强安全生产监管执法，从外部监督与监管机制上防止和减少生产安全事故，最大限度地保障人民群众生命和财产安全。但问题是安监执法机构内部其实也可能存在监督和管理上的过失，对于发生的重特大安全生产责任事故负有直接的管理过失责任或者间接的监督过失责任。这是最广义的监督过失责任的概念，包括了广义的监督过失责任以及国家机

---

〔1〕 ［奥］弗雷德蒙德·马利克：《管理：技艺之精髓》，刘斌译，机械工业出版社 2018 年版，第 25~26 页。

〔2〕 张明楷：《监督过失探讨》，载《中南政法学院学报》1992 年第 3 期。

关工作人员的渎职行为所应承担的监督过失责任：前者是组织体内部的领导责任，属于业务过失责任；后者则属于职务过失，其作为义务和内容来源于公权力职务的要求，所涉嫌的罪名包括玩忽职守罪以及环境监管失职罪，食品、药品监管失职罪，传染病防治失职罪等特别条款规定的由于监督过失而引起的犯罪。当然，这里的监督过失仅包括怠于行使安全监督管理职责，致使公共财产、国家和人民利益遭受重大损失的情形；如果是安全监管部门内部的管理过失或者监督过失，造成其单位本身出现的劳动安全事故或者危害公共安全事件，则属于广义的监督过失。

由此，监督过失因为概念的广狭不同，可以分为最广义、广义和狭义的监督过失，广义的监督过失包括狭义的监督过失和管理过失，而最广义的监督过失则又包括了执法监督管理机构在监督管理过程中出现的过失，亦可称之为监管过失。基于监督过失而承担的刑事责任就是监督过失责任。无论哪种监督过失，其核心涵义是，基于社会生活中特殊的社会关系或社会地位，负有监督或者管理义务保证他人不因过失造成法益侵害的积极作为义务，当没有履行这种监督或管理义务并造成法益侵害之结果时就成立监督过失，需要承担监督过失责任。

三、监督过失责任的实践考察与类型分析

（一）监督过失责任的实践考察

最广义的监督过失可以包括狭义的监督过失、管理过失和监管过失三种类型。这不仅是一种事实更是一种价值，有利于监督过失责任的统一构建，有利于形成统一的违法性意识，并与我国司法实践以及与预防主义法律制度的构建相契合。

前文提到的山东省人民政府关于烟台招远曹家洼金矿"2·17"安全生产责任事故和山东五彩龙投资有限公司栖霞市栖霞笏山金矿"1·10"重大爆炸事故调查报告的批复中，已经明确区分了领导责任和直接责任，直接责任就是一般过失责任，而领导责任则是监督过失责任和管理过失责任。在笏山金矿"1·10"重大爆炸事故调查报告中还区分了"主要领导责任"（未按规定及时上报事故）和"重要领导责任"（对于事故发生），依据其职责范围和不作为的严重性程度、损害结果大小以及与损害结果之间的因果联系强弱等，

领导责任也存在大小之分。当然，在司法实践中领导责任还可以继续细分为监督过失责任和管理过失责任，并按照各自的实行行为性质、违法性大小和有责性大小进行罪责大小的评估，以便匹配相应的刑罚。虽然存在监督过失和管理过失，但如果不构成犯罪或者不需要刑事处罚的，则可以单独科以党纪处分或政务处分。如此，则可以构筑"刑行一体""纪法贯通"的监督过失责任体系，并形成统一的违法性意识，全方位遏制涉公共安全风险。

这是一种体系性构建监督过失责任的有益尝试，并与我国社会主义法治和司法实践相契合。虽然监督过失责任理论自 20 世纪 30 年代便出现，然而，在我国，监督过失理论的研究还很不充分，需要讨论的问题还有很多，在具体案例的分析中具有应用还有待加强。这种现状近来也得到了较大改观，不断有运用监督过失理论进行司法裁判的案例出现，有案件的裁判文书说理已经非常透彻，在过失论的基础上能够更加娴熟地运用监督过失责任理论，更重要的是出现了前文所提到的以监督过失责任理论对监管责任进行司法认定的案例。2021 年 6 月 20 日，在中国裁判文书网以"全文检索"为检索项、"监督过失"为检索词，案件类型为"刑事案件"，共计检索到 13 篇裁判文书（其中王良玩忽职守案一审和二审两例裁判文书）。（参见下表 1）

表 1　监督过失裁判文书列表

序号	裁判文书	案由	文书号	审级	文书种类	裁判结论	过失种类
1	王某玩忽职守罪再审查与审判监督刑事通知书	玩忽职守	（2020）内 08 刑申 16 号	内蒙古自治区巴彦淖尔市中级人民法院	驳回申诉通知书	驳回申诉	监管过失
2	陈刚、雷蛮修重大责任事故罪二审刑事裁定书	重大责任事故	（2019）川 01 刑终 661 号	四川省成都市中级人民法院	刑事裁定书	驳回抗诉、维持原判	信赖原则
3	姜法誉玩忽职守罪驳回申诉通知书	玩忽职守	（2019）吉 76 刑申 4 号	吉林省长春林区中级法院	驳回申诉通知书	申诉理由不能成立	监管过失

续表

序号	裁判文书	案由	文书号	审级	文书种类	裁判结论	过失种类
4	关静国有公司、企业、事业单位人员失职罪一审刑事判决书	国有公司、企业、事业单位人员失职	（2019）新 0104 刑初 465 号	新疆维吾尔自治区乌鲁木齐市新市区人民法院	刑事判决书	定罪免刑	监督过失
5	王良玩忽职守罪二审刑事裁定书	玩忽职守	（2018）琼 01 刑终 540 号	海南省海口市中级人民法院	刑事裁定书	驳回抗诉，维持原判	监管过失
6	徐春冬失火一审刑事判决书	失火	（2018）京 0105 刑初 1553 号	北京市朝阳区人民法院	刑事判决书	失火罪，判处有期徒刑 3 年	管理过失
7	赵某甲和赵某某丈夫玩忽职守罪一审刑事判决书	玩忽职守	（2017）甘 0102 刑初 972 号	甘肃省兰州市城关区人民法院	刑事判决书	定罪免刑	监管过失
8	王良玩忽职守罪一审刑事判决书	玩忽职守	（2017）琼 0105 刑初 521 号	海南省海口市秀英区人民法院	刑事判决书	无罪	监管过失
9	被告人苗某某、张某某犯玩忽职守罪一审刑事判决书	玩忽职守	（2017）陕 0803 刑初 147 号	陕西省榆林市横山区人民法院	刑事判决书	定罪免刑	监管过失
10	刘明、王斌玩忽职守一审刑事判决书	玩忽职守	（2017）冀 0683 刑初 2 号	河北省安国市人民法院	刑事判决书	定罪免刑刑事处罚	监管过失
11	被告人韩永跃玩忽职守一案一审判决书	玩忽职守	（2016）晋 1023 刑初 157 号	山西省襄汾县人民法院	刑事判决书	定罪免刑	监管过失

续表

序号	裁判文书	案由	文书号	审级	文书种类	裁判结论	过失种类
12	姚弼森、杨长周受贿、玩忽职守二审刑事裁定书	受贿、玩忽职守	(2016)桂10刑终408号	广西壮族自治区百色市中级人民法院	刑事裁定书	驳回抗诉、上诉，维持原判〔1〕	监管过失
13	李某1、杨某等与李锦群李某群重大劳动安全事故二审刑事附带民事裁定书	重大劳动安全事故罪	(2013)惠中法刑一终字第72号	广东省惠州市中级人民法院	刑事附带民事裁定书	驳回上诉，维持原判	管理过失

其中，判决书7例、裁定书4例、通知书2例。分布地区分别为北京市、河北省、山西省、内蒙古自治区、吉林省、广东省、广西壮族自治区、四川省、陕西省、甘肃省、新疆维吾尔自治区各1例，海南省2例。裁判文书年份2020年1例、2019年3例、2018年2例、2017年4例、2016年2例、2013年1例，自2013年开始出现"监督过失"相关案例，并有逐年增加的趋势。所搜集到的裁判文书中，案由分别为：玩忽职守9例，重大责任事故1例，重大劳动安全事故1例，国有公司、企业、事业单位人员失职1例、失火1例。其中定罪免刑的裁判文书5例，无罪的裁判文书2例（王良案一审和二审），驳回申诉2例，驳回抗诉3例（其中，王良案驳回抗诉裁判无罪1例），驳回上诉1例，有期徒刑3年1例（徐春冬失火案）。

以上述方法所检索到的最早的裁判文书是2013年11月6日广东省惠州市中级人民法院作出的刑事附带民事裁定书，〔2〕当然这并不代表之前没有运用监督过失理论进行裁判的案例，只是由于中国裁判文书网所收录的裁判文书

---

〔1〕 本案裁判结论为杨长周不构成玩忽职守罪，但是构成受贿罪。

〔2〕 参见广东省惠州市中级人民法院《李某1、杨某等与李锦群李某群重大劳动安全事故二审刑事附带民事裁定书》(2013)惠中法刑一终字第72号。

本身所限，[1]在数据采集上肯定存在一定的局限性，因为存在符合法定情形的不在互联网公布的案例[2]。如克拉玛依市大火案、三鹿奶粉有毒有害食品案、湖南省浏阳市碧溪烟花制造有限公司"12·4"重大事故案、上海外滩"12·31"踩踏事件、河南郑州高某教育设施重大安全事故案等都存在监督过失问题，也都追究了相关领导的监督过失责任，但是并没有被收录到裁判文书网。因此，没有被中国裁判文书网收录的裁判文书并没有出现在此次的检索范围之内，但即便如此，也可以通过以上数据尤其是典型案例分析，对于监督过失责任理论在我国司法实践中的应用管中窥豹。在以上文检索方式搜集到的 13 个案例中以玩忽职守为案由的有 9 例，均为本书所界定的监管过失，其中定罪免刑的 4 例，无罪的 3 个案例中（王良案一审、二审和驳回抗诉），构成犯罪驳回申诉的 2 例。另 13 个案例中有管理过失案例 2 例，监督过失 1 例，适用信赖原则并排除监督过失和管理过失 1 例。易言之，在我国司法实践中运用监督过失责任理论进行论证的司法案例包括了监督过失、管理过失和监管过失三种情形。因此，我国司法实践采取的是最广义的监督过失概念，并依照监督过失责任理论对相关被告人是否构成犯罪进行了充分论证，从而得以依据刑法定罪处刑。从上述分析中还可以看出，监管过失在监督过失（广义的）中所占的比例较大，虽然其中定罪免刑的有 4 例，这仍说明监管过失是影响公共安全的重要因素和环节，如果安监执法机关能够积极履行职责强化监督管理，至少不出现监督过失的情形，则能够大幅度地减少公共安全事件的发生。

（二）监督过失责任的类型分析

监督过失责任因为介入了"中间项"的其他因素尤其是过失行为，因此存在着监督过失（最广义的）的案件通常都会出现过失竞合[3]，亦即存在

---

〔1〕 2013 年 7 月 1 日《最高人民法院裁判文书上网公布暂行办法》正式实施，同日中国裁判文书网开通，集中公布了第一批 50 个生效裁判文书。2014 年 1 月 1 日《最高人民法院关于人民法院在互联网公布裁判文书的规定》（法释〔2013〕26 号）正式实施。该司法解释明确规定，最高法在互联网设立中国裁判文书网，统一公布各级人民法院的生效裁判书；中西部地区基层人民法院在互联网公布裁判文书的时间进度由高级人民法院决定，并报最高人民法院备案。

〔2〕 参见《最高人民法院关于人民法院在互联网公布裁判文书的规定》（法释〔2016〕19 号）第 4 条，该司法解释自 2016 年 10 月 1 日起施行。

〔3〕 虽然监管过失存在着介入故意犯罪的情形，监督者仍然有可能被追究监督过失责任，如环境监管失职罪中的被监管人有可能存在故意犯罪的情形，则单独追究监管过失责任，类比并行竞合中纵的竞合。

多个过失行为最终导致结果的发生，这是监督过失的重要特征。从理论上对于过失竞合可以做很多的分类[1]：一是可以区分为对向竞合（加害者与被加害者过失竞合）与并行竞合（共同加害者之间的过失竞合）。前者最典型的就是交通肇事罪中犯罪人与被害人都存在过失的场合。监督过失则属于并行竞合，依照过失出现的时间点又可分为纵的竞合（数个过失存在先后顺序）和横的竞合（数个过失同时出现）。二是可以区分为并存的竞合（数个过失对结果有独立加功作用）与重叠的竞合（数个过失有一个不发生则结果就不会出现）。这两种过失竞合类似于电路中的并联和串联，亦可称之为并联竞合与串联竞合。狭义的监督过失属于重叠的竞合，对于过失所导致的结果是一种叠加或累积的效果。如此，狭义的监督过失便具有了独立地位，如果监督者能够恪尽职守履行监督职责，则被监督者也不会出现过失，从而对监督者追究监督过失责任可以有效起到吓阻作用，在将来的预防违反安全管理规定危害公共安全风险中阻断因果链条，防止出现法益侵害的结果。即使是管理过失一定场合下也存在过失竞合，只不过管理过失与其他过失之间是相互独立的竞合关系，申言之，管理过失在过失竞合上属于并行的竞合、并存的竞合或并联的竞合。监管过失如果出现过失竞合会比较复杂，在事实层面上可能同时存在着并存竞合和重叠竞合[2]，但是由于监管过失中犯罪主体的特殊性，其作为义务和职责要求相对更高，通常需要在犯罪构造中给予单独考察，但是在因果关系的判断上仍然需要考虑不作为的行为危险性以及作用力大小，以便恰当评价罪责大小。

在以上列举的这些监督过失案例中，没有被害人涉入刑事案件的对向竞合，都是并行竞合、纵的竞合和重叠的竞合。数个过失加害者共同造成了法益侵害的结果，而且所起到的是一种叠加或者累积的作用。从不同过失发生的时间点上来看存在着先后顺序，而且如果其中的一个过失，尤其是监督过失能够避免的话，法益侵害的结果就不会发生。由此也可以看出，相比较而言更加需要加大力度防止监督过失的出现。在这些裁判文书中，比较典型的

---

[1] 参见廖正豪：《过失犯论》，三民书局1993年版，第232~233页。
[2] 对于监管过失而言，甚至可以包括第三人的故意犯罪，但是也无法打断监管过失的因果链条，这需要根据具体监管部门的公权力性质和具体职责要求进行具体判断。虽然如此，监管过失主要是因为监督者未尽行政执法上的监管义务而导致被监督者过失犯罪的情形。

是"徐春冬失火一审刑事判决书"〔1〕"王良玩忽职守罪一审刑事判决书"〔2〕"王良玩忽职守罪二审刑事裁定书"〔3〕。前者是管理过失责任，后者是狭义的监督过失责任；前者被告人被判处有期徒刑 3 年，后者则是无罪判决和维持原判的二审裁定；前者是运用传统的过失理论进行阐释，后者则采取了客观归责理论进行说理论证。

应当说，监督过失责任理论已经在我国司法实践中获得了具体应用，并将监管过失纳入到最广义的监督过失里面，发展出了适应于我国社会实践的更具包容性的监督过失责任理论。但是监督过失毕竟不同于一般过失，尤其是在构成要件的判断上存在较大差异，注意义务的范围和刑法边界等都是未能完全解决的问题。另外，如何通过理论构建发挥监督过失责任在预防犯罪方面的作用，也是本书需要重点考虑的问题。

四、监督过失责任的犯罪构造与责任体系

（一）监督过失责任的犯罪构造

监督过失的概念范围存在一定的争论。监督过失最初的涵义中并没有监管过失，而且日本学者也大多严格区分狭义的监督过失和管理过失。在日本，自 2002 年日本东京地方法院对于厚生省生物制剂课课长松村明仁作出其应对"药害艾滋病事件"负业务过失致死罪的刑事责任的判决之后，学界对于公务员职务上的监督过失责任的研究也逐渐展开。〔4〕但是对于监管过失是否归属于监督过失仍是未决的问题。在德国，并没有专门开展监督过失责任研究，而是在不作为的范围内论证可能出现的监督过失行为，尤其强调其法益保护义务，如"因为与特别的义务范围连接的公务员地位或者作为法人机构"。〔5〕当然公务员义务在何种程度上同时构成保证人义务，是个亟待研究的问题。

---

〔1〕　参见北京市朝阳区人民法院《徐春冬失火一审刑事判决书》（2018）京 0105 刑初 1553 号。

〔2〕　参见海南省海口市秀英区人民法院《王良玩忽职守罪一审刑事判决书》（2017）琼 0105 刑初 521 号。

〔3〕　参见海南省海口市中级人民法院《王良玩忽职守罪二审刑事裁定书》（2018）琼 01 刑终 540 号。

〔4〕　参见庄劲主编：《刑法上的危险责任》，中山大学出版社 2018 年版，第 34 页。

〔5〕　参见［德］约翰内斯·韦塞尔斯：《德国刑法总论》，李昌珂译，法律出版社 2008 年版，第 437 页。

其中主要取决于公务人员或者监管机构的职责内容和范围。依之，如果其具有保证人地位，当为、能为而不为时就成立了不作为犯罪，再加上过失心态可以成立过失不作为犯。广义的监督过失在本质上都是过失的不作为犯，亦即监督不作为过失犯。

应当特别指出，监管过失已经越出了社会组织体内部的从属关系，属于国家专门监督管理机关履职过程中出现的过失行为。我国也有学者主张将监督过失限制在企事业单位、团体等组织体内部适用，[1]但是将监管过失归于监督过失，存在巨大的理论优势：监督过失责任的本质在于"监督"，亦即基于特殊的社会关系或社会地位而产生的积极作为义务，由于监督者没有履行监督义务而致使发生严重的公共法益侵害结果，并且如果监督者能够正确履职，则能够显著降低过失危害公共安全类犯罪的发生。因此，无论是何种监督过失都是对于自己在公共利益上所应承担职责或义务的一种懈怠，并导致了不特定多数人财产或者生命健康等安全利益遭受损害。

因此，在监督过失（最广义的）中存在专属的积极作为义务。监督过失属于不作为犯，可以是真正的不作为犯（如业务犯罪），也可以是不真正的不作为犯（如失火罪），但是主观上只能是过失。因此，监督过失是一种过失不作为犯。这一论断的重要意义在于，监督过失犯的成立在构成要件的层面必须既违反作为义务又违反客观的注意义务，而对于作为义务和注意义务的限制则可以有效限制监督过失犯罪的成立范围。在有责性的层面，要求行为人具有预见可能性并违反注意义务是犯罪成立的主观要件和规范要件。详而言之，监督过失责任的犯罪构造重在对于"监督"的理解，重在对于过失不履行监督义务之行为危险性、损害结果以及客观归属问题的界定，概而言之包括以下几个方面[2]。

一是保证人地位和积极作为义务。监督过失的作为义务属于专属性的积极义务，要求行为人必须在合理的限度内依据其社会地位和所处社会关系积极地履行职责和作为义务，保障他人的权利和自由，从而维持社会的正常运作。国家的运作和社会的发展都离不开积极义务的设定，尤其是公职人员。

---

〔1〕 参见彭凤莲：《监督过失责任论》，载《法学家》2004 年第 6 期。
〔2〕 因为篇幅所限，作者将辟专文对监督过失进行刑法教义学分析，结合案例更加详细地解释监督过失的犯罪构造。

当然，积极义务设置过多，则会过多地限制个人自由，但是作为业务主管和公职人员，由于其业务或者职责的要求，必须要积极履行个人职责和义务。积极义务意味着特定义务人在具体社会关系中处于保证人地位，该义务一旦为刑法所确认，则对于义务的违反便可能成立不作为犯罪，在共同犯罪的分类中则属于正犯而非共犯，主观上对于积极义务的履行既可以是故意的也可以是过失的，但是，对于法益侵害的结果只能是过失。在这个层面上，监督过失的特殊性表现在构成要件方面就是双重的开放构成要件，亦即无论是不作为还是过失都是有待法官进行补充的构成要件，都是有待法官予以具体判断和法律化的构成要件。当然，法官在对构成要件进行补充的过程中，基于构筑一体化的防范体系的考虑，可以参考监督者在职责和业务上的义务内容，有助于形成统一的违法性意识，增强规则意识、提高履职自觉、预防犯罪发生。当然，刑法上的构成要件仍然需要单独地予以具体化和法律化。

二是过失不作为与损害结果之间的客观归属。由于监督过失责任涉及复数人的过失行为，因此能否将损害结果归属于该过失的不作为，在刑法理论上也非常具有挑战性。监督过失犯罪的实行行为是具有法益侵害实质危险性的行为，是以不作为的方式违反结果回避义务。在此监督者有两个义务，一个是与保证人地位有关的作为义务，另外一个是与过失有关的结果回避义务，二者既不能混淆也不能相互替代。所以有学者认为"违反客观的注意义务只是过失实行犯的形式特征，在此基础上，还要求具有实质的危险性。"[1]监督过失危险行为还必须对法益造成具体的、现实的和迫切的危险才是实行行为。因此，不作为有可能是长期存在的，但只有对法益具有实质危险性的不作为才是实行行为，也只有实行行为才能在构成要件的层面考虑损害结果的客观归属问题。人们能够禁止的是行为，通过禁止行为而避免无价值的结果，因此只有创设了法所不允许的法益侵害的危险，在这个前提下才能确定是否能够将无价值的结果归诸该创设法不允许的危险的行为。就过失行为而言，"当行为人一开始就没有创设任何在法律上有重要意义的危险时，就完全缺乏那种违反谨慎性了。"[2]基于监督过失责任的特殊属性使然，在构成要件层面，

---

[1]　陈兴良：《论过失的实行行为》，载刘明祥主编：《过失犯研究：以交通过失和医疗过失为中心》，北京大学出版社 2010 年版，第 8 页。

[2]　[德]克劳斯·罗克辛：《德国刑法学总论（第 1 卷）：犯罪原理的基础构造》，王世洲译，法律出版社 2005 年版，第 715 页。

以结果回避义务为中心的过失危险行为的认定，还应当同时考虑不作为犯中的作为义务。不仅是缺乏必要的谨慎，而且具有保证人的地位有义务防止被监管者出现违法行为，才是创设了法所不允许的危险，才是监督过失的实行行为。"人们不能责备行为人没有做什么，而只能责备他创设了一种由不许可的风险所覆盖的和由行为构成的保护目的所包含的危险，因为这个危险在一种行为构成性的结果中实现了自己。"[1]最终是否能够予以客观归责，还需要客观上实现了创设的危险，以及被实现的危险是在构成要件的范围之内，易言之，创设法不允许的危险的行为最终导致了构成要件中规定的损害结果。

三是结果回避义务与结果预见义务。过失犯罪的注意义务依据不同的过失理论会存在较大差别，旧过失论以预见义务为中心，新过失论则强调结果回避义务，而修正的旧过失论则在构成要件的层面要求过失行为的实行行为性，亦即过失行为是对构成要件的结果具有实质危险的行为；在有责性层面则仍然要求具有预见可能性。监督过失也是一种过失，也要求行为应当具有实质的法益侵害的危险性，亦即在注意内容上需要履行结果回避义务。"按照主流的观点，行为的过失性不是单纯的'责任形式'，而是可罚之举止的一个特别的典型情况（besonderer Typus），将不法和责任元素（Unrechts‐und Schuldelemente）包含其中。"[2]过失也存在实行行为，因此需要进行实行行为性判断，换言之，也需要进行客观归责层面的判断。

但是监督过失又是一种特殊的过失，其特殊性还在于，不要求行为人预见到具体的法益侵害的结果，要求只要有"畏惧感"或"不安感"就需要积极作为以查明危险是否真实存在。日本学者认为，"若固执于具体预见可能性的话，则无法处罚企业灾害、公害、药害等事件中有责任的高层领导，由此而展开出畏惧感乃至新新过失论。"[3]"新新过失论"在监督过失的犯罪构造上只是修正了有责性层面的预见义务，监督过失犯罪的成立仍然需要客观上违反结果回避义务。申言之，监督过失犯罪中的行为人虽然对于危害结果的

---

〔1〕［德］克劳斯·罗克辛：《德国刑法学总论（第1卷）：犯罪原理的基础构造》，王世洲译，法律出版社2005年版，第715页。

〔2〕［德］约翰内斯·韦塞尔斯：《德国刑法总论》，李昌珂译，法律出版社2008年版，第389页。

〔3〕［日］甲斐克则：《责任原理与过失犯论》，谢佳君译，中国政法大学出版社2016年版，第82页。

出现具有"畏惧感"或"不安感"，但是并未尽到避免结果的义务，进而发生构成要件的结果，就具有了刑法上的可谴责性，就应当承担监督过失责任。当然，如果可以合理信赖其他人员会采取适当行为的除外，这是对复数过失危险行为的当然解释，也是对监督过失责任的有效限制。

（二）监督过失的责任体系

到此为止，监督过失犯罪构造的基本问题已经厘清，但是规制监督过失行为不能仅仅依靠刑事制裁，还应当更多地考虑非刑罚性处置措施。虽然本书基于这种思路将监督过失区分为狭义的监督过失、管理过失和监管过失，但这仍然是在刑法的范围内的规则结构调整，存在着虽然认定其存在监督过失行为，但是情节显著轻微不认为是犯罪，或者定罪免刑的情形，仅有刑事责任是远远不足的，为了构筑统一的违法性意识、敦促监督者勤谨履职积极作为，预防可能出现的公共安全事件，有必要讨论监督过失的责任体系。

一是监督过失责任追究的限制性。监督过失责任的本质是要追究监督者违反注意义务和积极作为义务而导致法益侵害的行为，本质上是一种"监督不作为过失责任"[1]，"正因为被监督者有过失，才表明监督者没有履行或没有正确履行监督义务"[2]，因此设置监督过失责任的主要目的是追究监督者的刑事责任，并解决在风险社会背景下日益突出的公共安全问题。但是基于监督过失犯罪的特殊性，即使行为已经构成犯罪，但是在责任追究上还应当单独考虑刑罚的必要性。监督过失犯罪的责任追究应当立基于预防主义的立场，只有通过惩罚能够遏制此类犯罪发生时才能追究其刑事责任。

追究监督过失责任仍然是为了更好地预防公共安全风险，如果处于领导、指挥和监督地位的人员能够切实履行监督职责，则能够很好地预防绝大多数的此类犯罪，最大限度地保障人民群众的生命健康和财产安全。虽然通常来说刑法是最有效率的工具，但是刑法未必是严密法网、遏制犯罪的最佳工具。中国传统文化中儒家讲究"出礼入刑""明刑弼教"，虽然"礼"在封建社会后期阻碍了社会进步与发展并背负了许多的骂名，但是"礼"作为社会规则本身在当时社会起到了非常重要的规范作用，更发展出"刑期无刑"的思想，

---

[1]　参见［日］甲斐克则：《责任原理与过失犯论》，谢佳君译，中国政法大学出版社 2016 年版，第 138 页。

[2]　张明楷：《监督过失探讨》，载《中南政法学院学报》1992 年第 3 期。

至今仍然非常具有启发性。追究监督过失责任不能等到犯罪之后再施以刑罚，更不能为了惩罚而惩罚，而更应当注重包括刑罚在内的各种责任追究对于规范意识的警醒，不断强化注意义务和提高作为能力，以更好地适应并自觉履行基于所处的社会地位和社会关系而为我们提出的各种职责、业务和义务要求。

二是监督过失责任追究的多样性。构建一体化的"违法性意识"，警醒规范强化"规则意识"，是最好的公共安全风险预防方式，同时也是代价最低的公共安全风险预防方式。为此需要维持阶梯状的监督过失责任，以多样态的责任追究分阶段扼阻可能出现的监督过失和直接过失行为，正所谓"防微杜渐""忧在未萌"，应当从萌芽状态，甚至未出现征兆之时便开始进行预防，防止不遵守规则的情形不断累加并最终酿成大错。监督过失犯罪都存在积极的作为义务，因此在主观上对于积极的作为义务和自己的不作为是有认识的，只不过对于危害结果的发生是过失，是一种侥幸。阿图尔·考夫曼认为，"有认识的过失是因结果而被构成的故意危险犯"，[1]在该种意义上，监督过失都是有认识的过失，因为如果没有认识，则无法激起反对动机而履行监督职责和义务。由此在监督过失犯罪中，对于规则、程序、职责、业务或义务的违反是故意的，对于他人的过失行为以及造成的损害结果却是过失的。因此预防监督过失犯罪还需要从警醒规范、树立规则意识、自觉履行职责义务开始做起。

为此，需要分门别类地对三种监督过失分别采取不同的措施，概而言之，除了刑罚处罚之外，还应当包括行政处罚、政务处分和纪律处分等。首先是行政处罚。对于行政违法的企事业单位和个人，可以科以行政处罚，吊销安全生产许可证，并纳入失信联合惩戒"黑名单"，作为重点监管对象。如在山东省人民政府《关于烟台招远曹家洼金矿"2·17"较大火灾事故调查报告的批复》[2]中就规定了类似的责任追究，由烟台市人民政府责成烟台市应急管理局按照相关法律法规规定，对招远市曹家洼金矿、温州矿山井巷工程有限

---

〔1〕 转引自［日］甲斐克则：《责任原理与过失犯论》，谢佳君译，中国政法大学出版社2016年版，第101页。

〔2〕 参见山东省人民政府《关于烟台招远曹家洼金矿"2·17"较大火灾事故调查报告的批复》（鲁政字〔2021〕117号），载山东省人民政府网：http://www.shandong.gov.cn/art/2021/7/9/art_107851_113179.html，最后访问日期：2021年7月9日。

公司等事故责任单位及其相关人员违法违规行为作出行政处罚。建议按照有关规定将其纳入安全生产领域失信联合惩戒"黑名单"。由山东省应急管理厅按照相关法律法规规定，暂扣招远市曹家洼金矿安全生产许可证。其次是政务处分和纪律处分。在曹家洼金矿"2·17"火灾事故调查报告的批复中，对于招远市夏甸镇党委原副书记、原镇长原旭东等17人，建议科以纪律处分和政务处分。最后是问责当地政府和部门。责成招远市委、市政府向烟台市委、市政府作出深刻检查；责成烟台市委、市政府向省委、省政府作出深刻检查。责成烟台市政府和省政府有关部门认真吸取事故教训，严格落实调查报告中提出的各项防范和整改措施，切实加强对非煤矿山等行业领域的监管，有效预防较大及以上事故发生，确保安全生产形势稳定。由此可见，监督过失责任的追究不限于刑事责任，还应当配合非刑罚性处置措施〔1〕、行政处罚、政务处分和纪律处分等，构筑综合的监督过失责任体系，有效地遏制公共安全事件的发生。

三是监督过失责任追究的系统性。追究监督过失责任必须以预防为导向，必须发挥各种责任追究方式的综合效能，发挥惩罚机制的系统性优势。"结构决定功能"，不但应当维持监督过失责任的多样性，还应当注重监督过失责任追究形式的优化组合和责任追究的系统性，以最大化规范监督过失行为，实现监督过失责任的预防功能。正如"海恩法则"所揭示出来的重要道理，即，任何重大安全事故都是可以避免和预防的。因此，应当加强监督过失责任追究的系统性，发挥制度间的相互协作和整体优势，超前处置，"防患于未然"。在某种意义上，更多的行政处罚、政务处分和纪律处分，意味着更少的刑事处罚，意味着更多的生命被挽救和更多的财产损失被挽回。

为此，亟需研究前置性的预防性治理体系对公共安全风险予以体系性规制，以监督过失责任为抓手，系统性地推行安全生产预防性治理的构建，建立健全公共安全体系，制定严格的安全生产规程和管理制度，完善安全生产责任制，明确职责、业务和义务范围，明确监督、管理和监管的作为义务和注意义务，前置事故隐患排查治理和监督检查制度、建立事故隐患和安全生产违法行为举报受理和查处制度、建立重大危险源数据库和实时监控制度，

---

〔1〕　依据《刑法》第37条和第37条之一的规定，非刑罚处置措施可以包括训诫、责令具结悔过、赔礼道歉、赔偿损失，由主管部门予以行政处罚或者行政处分，或者职业禁止等。

督促生产经营单位采取有效的防范和监控措施等。

监督过失责任为生活在社会中具有特殊社会地位或者社会关系的人提出了履行积极义务的要求，行为主体必须在其职责、业务和义务范围内主动采取措施防止和排除安全隐患，足够谨慎地防止出现重大公共安全危机，以维持社会机体的正常运转。"任何人都应当对自己的主体性行为负责"，[1]无论是作为还是不作为，以此规范社会交往行为，构建人人负责的规范化社会。

---

〔1〕 刘军：《罪刑均衡的理论基础与动态实现》，法律出版社 2018 年版，第 48 页。

公共安全风险预防对损害结果
归责的影响

　　刑法的核心问题是"归责"（Zurechnung）可能性[1]。通常情况下行为人只对自己的行为承担刑事责任，这是一种刑法通念；例外的情形是，如果负有特定的监督义务而怠于履行，致使第三人行为危及公共安全，则应当承担监督过失责任。监督过失责任实质上是对他人的过失行为所造成的损害结果[2]承担责任，但是损害结果能否以及如何越过第三人的行为而归咎于监督过失行为，以及监督者对于损害结果的认识可能性等问题，则是刑法教义学上的解释难题。对该问题的处理不但会影响司法适用的结果，更会直接影响社会中人的行为模式和样态，并对公共安全风险预防产生重大影响。

一、我国司法裁判中已经出现三种监督过失责任

　　随着工业化和现代化建设的不断深入，我国目前正在进入"高风险社会"时期，各种现实的和潜在的公共安全风险不断涌现，风险的不断累积会引起质变并转化为实害，控制损害结果扩大的难度不断加大，为此应当采取"预

---

　　[1]　德国刑法中的归责（Zurechnung）存在三个层面的含义：一是在行为的层面归责于人，标准是"为人所可能"；二是在客观的不法层面归责于"某种人"，标准是"为某人所可能的"；三是在责任的层面归责于某个具体的人，标准是"具体个人所能"（konkret-individulles Können）。（参见[德]约翰内斯·韦塞尔斯：《德国刑法总论》，李昌珂译，法律出版社2008年版，第105~106页）。我们通常所讲的客观归责（objektive Zurechnung）和主观归责（subjektive Zurechnung）是在第二、三个层面上所讲的归责。

　　[2]　个别情形下对第三人的故意行为也要承担监督过失责任，如监管过失责任就是如此。对此作者将另行撰文阐释。

防原则"（precautionary principle）处理各种公共风险,〔1〕在危险发生之前采取一系列防护性、防范性和预防性措施以避免和减少公共安全风险的发生。一旦发生公共安全事件，则应当迅速采取措施防止损害结果的进一步扩大。无论是控制风险还是防止损害结果的扩大，无疑都需要加大对于监督和管理责任的追究，以便为公共安全风险装上"安全阀"。

我国司法实践中，法院直接采用监督过失理论进行释法说理的裁判文书并不多〔2〕，辩护人运用监督过失理论进行辩护的案例也比较鲜见，一定程度上反映了监督过失理论在我国司法实践中的适用现状。在"中国裁判文书网"以"全文检索"为检索项、"监督过失"为检索词，检索"刑事案由"和"刑事案件"，检索时间截至 2021 年 12 月 31 日，共计检索到 34 篇裁判文书。〔3〕其中重大责任事故罪 13 例、重大劳动安全事故罪有 1 例、国有公司、企业、事业单位人员失职罪 1 例，污染环境罪 1 例、失火罪 2 例、交通肇事罪 2 例、传播淫秽物品罪 1 例、玩忽职守罪 13 例；裁判文书涵盖了狭义的监督过失、管理过失和监管过失等三种监督过失责任类型，其中否定监督过失关系而判决无罪的有 4 例〔4〕，否定监督过失关系但却肯定故意犯罪的有 2 例，分别认定被告人构成传播淫秽物品罪〔5〕和污染环境罪〔6〕。其中狭义的监督过失责任和监管过失责任的司法判决分别占了 44% 和 38% 以上，管理过失责任则仅有 2 例，占总数的 5.9%，其余的则被否定具有监督过失关系。监管过失责任司法裁判文书中，构成犯罪驳回申诉或上诉的 4 例，定罪免刑的 6 例、无罪

〔1〕 See Mark Geistfeld, "Implementing the Precautionary Principle", *Environmental Law Reporter*, No. 11 (November 2001), p. 11326.

〔2〕 中国裁判文书网始建于 2013 年 7 月 1 日，之前的裁判文书并无法通过裁判文书网进行检索，因此，该统计数据仅能反映裁判文书网公布的裁判文书的总体情况。

〔3〕 检索结果为 40 条，剔除重复裁判文书后剩余 34 篇裁判文书，其中王良玩忽职守案一审和二审两篇裁判文书统计为 2 例。

〔4〕 参见广东省珠海市金湾区人民法院《黎宏文交通肇事一审刑事判决书》（2019）粤 0404 刑初 93 号；四川省成都市中级人民法院《陈刚、雷蛮修重大责任事故罪二审刑事裁定书》（2019）川 01 刑终 661 号；海南省海口市秀英区人民法院《王良玩忽职守罪一审刑事判决书》（2017）琼 0105 刑初 521 号；海南省海口市中级人民法院《王良玩忽职守罪二审刑事裁定书》（2018）琼 01 刑终 540 号。

〔5〕 参见广东省珠海市金湾区人民法院《霍某娃、温某义、黄某建、甘某猛犯传播淫秽物品罪一审刑事判决书》（2015）珠金法刑初字第 186 号。

〔6〕 参见浙江省杭州市中级人民法院《杭州月利家居有限公司、钱小明、徐建仁等污染环境罪二审刑事裁定书》（2019）浙 01 刑终 530 号。

的 3 例（王良案一审、二审和驳回抗诉），在以上检索的监督过失刑事裁判文书中认定有罪的有 28 例。

从以上裁判文书来看，无论裁判结果最终是认定有罪、无罪、定罪免刑，还是构成其他犯罪，裁判过程中都会涉及监督过失理论，并以此作为裁判说理的依据。但是监督过失理论本身存在很多的难点和痛点，如监督过失的实行行为性、因果关系以及过失的判断等，如果不能很好地理解监督过失理论并解决这些理论难题，不但在释法说理方面存在欠缺、降低了裁判的可接受性，而且容易导致裁判结果出现扩大化的现象。通过对以上裁判文书逐一进行细致的审视，发现裁判结果基本上是公正的，能够符合刑法正义性的要求，并综合考虑了责任抵偿、预防犯罪、社会复归等刑罚目的，应当说定性准确、量刑适当。不过裁判文书在判决释法说理方面还存在很大的提升空间，尤其是监督过失行为的可归责性方面明显论证不足。当然有的裁判文书还直接使用了客观归责理论进行了论证，如王良玩忽职守罪一审判决书和二审刑事裁定书，应当说释法说理水平很高，裁判文书具有很强的说服力和很高的接受度，体现了法律效果和社会效果的有机统一，但是并没有抓住客观归责理论的"可归责性"这一理论实质，论证过程流于形式和表面的痕迹依然明显。因此，有必要结合具体案例深入细致地探讨监督过失行为的可归责性，以利提高司法裁判说理的水平，不断提高裁判文书的可接受性。

从以上搜集到的 34 篇裁判文书中，分别撷取了三种监督过失的典型案例，并简单列举争论焦点，以便对监督过失责任司法适用中的归责难题管中窥豹，在解析归责路径的基础上再进行具体的归责分析。

【案例一：狭义的监督过失责任】 被告人马世权为某某有限公司车间主任、曾庆涛为班组长。2018 年 10 月 1 日公司一生产车间进行停机清洗作业，马世权当时未做详细的安排。当日 16 时 30 分许，赵某在清洗容积槽时触碰到容积槽感应器，设备自动运转将其左腿绞入容积槽，经抢救无效死亡。经查赵某系第一次从事清洗容积槽的工作，二位被告人并未就如何清洗容积槽给赵某等人培训过，之前所做岗前培训也都非常简单。清洗容积槽前，曾庆涛没有按照安全规范进行安全检查，未将设备的总电源断掉，因被马世权安排做其他工作而未在现场监护，没有严格按操作规程安排设备清洗。马世权例行检查时，未过问是否停电，未过问工作人员是如何安排的。[1]

曾庆涛在生产作业中违反安全管理规定，未能恰当履行监督职责，导致1人死亡的重大伤亡事故发生，构成重大责任事故罪，这个结论并未引起过多争论。但是马世权是否也构成重大责任事故罪，则存在辩诉交锋。虽然曾庆涛和马世权都符合重大责任事故罪犯罪主体的要求，[2]但是曾庆涛承担刑事责任的原因是其存在监督和管理过失，而马世权则是更高一层级的监督者，其监督过失行为的可归责性存在很多疑问。一个非常重要的难题摆在面前：监督过失责任究竟需要追究到哪一个层级才是恰当的，具体判断标准是什么？这些都是理论上亟待解决的问题。

【案例二：管理过失责任】 被告人徐春冬于2010年至2017年12月间，将位于北京市朝阳区某地自建三层房屋对外群租。其间，疏于对租户赵某安全用电的监督，放任赵某长期在楼道内私拉电线给电动自行车充电。2017年12月13日1时许，赵某像往常一样给电动自行车充电，结果电瓶发生电气故障引发重大火灾，造成邓某某等其他租户7人死亡、2人轻伤、2人轻微伤。[3]

该案的争论焦点包括：被告人徐春冬是否应当对租户赵某的过失行为负责，徐春冬是否存在管理上的过失，其过失行为与失火结果之间是否具有因果关系，主观上是否存在具有刑法意义的过失，曾经进行过安全提示是否意味着已经尽到监管管理义务而免责等问题。

【案例三：公务人员监管过失责任】 被告人王良系某某区城市管理行政执法局城管中队巡控组副组长，主要负责违法建筑巡查防控和制止查处等工作。2016年12月，个体户李某某、蔡某某未向行政主管部门办理报建，私自在某租赁土地上修建一层简易钢结构仓库，面积达1000平方米左右。2017年1月10日被告人王良在带队例行巡查过程中发现涉案违章建筑，当即现场发出

---

〔1〕 参见新疆维吾尔自治区昌吉回族自治州中级人民法院《新疆维吾尔自治区昌吉市人民检察院与马世权、曾庆涛重大责任事故罪二审刑事裁定书》（2021）新23刑终40号。

〔2〕 参见最高人民法院、最高人民检察院《关于办理危害生产安全刑事案件适用法律若干问题的解释》（法释〔2015〕22号）第1条规定："刑法第一百三十四条第一款规定的犯罪主体，包括对生产、作业负有组织、指挥或者管理职责的负责人、管理人员、实际控制人、投资人等人员，以及直接从事生产、作业的人员。"该司法解释自2015年12月16日起施行。

〔3〕 参见北京市朝阳区人民法院《徐春冬失火一审刑事判决书》（2018）京0105刑初1553号。

《责令停止违法行为通知书》和《责令限期改正通知书》，并于当天报告给中队指导员何某某，但是没有采取暂扣施工工具等措施，也未将违法建筑情况在系统中填录上报。1月11日和13日何某某两次带队到现场查看，均未采取其他措施。13日城管中队制定了《某镇政府关于拆除2宗违法建筑的行动方案》。15日晚上9点钟左右，涉案仓库在浇灌顶层混凝土时发生坍塌造成重大事故，2名工人死亡、2名工人受伤。[1]

　　该案的争论焦点集中在以下几个方面：王良是否存在监管过失的实行行为，与出现的重大责任事故危害结果是否存在因果关系，重大事故损害结果能否归责于王良的监管过失行为等问题。

　　【案例四：监督过失责任中的信赖原则】被告人雷蛮修与他人约定，购买红叶石楠并负责装上货车后交付买主。2018年6月25日16时许，被告人雷蛮修和其雇佣操作吊车的被告人陈刚到达作业现场，准备吊装红叶石楠上货车。买主认为工人装车不专业，便打电话雇佣李某和受害人罗某过来装树木。18时30分许，被告人陈刚操作吊车，罗某与李某协助装货，结果吊车车臂与高压线接触，导致正接触吊车吊钩的罗某触电，经抢救无效死亡。案发后，被告人陈刚取得罗某家属谅解，达成赔偿协议并支付赔偿款。[2]

　　该案的争论焦点包括：被告人雷蛮修是否构成重大责任事故罪或者过失致人死亡罪，监督过失责任的成立范围有多大，能否以信赖原则排除监督过失行为的可归责性？

　　从以上展示的四个案例可以看出，监督过失责任在司法适用过程中的争论焦点集中在监督过失行为的"可归责性"上，包括：监督过失行为的事实因果关系、客观归责和主观归责可能性等三个主要方面。这三个层面不但相互联系、层层递进，而且每个层面都存在着样态各异的归责难题。

二、传统刑法理论难以解决监督过失的归责难题

　　为什么在追究了直接责任人员的刑事责任之外，还要追究监督管理者的

---

　　[1]　参见海南省海口市中级人民法院《王良玩忽职守罪二审刑事裁定书》（2018）琼01刑终540号。

　　[2]　参见四川省成都市中级人民法院《陈刚、雷蛮修重大责任事故罪二审刑事裁定书》（2019）川01刑终661号。

责任呢？现代性自带风险基因，安全问题内嵌于工业化与现代化进程中而无法被祛除，人们被迫生活在"高风险社会"并成为"安全风险共同体"中的一员，在享受科技进步与社会发展所带来的各种便利和巨大利益的同时，也不得不直面各种公共安全风险。[1]"安全风险共同体"的提出意味着人们无法在其中独善其身，无论是为了个体还是为了集体，共同体的每一位成员都需要承担更多的注意义务和作为义务，以抵御所共同面对的安全风险。如果仅仅追究直接过失人的刑事责任，却任由监督者逍遥法外，不但在刑法理念上是不正义的和不公正的，而且也无法切实起到预防公共安全风险的作用。因此，应当加强公共安全犯罪的源头治理，以监督过失责任作为抓手，撬动公共安全犯罪的预防性治理，强调积极作为义务、警醒规范意识、促进形成统一的违法性意识，以有效遏制公共安全犯罪的高发态势。

所谓的监督过失责任，是指负有监督、管理和监管职责的行为人不履行或不恰当履行监督管理义务，而导致第三人过失侵害法益时所应承担的责任。最广义的监督过失，可以包括狭义的监督过失、管理过失和公务人员监管过失三种类型[2]。监督过失理论能够很好地解决在诸如安全生产、重大火灾、食品药品、环境污染、公共卫生、传染病防治以及医疗事故等公害类犯罪中处于领导、管理和监督地位者的过失责任问题，尤指组织体特别是生产经营单位内部的监督过失责任。无论何种类型的监督过失，在存在积极的作为义务、作为"中间项"的第三人过失[3]以及监督过失与直接过失存在过失竞合方面都是共通的，只不过狭义的监督过失和监管过失是叠加的过失竞合，而绝大多数管理过失则是并行的过失竞合。当然对于公务人员监管过失而言，还存在着介入故意犯罪的情形，监督者仍然有可能被追究监督过失责任，如环境监管失职罪中的被监管人有可能是故意犯罪，但是监管者却可能因为未尽到环境监管职责而承担监管过失责任，这种情形类比并行竞合中"纵的竞合"。而且，三种监督过失责任在司法实践中面临着同样的法教义学难题，集中体现在对于监督过失实行行为性的判断、过失不作为与损害结果之间的客

---

[1] 参见刘军：《预防性法律制度的理论阐释与体系构建》，载《法学论坛》2021年第6期。

[2] 参见刘军：《监督过失责任：公共安全事故预防的一种特殊指向》，载《政法论丛》2021年第5期。

[3] 通常情况下管理过失介入的"中间项"包括自然事件，如风、雨、雷、电等自然力，或者介入了人为事件只不过无法评价为刑法上的行为，但是实践中也有介入了第三人的过失行为的情形。

观归属、注意义务的界定以及预见可能性的司法认定等问题上，或者说，集中体现在监督过失的客观归责（或者客观归属）[1]与主观归责的判断两个层面。

传统的过失犯罪理论和因果关系理论在解决监督过失责任方面都捉襟见肘，理论上存在主客观割裂、说服力不足、体系难以自洽、理论难以自足等诸多问题，但归根结底还是存在难以归责的问题。详而言之，主要表现在以下几个方面。

一是监督过失行为的实行行为性判断困难。传统的过失犯罪理论，包括目的行为论在解释过失犯罪方面存在着重大缺陷和遭受持续的批评，端在于很难从主观方面对于过失犯罪的实行行为性进行界定，过度依赖对于预见可能性或者结果避免可能性的解释，常常会出现过失犯罪处罚扩大化问题。过失行为在本质上也必须是具有法益侵害或者危险的行为，至少要具有法益侵害的可能性，否则在行为的层面就将被排除构成要件符合性。"违反客观的注意义务只是过失实行行为的形式特征，在此基础上，还要求具有实质的危险性"[2]，申言之，对于监督过失行为也需要具有实行行为性，也必须是对法益造成具体的、现实的和迫切的危险的行为才是实行行为。但是相比较一般过失行为而言，监督过失行为距离法益侵害的结果更远，其实行行为性的判断更加困难。

二是双重开放的构成要件需要进行补充。监督过失犯罪不仅仅是过失犯罪，还是不作为犯罪。监督过失的作为义务在性质上属于专属性的积极义务，行为人必须在合理限度内依据其社会地位和所处社会关系积极履行职责、承担作为义务，防止法益侵害结果的发生，以维持社会构造的正常运作。而无论是不作为还是过失都是开放的构成要件，其作为义务和注意义务都需要由法官进行补充并进行具体判断。就不作为义务而言，其主要根据在于行为人的特殊身份或者特殊地位，以及由此而产生的依据社会伦理规范或者职业规

---

[1]　我国刑法语境下"归责"是指法律责任的归结，是客观归责与主观归责确定构成犯罪之后的"罪责"或者广义"责任"的归结，存在一定程度的特指；即使狭义上的归责也仅指主观归责。因此，个人比较主张将"objektive Zurechnung"翻译成"客观归咎"或者"客观归属"，以便与责任层面的"主观归责"进行区分。当然，在能够对二者进行区分的前提下，只是语言的具体使用，客观归责的概念也未尝不可。

[2]　陈兴良：《论过失的实行行为》，载刘明祥主编：《过失犯研究：以交通过失和医疗过失为中心》，北京大学出版社2010年版，第91页。

范而对他人产生的监督义务。就注意义务而言，直接过失犯罪中的注意义务是行为人自己遵守安全管理规范的义务，但是，监督过失的注意义务却是防止他人出现过失行为，二者在注意义务内容上存在很大的差异。因此，监督过失的构成要件需要对不作为义务和注意义务进行补充，双重开放的构成要件本身就是归责过程中的一大挑战。而且监督过失是一种不够谨慎的不作为犯，但是对于注意义务的补充解释，监督过失仿佛演变成为要求遵守谨慎义务的作为犯了。真若如此，监督过失犯罪的成立条件将在很大程度上被改写。

三是监督过失行为与损害结果之间的因果关系难以判断。监督过失责任涉及复数人的过失行为，常常存在着作为"中间项"的第三人过失行为，因此监督过失行为与损害结果之间的因果关系不但要查看是否存在"条件关系"，而且要看能否以及如何将损害结果归属于该过失不作为行为，这对于完善刑法教义学理论具有非常重要的意义和价值。如果不能将损害结果归属于监督过失行为，即便监督过失行为具有法益侵害的危险，但是囿于当前过失犯罪都是结果犯的教义学规则，监督过失行为也无法构成犯罪。传统刑法理论因果关系通常采用"条件说"＋"相当因果关系说"，但是由于"相当因果关系说"本身所具有的模糊性，加之监督过失行为所具有的双重开放特性，以及监督过失行为对于损害结果引起的间接性，导致刑法意义上的因果关系标准模糊和界限不清，司法实践中难以给出明确判断。

四是预见可能性的判断存在模糊性。监督过失虽然特殊但也是过失，要成立监督过失不但要求行为在构成要件层面具有实质的法益侵害的危险性，而且要求在责任层面应当具有预见可能性。同时监督过失又是一种特殊的过失，不要求行为人预见到具体的法益侵害结果，只要求具有"畏惧感"或"不安感"即能满足预见可能性的条件，因为"若固执于具体预见可能性的话，则无法处罚企业灾害、公害、药害等事件中有责任的高层领导，由此而展开了畏惧感说乃至新新过失论。"[1]在一定程度上"新新过失论"缓解了监督过失责任在法教义学中的紧张关系，但是"新新过失论"中的"畏惧感"或"不安感"极为含糊，究竟具有何种程度的危险意识才是有畏惧感难

---

〔1〕 ［日］甲斐克则：《责任原理与过失犯论》，谢佳君译，中国政法大学出版社 2016 年版，第82 页。

以恰当认定；[1]另外，如果没有具体的预见可能性，如何要求行为人采取必要措施、防范可能发生的损害结果等方面也语焉不详；而这种情形如果推到极致的话，很有可能只要是发生损害结果，处于监督、管理或者监管地位的行为人就需要承担责任，真若如此，监督过失责任几乎就变成了结果责任，极易扩大刑事处罚的范围。

风险社会背景下，公共安全风险治理成为世界各国面临的急迫任务，客观上存在着追究监督过失责任以预防公共安全犯罪的必要性，但是需要从体系上解决监督过失行为的归责难题，否则无法保证司法适用过程中对于监督过失责任的恰当评价。

三、损害结果归责于监督管理者的三种理论进路

之所以出现监督过失责任理论，目的是解决公害犯罪中处于"领导地位"的监督管理者的责任问题，实质是越过了作为"中间项"的第三人犯罪而追究处于"上位"者的"监督过失"责任，"监督过失的基本形态是在监督者与危害结果之间介入了被监督者的行为，只有通过被监督者的行为，监督者的行为才间接地对危害结果的发生产生作用"[2]。正是因为被监督者的过失行为以及所导致的危害结果，才表明监督者没有履行或者没有恰当地履行监督、管理和监管义务。因此追究监督过失责任不但符合刑法的正义观念，还将有效预防和遏制包括公害犯罪在内的公共安全过失犯罪的发生。然而如何追究监督过失责任本身就存在理论分歧，更需要厘清各自理论进路，解决归责难题的异同，然后才能恰当地选择，不枉不纵地追究监督管理者的监管过失责任。

行为是整个犯罪构造的逻辑起点，是构成要件的第一个要素也是决定性要素，"无行为则无犯罪，亦无刑罚"，因此如何看待和解释监督过失犯罪的实行行为，决定了整个犯罪构造的结构与走向。对于监督过失的行为定性，有主张按照传统过失论进行构造者，也有主张以不作为犯来把握者。[3]日本

---

〔1〕　参见张明楷：《外国刑法纲要》，清华大学出版社 2007 年版，第 241 页。

〔2〕　庄劲主编：《刑法上的危险责任》，中山大学出版社 2018 年版，第 36~37 页。

〔3〕　参见［日］西田典之：《日本刑法总论》，刘明祥、王昭武译，中国人民大学出版社 2007 年版，第 225 页。

主要采取的是第一种进路，而德国主要采取的是第二种进路。随着客观归责理论逐渐为越来越多的学者所接受，创设[1]了法所不容许的风险成为第三种理论进路。三种进路的着力点不同，论证逻辑差异较大，论证结论的说服力也有很大的不同。

第一种进路，预见可能性的修正。肇始之初的监督过失责任，主要着力于预见可能性的解释，以解决监督过失难以满足具体预见可能性的责任要求。"无犯意则无犯人"（英国法谚），如果不具有具体的预见可能性，很难说行为人存在主观过错，也很难说具有刑法上的谴责可能性。[2]监督过失责任因为涉入了第三人过错"中间项"，距离直接的法益侵害较远，因此对于损害结果是否具有预见可能性很难判断。日本学者依据 1955 年的森永奶糖砒素中毒事件判决总结出了"畏惧感"说，"在混入不属于原来预定的食品添加物的异物时，理所当然地就应当抱有这样一种畏惧感：也许会有有害物质混入"[3]，即只要对于结果的发生具有"畏惧感"或者"不安感"，即可认定具备了过失的预见可能性，并就此发展出了犯罪过失理论中的"新新过失论"或者"超新过失论"。"新新过失论"在监督过失的犯罪构造上只是在有责性层面修正了预见可能性的判断，但是现在理论普遍认为过失犯罪也存在实行行为，也需要进行实行行为性的判断，易言之，也需要在客观层面进行归责判断。"按照主流的观点，行为的过失性不是单纯的'责任形式'，而是可罚之举止的一个特别的典型情况（besonderer Typus），将不法和责任元素（Unrechts-und Schuldelemente）包含其中"。[4]为此，监督过失犯罪中的行为人虽然对于危害结果的出现具有"畏惧感"或"不安感"，但只有在未尽到结果回避义务并进而发生了构成要件的结果时，才具有刑法上的可谴责性，才应当承担监督过失责任；反之，即使具有了"畏惧感"或"不安感"，但是如果行

---

[1] 关于客观归责理论中，"创设"还是"制造"了法所不容许的风险，并没有实质性的区别，仅仅是翻译用语不同而已，本书将之视为同义。

[2] 过失犯罪的注意义务依据不同的过失理论会存在较大差别，旧过失论以预见义务为中心，新过失论则强调结果回避义务，而修正的旧过失论则在构成要件的层面要求过失行为的实行行为性，亦即，过失行为是对构成要件的结果具有实质危险的行为，在有责性层面则仍然要求具有预见可能性。"新新过失论"则是在预见可能性上对于具体预见进行了修正。

[3] [日] 藤木英雄：《公害犯罪》，丛选功等译，中国政法大学出版社 1992 年版，第 69 页。

[4] [德] 约翰内斯·韦塞尔斯：《德国刑法总论》，李昌珂译，法律出版社 2008 年版，第 389 页。

为人已经尽到注意义务或者在不具有结果回避可能性的情形下，也不成立监督过失犯罪。行为人如果具备了预见可能性，当然就需要采取措施予以避免，从而转化为注意义务上的结果回避义务，当然前提是对于危险的预见是可能的（以行为人所处社会关系和社会地位足够谨慎的人为标准），否则也不具备客观上的注意义务[1]。进而言之，如果不存在危险认识的可能性，则无法要求行为人采取适当的外在行为，如放弃继续实施当前行为、在危险状态中谨慎行事、危险行为事前必要的准备和信息搜集等，以避免结果的发生。而且，如果存在可以合理信赖其他人会采取适当行为的情形下，还可以依据"信赖原则"排除监督过失的成立。由此，监督过失从预见可能性到结果回避可能性、从责任到违法都需要做出适度修正，以适应监督过失的特殊性，防止处罚范围的不当扩大。这是对复数过失危险行为的当然解释，也是对追究监督过失责任的有效限制。

"畏惧感"或"不安感"是对危险可能发生的"顾虑"或"忧虑"，行为人此时应当采取措施予以"检视"，以核查危险是否真实存在，是否需要采取措施防止结果的发生等。但问题是，"畏惧"也好，"不安"也罢，其实并非刑法意义上的"预见"，毋宁说是对于自己没有采取措施予以"检视"而"不放心"。恰如大塚仁所指出的，监督过失中的注意义务"不是有义务给预见、避免自己的行为直接发生犯罪结果提供动机，而是有义务给预见由自己的行为引起被监督者的过失行为、从而发生犯罪结果并为避免该结果而采取行动提供动机"[2]，这是不同于一般过失的注意义务的地方。这种顾虑发生危险但是又不采取措施的心态是对于专属职责或作为义务的懈怠，而监督过失责任所谴责的正是这种具有认识可能性但是又不履行注意义务进而发生法益侵害结果的过失行为。这种论证思路很好地解决了行为违法和预见可能性的问题，但是，因果关系的判断仍然处在比较弱的阶段，因果关系的相当性标准在判断上仍然非常地模糊。

---

[1] 也有学者将"客观注意义务"进一步区分为"内在的注意"（认识到危险将会如何发展、如何起作用）与"外在的注意"（采取适当外在行为的义务）。参见［德］汉斯·海因里希·耶塞克、托马斯·魏根特：《德国刑法教科书（总论）》，徐久生译，中国法制出版社2001年版，第691~699页。

[2] ［日］大塚仁：《刑法概说（总论）》（第三版），冯军译，中国人民大学出版社2003年版，第212页。

第二种进路，过失不作为犯。监督过失犯罪由于涉入了第三人犯罪这一"中间项"，按照传统过失论进行犯罪构造的缺陷是明显的，不但对于预见可能性进行了扩大解释，而且实行行为的危险性难以说明，客观注意义务的标准也各不相同。之所以会如此，归根结底还是因为监督、管理或者监管者的地位不同、职责不同，因而不但注意义务不同，而且作为义务亦不相同。在当代的刑法理论中，只有具有法益侵害或者危险的行为才是实行行为，才具有符合构成要件的可能。因此，监督过失责任不能简单地通过对过失行为进行扩充或变通的方式予以说明，而应通过论证监督不作为的实行行为性予以说明。而且从第一种进路上来看，只要具有"畏惧感"或"不安感"，行为人就需要积极作为以查明危险是否真实存在，这说明"不作为义务的存在、当为而不为、进而发生法益侵害结果"才是真正的实行行为。监督过失责任的本质就是要追究监督者违反注意义务和积极作为义务而导致法益侵害的行为，因此是一种"监督不作为过失责任"〔1〕。德国刑法即把监督过失行为视为不作为犯罪，属于"过失不作为犯"的一种类型，称之为"因与特别的义务范围连接之公务员或法人机构"的不作为犯罪。〔2〕由此，与保证人地位相连接的作为义务论证，〔3〕便成为监督过失实行行为性论证的核心要素，包括监督过失责任需要追究到哪个层级的问题也便迎刃而解。

当然监督过失的特殊性表现在构成要件方面则是双重开放的构成要件，亦即监督过失犯罪在构成要件层面必须既违反作为义务又违反客观的注意义务。因此，凡是处于防止公共危险发生的保证人地位者便具有了作为义务，如果同时违背注意义务，具有结果回避可能性，便具备了行为的可归责性。只有处于保证人地位有义务防止但是没有履行该积极作为义务导致被监督者出现违法行为，才是创设了法所不容许的风险，才是监督过失的实行行为。虽然过失不作为犯的性质定位能够很好地解决监督过失的实行行为性判断问题，但是对于因果关系的判断也和第一种理论进路一样，在"导致"危害

---

〔1〕 参见 [日] 甲斐克则：《责任原理与过失犯论》，谢佳君译，中国政法大学出版社 2016 年版，第 138 页。

〔2〕 参见 [德] 约翰内斯·韦塞尔斯：《德国刑法总论》，李昌珂译，法律出版社 2008 年版，第 437 页。

〔3〕 公务员义务在何种程度上能够同时构成保证人义务，是需要深入探讨的问题，但是监管过失却因为与公务员之特别义务相连接而成为一种典型的过失不作为犯。对此作者将另行撰文进行阐释。

结果的发生等问题的论证上仍然存在严重不足，难以解决危害结果的归属问题。

　　第三种进路，客观归责理论。客观归责最初本就是为了解决过失犯罪问题的理论，是对目的行为论在过失犯罪方面解释的无力所做的回应，是对主观归责的客观化。[1]传统刑法理论认为过失犯罪与故意犯罪存在重大不同，客观方面是违反注意义务而主观方面是疏忽或者轻率的行为，而故意犯罪则是在意欲或者放任的心态下实施的符合构成要件的行为。但是目的行为论尝试将故意犯与过失犯都统一到"目的性操控"的行动之上，"法规范能够要求或禁止的，并不是单纯的因果进程，而只能是受到目的性操控的行动（即行为）或该行动的不作为"[2]。对于故意犯来说行为是一种目的性（Finalität）支配，目的性是法律上具有决定性意义的要素；但是过失犯却始终无法从目的行为论中得到圆满解释，至少无法取得共识性认可，而对于目的行为论的批判也恰好集中于过失犯教义学之上。[3]在大多数学者看来，过失犯中的结果不是被目的性地引起的，无论如何也无法说过失犯行为人对于结果的发生具有目的性，否则就只能是故意犯罪了，尤其是在无意识过失的场合，行为人甚至没有意识到即将造成的结果是什么，根本不存在所谓的目的性支配或者目的性操控的问题。但是目的行为论就此强调犯罪的行为无价值的侧面却是不争的事实，试图在过失犯中也完全贯彻了目的行为论的基本思想，认为行为无价值是"犯罪至关重要且必不可少的无价值质量"[4]。这一思想非常重要，现在看来，过失也必须具有实质的法益侵害或者危险，这种观点就是在强调过失犯的行为无价值的侧面。韦尔策尔其实也是客观归责理论的创建人之一，只不过是在其社会相当性理论中阐释对于刑法而言具有重要意义的行为范围，因此社会相当性明显地涉及对危险活动的容许，甚至"社会相当

---

　　〔1〕　参见孙运梁：《故意犯与过失犯的客观归责——德国刑法中客观归责理论对我国的借鉴》，载《河南财经政法大学学报》2012年第3期。

　　〔2〕　[德]汉斯·韦尔策尔：《目的行为论导论：刑法理论的新图景》（增补第4版），陈璇译，中国人民大学出版社2015年版，第四版前言，第4页。

　　〔3〕　参见[德]汉斯·韦尔策尔：《目的行为论导论：刑法理论的新图景》（增补第4版），陈璇译，中国人民大学出版社2015年版，第四版前言，第6页。

　　〔4〕　[德]汉斯·韦尔策尔：《目的行为论导论：刑法理论的新图景》（增补第4版），陈璇译，中国人民大学出版社2015年版，第四版前言，第7页。

性的一种特殊情形就是被容许的风险"[1]。刑法的目的是保护法益，因此，在刑法上有意义的行为首先都应当是对法益有实质侵害或者危险的行为，正是这种举动上的错误创设了法所不容许的风险。换言之，"不被容许的风险"或者"法律上重要的风险"（rechtlich relevantes Risiko），其实就是导致法益受到侵害的可能性或危险性；而构成要件的该当（或者合致）（Tatbestandsmäßigkeit），在实质意义上，正是创设并实现了法所不容许的风险；行为的客观可归责性正在于此。

客观归责理论的重大贡献在于界定行为不法，或者说，用客观目的性诠释行为不法。这对于监督过失犯罪而言意义尤为重要，能够非常好地解决监督过失的实行行为性以及行为的可归责性问题。在客观归责理论中，实行行为性被表述为创设了法所不容许的风险，过失与故意具有同样的归责结构。"创设"一词的使用彰显了行为的客观不法，使得过失和故意一样成为归责的对象，使得过失和故意一样也具有了主观不法，使得过失和故意一样也具有了同样的客观归责结构。正如罗克辛所强调的，"过失不是不作为，违反注意义务也不是'无'，一个违反注意义务的行为，是在一种对行为控制有瑕疵的状态下而行为。过失行为的主观面，并不是'无'，是一种对法益而言，错误判断下的行为。"[2]过失行为的可归责性也恰在于其创设了法律上有重要意义的风险，在于这种符合构成要件的行为对于法益侵害的可能性。由此，根据罗克辛的观点，"制造不被容许的风险作为对构成要件行为的实质定义"，"可以取代传统上对过失行为的定义，而且可以更精确地描述过失行为"。[3]作为构成要件实质判断的"创设不被容许的风险"已经可以完全取代"注意义务"的概念，并能够很好地解释"注意义务"所指代的各种社会生活中的风险，简明扼要且足以说明过失犯的不法本质。

监督过失也是过失，完全可以依托客观归责的理论优势进行归责；但是监督过失又是一种特殊的过失，更涉及社会生活中积极的作为义务。在这个意义上，正是保证义务的违反创设了法所不容许的危险，保证人地位及其产

---

〔1〕 转引自［德］京特·雅各布斯：《韦尔策尔对于当今刑法学的意义》，载［德］汉斯·韦尔策尔：《目的行为论导论：刑法理论的新图景》（增补第4版），陈璇译，中国人民大学出版社2015年版，第11页。

〔2〕 转引自许玉秀：《当代刑法思潮》，中国民主法制出版社2005年版，第468页。

〔3〕 转引自许玉秀：《当代刑法思潮》，中国民主法制出版社2005年版，第445页。

生的作为义务是监督过失犯客观归责的核心要素。监督过失不作为之所以具有归责可能性，端在于"保证人在一种有义务进行干预的危险情况中，虽然不是故意的，但却是以一种客观上能够避免的方式不活动，或者以其他错误的方式行为，因而造成结果的"[1]，易言之，保证人义务所要求的行为人的作为本来能够阻止这个结果的出现，正是因为阻止结果发生的行为缺位才导致损害结果的发生或者扩大，不作为与构成要件的结果不但具有事实上的因果关系，更具有了评价上的客观可归责性，从而同时具备了归因与归责。

与更早的古典刑法理论认为过失是一种罪过形式不同，以上三种进路都将过失看作是一种行为构成，[2]不同之处在于，第一种进路将过失看作是对于注意义务的违反，第二种进路则认为过失是违反不作为义务，而第三种进路则以创设不被容许的风险作为行为构成的实质标准。第一种和第二种进路都属于传统刑法的进路，对于过失行为的实行行为性主要从义务违反方面进行论证，除此之外，第一种进路着重解决的是预见可能性的问题，第二种进路则借助保证人理论解释了监督过失犯的作为义务。第三种进路使用了客观归责理论的一整套语言解释过失行为的可归责性，认为"创设不被容许的风险"已经可以完全取代"注意义务"的概念，如果一个行为结果是缺乏可预见性和可避免性的，实质上是缺乏危险创设的，或者已经创设的危险并没有实现，则该行为无可归责性；不仅如此，客观归责理论对于因果关系的阐释也更加细致入微，说理性更强，并且能够较好地解释过失不作为犯（如监督过失）等特殊类型犯罪的客观归责问题。相比较而言，客观归责理论在监督过失犯的构成要件该当性和有责性的判断方面，具有更强的体系性，更具有理论上的说服力，能够恰当地划定监督过失犯的犯罪圈。当然这些还只是表现在客观归责层面，就主观归责的层面其实还是应当针对个人的特殊情形进行预见可能性的审查，以便进一步确定主观责任是否存在。

四、过失不作为创设并实现了法所不容许的风险

刑法的核心问题是归责可能性，即不仅仅是要看行为与结果之间在事实

〔1〕［德］克劳斯·罗克辛：《德国刑法学总论（第2卷）：犯罪行为的特别表现形式》，王世洲等译，法律出版社2013年版，第518页。

〔2〕参见［德］克劳斯·罗克辛：《德国刑法学总论（第1卷）：犯罪原理的基础构造》，王世洲译，法律出版社2005年版，第713页。

上的因果联系，更重要的是从人的作为能力的角度来看，能否将具有社会危害性的结果归责于行为人之所为。[1]因此，客观归责理论并非简单的判断因果关系的理论，[2]恰恰相反，客观归责理论不但区分了归因与归责，重要贡献更在于对行为进行规范性评价，以确定其实行行为性。[3]客观归责理论的重要意义还在于，如果客观上无法归责，则无论主观上认识如何，均无法归责于行为人，从而限制了刑罚权的发动，避免因为主观上存在认识可能性而直接归责，这对于过失论而言尤为重要。就具体个案而言，在能够客观归责的前提下，仍然需要判断是否具有认识可能性，从而判定能否主观归责。唯有在客观上和主观上均能够归责，才能够认定法益侵害结果是行为人的"作品"。

目前刑法教义学几乎统一的观点是，一个举止行为究竟是不是过失，是在行为构成中决定的。[4]因此过失首先是一种具有法益侵害危险的行为，而不仅仅是一种区别于故意的主观心态或者罪过形式。从犯罪预防的层面，明确这一点也更加重要，因为能够禁止的是行为，并通过禁止行为而避免出现无价值的结果，因此只有创设了法所不容许风险，造成了法益侵害结果，在这个前提下才能看看是否能够将该无价值的结果归之于该创设法不容许风险的行为。"人们不能责备行为人没有做什么，而只能责备他创设了一种由不许可的风险所覆盖的和由行为构成的保护目的所包含的危险，因为这个危险在一种行为构成性的结果中实现了自己"[5]，是故创设并实现了法所不容许的风险才是过失行为可谴责性之所在。因此，首要需要考察的就是，过失行为构成是否创设了在法律上有重要意义的风险。当然过失行为最终是否能够予以客观归责，还需要在客观上实现了所创设的法不容许的风险，以及被实现的风险是在构成要件的范围之内，或者说，创设法不容许风险的行为最终导致了构成要件中规定的损害结果。

怎样才是创设了法所不容许的风险呢？以案例一"狭义的监督过失责任"

---

〔1〕 参见［德］约翰内斯·韦塞尔斯：《德国刑法总论》，李昌珂译，法律出版社2008年版，第105页。

〔2〕 参见刘艳红：《客观归责理论：质疑与反思》，载《中外法学》2011年第6期。

〔3〕 参见陈兴良：《从归因到归责：客观归责理论研究》，载《法学研究》2006年第2期。

〔4〕 参见［德］克劳斯·罗克辛：《德国刑法学总论（第1卷）：犯罪原理的基础构造》，王世洲译，法律出版社2005年版，第713页。

〔5〕 ［德］克劳斯·罗克辛：《德国刑法学总论（第1卷）：犯罪原理的基础构造》，王世洲译，法律出版社2005年版，第715页。

为例，[1]被告人马世权的不作为行为创设了法所不容许的风险，主要表现在以下几个方面：一是，安全生产是马世权的工作职责。根据裁判文书查明的事实，马世权身为车间主任，负责协调车间内生产协调工作、前处理段的设备操作、前处理段的设备安全维护和工人安全监管。可见马世权对于安全生产负有直接责任。二是，马世权不履行安全监管职责的行为，违背安全生产法律法规，并损害关于安全生产的技术规定。[2]具体到该案，该公司对于清洗设备有严格的操作规程，容积槽清洗第一要断掉所有电源，第二要挂牌作业，第三要审批受限空间安全作业证，第四要有专人监护作业，第五对作业进行安全风险交底。马世权当时未做详细的安排，也未叮嘱曾庆涛要严格按照操作规程进行操作；而且马世权对于曾庆涛违规使用临时工赵某在管理上存在疏忽。被害人赵某是第一次接触清洗容积槽的工作，之前接受过岗前培训，但都是一些简单的知识，没有深入了解安全操作规程。容积槽内有感应器，在没有断电的情况下，触碰到感应器时设备会自动运转，上述情况，马世权和曾庆涛二位被告人并未给赵某等人培训过。三是，马世权的工作安排导致直接监管责任人的监管缺位。清理容积槽时，应当由值班长曾庆涛进行监护，因为车间人员紧张，当日中午马世权安排曾庆涛干另外一件工作，所以曾庆涛在赵某清理容积槽时不在现场监护。清洗容积槽前，曾庆涛没有进行安全检查，只是将应急电源开关关闭了，没有将设备的总电源断掉，也没有按清洗设备的严格操作规程进行。当日下午马世权例行检查时看到设备是停的，有无停电并无过问，对人员如何安排亦无过问。由此可见，马世权在生产过程中严重玩忽安全监管职责，在安排工作时对生产作业中的安全注意事项未进行提醒，在工人作业时疏于监管，并将现场监护人员调离岗位去从事其他工作，导致安全生产风险急剧升高，创设了法所不容许的风险，是造成此次安全生产责任事故的主要原因。四是，主观的行为构成要素是过失，而且是过于自信的过失。客观不法层面考察的是能否归责于"某种人"，采取

---

〔1〕　参见新疆维吾尔自治区昌吉回族自治州中级人民法院《新疆维吾尔自治区昌吉市人民检察院与马世权、曾庆涛重大责任事故罪二审刑事裁定书》（2021）新 23 刑终 40 号。

〔2〕　《中华人民共和国安全生产法》要求建立健全全员安全生产责任制和安全生产规章制度，参见《中华人民共和国安全生产法》（2021 修正）第 3 条第 3 款规定："安全生产工作实行管行业必须管安全、管业务必须管安全、管生产经营必须管安全，强化和落实生产经营单位主体责任与政府监管责任，建立生产经营单位负责、职工参与、政府监管、行业自律和社会监督的机制。"

的仍然是客观上的标准，即是否"为某类人所可能"[1]。该案中马世权作为车间主任负有安全监管职责，对于所存在的安全隐患以及可能导致的危害后果是有预见可能性的，但是却轻率地无视这种安全隐患的存在，侥幸地认为事故可能并不会发生，因此主观的行为构成是过失，属于有意识的过失类型[2]。至此该案的客观归责已全部完成，马世权的监督过失行为导致了1人死亡结果的发生，具有客观归责可能性。

运用客观归责理论能够很好地解释监督过失行为的可归责性，"以制造不被容许的风险取代违反注意义务的概念，已成为通说"[3]，正是由于马世权的不履行岗位职责的行为极大地升高了事故出现的风险，从而创设了在法律上具有重要意义的风险；马世权的不作为不仅仅表现在疏忽对于安全生产的日常管理，更在于对于曾庆涛的其他工作安排直接导致安全生产现场监护的缺位。由此可见，运用客观归责理论进行归责可能性论证时并未直接使用注意义务的概念，甚至于是否以及在多大程度上违背注意义务，完全可以由创设法所不容许的风险进行替代性解释，而不必纠结于对作为车间主任通常的预见可能性和结果回避可能性的论证，这也是客观归责理论的一大优势。

被告人马世权不履行安全生产监督职责的行为创设了法所不容许的风险，并在重大责任事故罪构成要件的范围内实现了所创设的风险，导致1人死亡的结果。如果不存在马世权所创设风险的行为，则结果就不会发生，从而二者之间具有了条件因果关系。由此，死亡1人的结果在客观上能够归责于马世权的不作为行为。但是能否在主观上进行归责，还要看是否具有预见可能性，当然是基于某个具体个人的预见可能性。马世权作为车间主任，对生产安全和工人安全负有监管职责，由于其并不负责具体的清洗容积槽的生产工作，对于造成赵某死亡的结果确实又不存在具体的预见可能性。但是马世权对于赵某没有深入了解安全操作规程、第一次接触清洗容积槽的工作、事先没有进行专门培训、曾庆涛在赵某清理容积槽时并未在现场监护等情况是了

---

[1] 这显著区别于责任层面的归责于某个具体的人，即依据具体个人的具体情形所判断的归责可能性。

[2] 在有意识的过失中，存在主观的行为构成要素；但是在无意识的过失中，并不存在主观的行为构成要素。

[3] 孙运梁：《故意犯与过失犯的客观归责——德国刑法中客观归责理论对我国的借鉴》，载《河南财经政法大学学报》2012年第3期。

解的，而且基于业务的特殊要求，监督管理者应当具有更高的注意义务。基于以上事实上的认识，马世权对于可能发生事故自然就会产生"不安感"，应当有义务去查明是否存在安全隐患，应当有义务采取措施避免安全事故的发生，只是基于侥幸而置之不理，或者忙于安排其他工作，从而导致事故的发生，主观上也具有了归责可能性。综上，马世权作为车间主任，对于该车间的安全生产负有组织、指挥和监督职责，但是却疏于履行积极的作为义务，创设了法所不容许的风险，并导致1人死亡的结果发生，主观上具有预见可能性，成立狭义的监督过失，构成重大责任事故罪。

当然，客观归责理论本身也存在各种质疑，尤其是以不被容许风险作为构成要件行为的实质性解释标准还存在很多的模糊之处，对于什么是"不被容许的风险"仍然需要通过其他的一系列的规则进行解释，实际上成为了"各种合法化事由的共同结构原理（gemeinsames Strukturprinzip）"〔1〕，相当于将实质违法性判断提前到构成要件的判断阶段，从而弱化了构成要件限定刑罚权发动的功能，罪刑法定原则也有被掏空和虚置的危险。对于监督过失犯罪而言，在客观归责理论能够很好地解释监督过失行为的可归责性的基础上，具体研究如何克服"不被容许风险"的模糊性显得尤为重要，因为监督过失与直接过失存在着复杂的过失竞合形态，〔2〕实质是越过了第三人的直接过失而追究处于上位的监督者、管理者或监管者的"领导责任"或"监督责任"，因此监督过失责任究竟追究到哪一个层级的问题必须予以厘清。刑法中的行为，无论是作为还是不作为，必须具有实质性的法益侵害的危险。在监督过失犯罪中，正是基于保证人地位而产生的作为义务的违反创设了法不容许的危险。

五、以保证人为中心对于创设法不容许风险的展开

创设法所不容许的风险是对危险行为的实质判断，是行为构成的核心要素，同时也是犯罪论体系的起点。通过被容许的风险所覆盖的行为，就不是

---

〔1〕 参见［德］汉斯·海因里希·耶塞克、托马斯·魏根特：《德国刑法教科书（总论）》，徐久生译，中国法制出版社2001年版，第485页。
〔2〕 参见刘军：《监督过失责任：公共安全事故预防的一种特殊指向》，载《政法论丛》2021年第5期。

过失，而且从一开始就不具有实行行为性。风险是否被容许的判断标准是，这种风险在法律上是否是足够重要的，是否足以引起法益侵害或者危险。罗克辛就过失犯罪中创设不容许危险的具体化提出了 6 个指导原则，分别是法律规范、交往规范、信赖原理（道路交通、共同参与工作、鉴于他人的故意犯罪行为）、不同的标准人物（一个属于行为人交往范围内的认真和审慎的自然人本来会怎么样行为）、询问的义务和不作为的义务、权衡用途和风险等。[1]监督过失行为构成中，是否创设不容许危险的判断，应当以保证人义务为核心，结合法律规定、技术规范、岗位职责、信赖原则等，判断究竟什么样的风险才是在法律上有重要意义的风险。除此之外，公共安全风险预防也是判断的重要标准，尤其是在没有明确的法律规定和技术规范的前提下，需要以刑事政策为考量评价具有一定风险的举止行为的社会意义。

以案例二"管理过失责任"为例，[2]徐春冬将在自家宅基地上翻盖的住房出租牟利，租户达 30 余人，实际是整栋楼的经营管理者，应当履行经营管理义务，并为租户提供管理、服务和安全保障。但是该栋楼仅有一个 0.95 米的出口，并不符合基本的经营要求。徐春冬放任赵某私拉电线为电动车充电，平时也并未进行防火等安全知识的普及和防火训练等方面的管理，存在管理过失的实行行为，其管理上的不作为创设了法所不容许的风险，并导致火灾的发生，与损害结果之间存在因果关系。反之，如果徐春冬在平时能够加强管理，完全具有结果回避可能性，重大火灾的损害结果也就不会发生，从而具有了客观上的可归责性。徐春冬对赵某私拉电线在楼梯口处给电动车充电行为的危险性是有认识的，但并没有阻止，侥幸地认为可能不会发生火灾等安全事故，从而具有了主观上的可归责性。因此，该案中造成人员伤亡的结果能够归责于徐春冬的管理过失行为，从而徐春冬构成失火罪。

过失犯罪的本质在于创设了法所不容许的风险，而非消极地对待注意义务或者消极地不作为。因此，"当行为人一开始就没有创设任何在法律上有重要意义的危险时，就完全缺乏那种违反谨慎性了。"[3]申言之，创设法不容许

---

〔1〕 参见［德］克劳斯·罗克辛：《德国刑法学总论（第 1 卷）：犯罪原理的基础构造》，王世洲译，法律出版社 2005 年版，第 715~722 页。

〔2〕 参见北京市朝阳区人民法院《徐春冬失火一审刑事判决书》(2018) 京 0105 刑初 1553 号。

〔3〕 ［德］克劳斯·罗克辛：《德国刑法学总论（第 1 卷）：犯罪原理的基础构造》，王世洲译，法律出版社 2005 年版，第 715 页。

的风险本身就是不够谨慎从而违反注意义务的一种表现，是对过失不作为行为的实质性评价。在监督过失犯罪中，创设并实现了法所不容许的风险才是监督过失的行为构成；如果行为人并没有创设法所不容许的风险，从一开始就不存在归责的可能性。

在案例三"公务人员监管过失责任"中，[1]涉事仓库所发生的重大责任事故，经某某区安全生产委员会事故调查组调查认定，事故发生的直接原因为施工加载不均造成钢结构平面外失稳的整体倒塌。问题在于王良作为某某区城市管理行政执法局城管中队巡控组副组长，是否懈怠职责和存在不作为行为，是否创设了法所不容许的风险？根据判决书中所认定的事实，被告人王良发现涉案违章建筑后下达了《责令停止违法行为通知书》和《限期改正通知书》，并在当天向领导何某某做出汇报，何某某已经完全知晓案情并于第二天带队到现场调查。根据行政管理流程，王良已经完成工作交接，不再处于保证人地位，也就不存在所谓的保证人义务以及由此而来的作为义务。因此，被告人王良并不存在不履行职责的情形，没有创设法所不容许的风险，其行为并不存在法益侵害的危险，不具有实行行为性，而且主观上也不存在过失，无论是客观上还是主观上都不具有可归责性。由于行为人并没有创设法所不容许的风险，从一开始就不存在归责的可能性，所谓的客观归责判断也就变得没有必要，也无需在责任层面单独考察是否存在预见可能性的问题。

监督过失责任的成立范围问题，亦即，对于监督过失责任需要追究到哪一个层级的问题，是最令人头疼的法教义学问题。客观归责理论通过诸多的下位辅助规则，如降低风险、被允许的风险、结果可避免性、规范保护目的、构成要件的效力范围等，以限制客观上的可归责性和过失责任的范围。但是对于监督过失责任而言，是否具有防止公共危险发生的保证人地位和保证义务，是监督过失责任成立范围的决定性依据。

在案例一中，马世权的行为创设了法所不容许的风险，具有客观上的归责可能性。但是，马世权的上级领导，如分管业务的副厂长甚至是厂长等主要负责人，是否也存在监督过失责任呢？或者说监督过失责任的范围究竟如何划定？《中华人民共和国安全生产法》第5条规定："生产经营单位的主

---

[1]　参见海南省海口市中级人民法院《王良玩忽职守罪二审刑事裁定书》（2018）琼01刑终540号。

负责人是本单位安全生产第一责任人，对本单位的安全生产工作全面负责。其他负责人对职责范围内的安全生产工作负责。"那么，是否只要出现了安全生产事故，所有的安全生产"责任人"都要承担刑事责任呢？答案当然是否定的，客观归责理论对此难题能够很好地予以解决：凡是创设了法所不容许风险的行为，就是具有归责可能性的行为。比如说，如果缺少安全生产规章制度和管理制度直接导致了安全生产事故或者造成损害扩大的结果，那么对此负有职责的负责人也便具有了归责可能性，如果也具有主观归责可能性的话，就需要因此而承担监督过失责任；反之，如果没有创设法所不容许的风险，当然也就不存在归责可能性。因此，在各自的职责范围内，如果是存在过失不作为〔1〕并创设了法所不容许的风险，就具有了客观上的归责可能性。

再以案例四为例〔2〕解析监督过失责任的范围。该案一审宣判后，某某市人民检察院提起抗诉，认为被告人雷蛮修的行为构成重大责任事故罪，一审判决认定事实错误，定性错误，导致责任认定不当，抗诉请求二审法院依法改判。二审判决书认为，原审被告人雷蛮修不符合重大责任事故罪的主体身份，其行为不构成重大责任事故罪。虽然雷蛮修不符合重大责任事故罪的主体身份，但是如果其确实存在监督过失的话，也可以构成过失致人死亡罪，因此，主体不适格不构成重大责任事故罪并不是雷蛮修不构成犯罪的理由。

问题的关键在于雷蛮修是否处于保证人地位，是否怠于履行监督管理职责从而创设了法所不容许的风险。在该案中，被告人雷蛮修雇佣专业操作吊车的被告人陈刚吊装货物，由于操作失误致使吊车臂与高压线接触，造成正接触吊车吊钩的罗某触电，经抢救无效死亡。雷蛮修基于信赖原则将吊装工作交给具有专业资质、能够独立进行吊车操作的陈刚完成，虽然存在雇佣关系但是对于吊车操作并不具有指挥、监督和管理职责，不具有监督过失行为的实行行为性，没有创设在法律上有重要意义的风险，不具有客观上的归责可能性，因此无需继续考察是否存在因果关系和归责可能性，以及雷蛮修是否预见到了可能会发生危险等问题。如果客观上无法归责，则无论主观上是

---

〔1〕 当然现实中也存在滥用职权而导致发生生产安全责任事故，则可能涉嫌构成强令违章冒险作业罪，而不是监管过失类型的重大责任事故罪。

〔2〕 参见四川省成都市中级人民法院《陈刚、雷蛮修重大责任事故罪二审刑事裁定书》（2019）川01刑终661号。

否具有预见可能性，均不能归责于行为人，不能成立犯罪。由此，监督过失责任的成立范围，并不在于是否存在因果联系（因为按照"条件说"因果联系会非常广泛）和能否客观归责，也不在于是否具有预见可能性（因为按照经验法则很难说对于生产生活中的风险完全不具有预见性），而在于是否存在积极的作为义务以及对于监督管理职责的懈怠而创设了在法律上有重大意义的风险。

　　一个危险究竟有多大才能够称得上在法律上具有"重大意义"，并成为过失归责的基础，首先应当取决于这种风险举止行为的社会意义。[1]如果一个行为是社会通常的行为，则根本就不存在任何的社会风险问题；如果一个行为是社会所承认的，轻微的风险就是被容许的，至少是能够被容忍的；如果一个行为是对社会有益的甚至是必要的，被容许的风险可能会更大，容忍程度会更高，追究监督过失责任的必要性就更低。从这个意义上来说，所谓的在法律上具有重大意义的风险，在判断过程中必然存在利益衡量，必然会考虑哪些利益值得动用刑法进行保护以及各种法益保护的均衡性。在案例四中，雷蛮修雇佣陈刚从事专业的、独立的货物吊装工作，是一种社会通常行为，雇佣关系并不会创设法所不容许的风险。因此，该案从一开始就不存在客观归责的可能性，从而在一开始就无法将雷蛮修纳入到监督过失责任中来，而不是一个适用信赖原则排除客观归责的问题。

　　损害结果归责于监督者不仅在于责任追究，更在于构建预防性法律制度，[2]将事后惩治与事前预防结合起来，更好地预防公共安全风险的发生。在判断损害结果能否归责于监督者时，要着重考察公共安全风险预防的必要性：一是能够更好地督促监督义务人尽职履责、恪尽职守，预防和减少安全生产责任事故和公共安全事件的发生；二是要防止监督过失责任追究的扩大化，以及对于自由的过度限制所可能带来的不良后果，避免影响经济社会的健康发展。如此的客观归责才能够契合社会公众的正义性情感和常识性认识，并有助于形成统一的违法性意识，更好地预防公共安全风险。

---

　　〔1〕　参见［德］克劳斯·罗克辛：《德国刑法学总论（第1卷）：犯罪原理的基础构造》，王世洲译，法律出版社2005年版，第722页。

　　〔2〕　参见刘军：《预防性法律制度的理论阐释与体系构建》，载《法学论坛》2021年第6期。

公共安全监管过失作为预防性
制度构建

保障公共安全是公共安全监管执法的重要内容，是贯彻落实"总体国家安全观""统筹发展和安全，建设更高水平的平安中国"的重要举措。

不同于一般的玩忽职守，公共安全监管过失是一种特殊的监督过失，犯罪构造中存在作为"中间项"的其他人的过失行为甚至故意行为，[1]无论是实行行为、重大损失以及因果关系，还是预见对象或者结果回避可能性等方面都存在巨大差异。从预防主义的视角看待公共安全监管过失，不但需要考虑监督过失的特殊性，而且也需要考量刑罚必要性。因此，对于公共安全监管过失的单独考察，将有利于规范此类犯罪的司法适用，同时督促国家机关工作人员勤谨履职，最大限度地遏制公共安全风险的发生。

一、公共安全监管过失不同于一般的玩忽职守

国家机关工作人员[2]在履行公共安全[3]监督管理职责时存在过失（以下简称监管过失），致使被监管者因故意或者过失出现危害公共安全事件，造成公共财产、国家和人民利益重大损失的严重后果，是构成玩忽职守罪还是

---

〔1〕 参见刘军：《监督过失责任：公共安全事故预防的一种特殊指向》，载《政法论丛》2021 年第 5 期。

〔2〕 我国刑法规定的渎职罪的犯罪主体为国家机关工作人员，即在国家机关中从事公务的人员。本书为叙述方便以下简称公务人员。

〔3〕 本书所指公共安全是不特定或者多数人的生命、健康或者重大公私财产的安全，包括危害公共安全罪以及食品药品、公共卫生、环境资源等公害类犯罪所威胁的安全，而不包括意识形态安全、国家安全、经济安全、金融安全、能源安全和粮食安全等国家宏观安全问题。主要目的是通过公共安全预防以减少对于不特定或者多数人法益侵害危险。

其他犯罪，存在很大的争议。如果出现重大公共安全事件，存在监管过失也会带来是构成玩忽职守罪、滥用职权罪还是构成传染病防治失职罪、以危险方法危害公共安全罪的问题。当然，本章节主要探讨的是监管过失与直接过失的关系，亦即，玩忽职守罪与传染病防治失职罪的关系问题。类似的问题还广泛存在于过失竞合关系之中，本书一并予以探讨。

我国司法解释对于类似的监管过失倾向于以渎职罪中玩忽职守型犯罪定罪处刑，如最高人民法院、最高人民检察院《关于办理危害生产安全刑事案件适用法律若干问题的解释》第15条解释了国家机关工作人员在履行安全监督管理职责时滥用职权、玩忽职守或者徇私舞弊不移交刑事案件等行为的司法适用。[1]其中对于履行安全监管职责存在过失的情形明确了按照玩忽职守罪定罪处刑。再如，根据最高人民法院、最高人民检察院《关于办理妨害预防、控制突发传染病疫情等灾害的刑事案件具体应用法律若干问题的解释》第16条，从事传染病防治的政府卫生行政部门的工作人员等，在预防、控制突发传染病疫情等灾害期间，严重不负责任，导致传染病传播或者流行，情节严重的，依照《刑法》第409条的规定，以传染病防治失职罪定罪处罚。[2]传染病防治失职罪在渎职罪中属于特别条款，与玩忽职守罪属于法条竞合中一般法与特别法的关系，属于玩忽职守型犯罪。司法审判实践中对于监管过失也基本上是按照玩忽职守罪进行定罪处刑的。在中国裁判文书网以"全文检索"为检索项、"监督过失"为检索词，检索案由为"刑事案由"，案件类型为"刑事案件"，截至2021年10月9日，共计检索到34篇裁判文书（其中王良玩忽职守案一审和二审两篇裁判文书），其中以玩忽职守为案由的有13例，均为监管过失犯罪。但是其中定罪免刑的6例，无罪的3例（王良案一审、二审和驳回抗诉），构成犯罪驳回申诉或上诉的4例。之所以出现这种结果，一方面是因为造成重大安全事故的直接原因是肇事者的过失行为，另一方面是因为，按照当前的因果关系学说监督过失行为对于造成损害结果毕竟只是间接原因；有的案件甚至涉及第三人故意犯罪，因

---

〔1〕　参见最高人民法院、最高人民检察院《关于办理危害生产安全刑事案件适用法律若干问题的解释》（法释〔2015〕22号）第15条，该司法解释自2015年12月16日起施行。

〔2〕　参见最高人民法院、最高人民检察院《关于办理妨害预防、控制突发传染病疫情等灾害的刑事案件具体应用法律若干问题的解释》（法释〔2003〕8号）第16条，该司法解释自2003年5月15日起施行。

果关系链条可能出现"中断",因此很难满足玩忽职守罪的犯罪构造,因而出现比较多的无罪或者定罪免刑的案例也就不足为奇了。2013 年 12 月 15 日广州建业大厦火灾事故案,负有监管职责的 6 名公职人员因涉嫌玩忽职守罪被检察院批准逮捕。在检方指控中,这 6 名公职人员都犯了同样的错误,即在建业大厦复建盘活、消防监督执法工作过程中,不依法履职,疏于监管,导致大厦长期存在严重的消防安全隐患,引发重大火灾事故。但最后法院认定其并未触犯我国刑法,不构成犯罪。检方提出抗诉继续指控其玩忽职守罪,二审法院维持原判。[1]法院作出该认定的主要理由是"和大火无必然联系"。

由此可见,以玩忽职守罪追究监管过失责任在刑法教义学上存在很大困难,主要原因在于监督过失属于一种特殊的过失犯罪,在犯罪构造中存在着作为"中间项"的其他人的过失行为甚至故意行为,无论是在构成要件层面上重大损害结果是否能够归咎于实行行为,还是在责任层面的预见可能性或者结果回避可能性等方面都存在巨大差异,因此不能简单地按照一般过失犯罪对监管过失进行认定。在广州建业大厦火灾事故案中,法院就认为是否构成玩忽职守,关键在于其行为与造成的重大损失之间有无内在、必然的直接因果关系。被告人林建树没有履行其职责与事故没有直接、必然的因果关系,不具有刑法上关于玩忽职守罪的构成要件。[2]因为该案披露出来的事实并不是很多,是否构成犯罪暂且不表,但仅就法院按照必然因果关系说对该案的因果关系进行认定本身就存在很大的问题,如此则根本无法追究监管过失等监督过失责任。与广州建业大厦案相反,2015 年的"8·12"天津港爆炸案则存在追究范围过宽的嫌疑。在案件处理过程中,检察机关对 25 名行政监察对象依法立案侦查并采取刑事强制措施(正厅级 2 人,副厅级 7 人,处级 16 人),其中交通运输部门 9 人,海关系统 5 人,天津港(集团)有限公司 5 人,安全监管部门 4 人,规划部门 2 人。[3]其中有 20 人被认定为玩忽职守

---

〔1〕 参见《广州 6 名公职人员因玩忽职守被捕 仅以受贿入罪》,载新浪网:http://news. sina. com. cn/c/2015-01-09/014631377664. shtml,最后访问日期:2021 年 9 月 10 日。

〔2〕 参见《广州 6 名公职人员因玩忽职守被捕 仅以受贿入罪》,载新浪网:http://news. sina. com. cn/c/2015-01-09/014631377664. shtml,最后访问日期:2021 年 9 月 10 日。

〔3〕 参见《天津港"8·12"爆炸事故调查报告公布》,载搜狐新闻网:http://news. sohu. com/ 20160206/n437009505. shtml,最后访问日期:2021 年 9 月 27 日。

罪，导致以玩忽职守罪追究刑事责任过度扩大，引起了学者的质疑。[1]其中的原因是没有厘清监督过失责任与玩忽职守的区别，从而导致进退失据，难以恰当评价犯罪人的罪责。

也正是因为如此，有学者认为监督过失责任行为，与玩忽职守在犯罪基本构造、体现的因果关系以及归责的根据上都存在重大不同。玩忽职守罪的注意义务属于结果预见义务，一般要求预见到具体的危害后果，而监督过失犯罪的注意义务则是建立在"畏惧感"说的基础上，仅有模糊的不安感即可，属于结果回避义务，在过失理论上属于"新新过失论"。因此，监督过失实际上扩大了追究刑事责任的范围，玩忽职守不能够替代监督过失的功能和作用，也不能实现监督过失理论设计的价值追求。[2]李薇宏认为构成监督过失的监督关系，需监督者与被监督者皆负有职务或业务上的特定职责，因而不能简单地将渎职罪与监督过失等同。[3]还有学者专门研究了食品安全监管过失责任，认为监管刑事责任应当区别于渎职犯罪，安全监管刑事责任重在保护公共安全，区别于重在保护职务行为之客观公正性的渎职犯罪。[4]可见，很多学者已经认识到监督过失责任与玩忽职守罪的区别，不能直接套用玩忽职守罪的一般过失来认定监管过失责任，因为监督过失责任本来就是为了解决"地位越高，离现场越远，就越没有责任"的不合理现象而创立的理论。如果按照一般过失理论进行司法判断，将在很大程度上无法追究监督过失行为的责任，当然相应地也就无法达成预防安全事故的预期目标。另一个方面，因为监督过失责任本来就是刑法的扩张，无论在实行行为、因果关系还是在预见可能性或者结果回避可能性上都作了一些调整和变通，因此，还要从刑法体系上对监督过失责任进行一定的限制，以便恰当评价行为人的刑事责任。但限制监督过失责任的前提是厘清监管过失究竟是否属于监督过失，以及按照监督过失理论处理监管过失是否符合刑法的正义与功利问题。

〔1〕 参见姚航：《玩忽职守罪职责的认定——以"8·12"天津港爆炸案为视角》，载《刑事法判解》2019 年第 1 期。

〔2〕 参见蔡军：《论国家公务人员监督过失责任追究机制的构建——从矿难事故中刑事责任的追究切入》，载《铁道警官高等专科学校学报》2011 年第 6 期。

〔3〕 参见李薇宏：《监督过失理论研究》，载《刑事法评论》2008 年第 2 期。

〔4〕 参见潘星丞：《论食品安全监管的刑事责任——监督过失理论的借鉴及"本土化"运用》，载《华南师范大学学报（社会科学版）》2010 年第 3 期。

二、公共安全监管过失是一种特殊的监督过失

公共安全监管过失在司法适用过程中遇到一些难题和争议，因此有学者主张借鉴监督过失责任理论予以解决。但其实原初意义上的监督过失并不包括监管过失，即使是在监督过失责任理论新近的发展下，能否将监管过失归属于监督过失本身也存在很大的争论。

监督过失责任在理论上的发展以及实务上的应用最早出自日本的司法判决，并且日本在诸多的判决中逐渐采用监督过失的观念，[1]主要目的是解决在诸如安全生产、重大火灾、食品药品、环境污染、公共卫生、传染病防治以及医疗事故等公害类犯罪中处于领导、管理和监督地位者的过失责任问题。从监督过失责任理论涵盖的实践问题范围来看，实际上涉及的就是不特定或者多数人的公共安全过失类犯罪中的"领导责任"问题。原初意义上的监督过失责任，是组织体内部尤其是生产经营单位内部的监督过失责任。如廖正豪就认为，监督过失主要"在于企业犯罪之中，对于执行业务之被监督人之行为，企业中之何人应负担如何之责任"[2]，又包括狭义的监督过失和管理过失。我国学者常采此种广义的监督过失责任概念[3]。再如，韩玉胜等认为管理过失应纳入监督过失的范畴，"监督义务的内容，包括事前的指示、指导、指挥、命令、行动中的监视与事后的检查。监督过失主要发生在两种场合：一是没有履行对人的监督义务，二是没有确立安全的管理体制，后者也可以说是一个管理过失。监督之中有管理，管理之中包含着监督。因此，对监督的理解不仅限于对人的监督，还应包括对物的管理。"[4]日本学者通常比较严格地区分两种监督过失责任，如西田典之认为管理过失与监督过失存在质的差别，不应混为一谈。[5]易言之，监督过失与管理过失是互斥的关系，而不是广狭的关系，因此监督过失不能包括管理过失。再如，大谷实认为，监督过失是指违反使直接行为人"不要犯过失的监督注意义务的过失"，而管理

---

〔1〕 参见廖正豪：《过失犯论》，三民书局1994年版，第226页。

〔2〕 廖正豪：《过失犯论》，三民书局1994年版，第225页。

〔3〕 参见张明楷：《刑法学》（第4版），法律出版社2011年版，第27页。

〔4〕 韩玉胜、沈玉忠：《监督过失论略》，载《法学论坛》2007年第1期。

〔5〕 参见［日］西田典之：《日本刑法总论》，刘明祥、王昭武译，中国人民大学出版社2007年版，第226页。

过失是指"管理者自身对物力、人力设备、机械、人员体制等管理上有不善而构成过失的情况"，[1]亦即监督过失与管理过失是并列的关系，前者介入了第三人的过失，而后者是直接过失，通常介入的是风雨雷电等自然因素，但即使介入了第三人的过失行为，管理者仍然直接承担过失责任。当然即使在日本也有学者并非严格区分监督过失责任和管理过失责任，如大塚仁在过失竞合的层面上论及监督过失责任，并认为"管理过失，实际上不少是与管理者对部下的监督过失相竞合论及事故的责任。"[2]从以上简单的分析可以看出，无论何种监督过失，在存在"中间项"以及与一般过失存在过失竞合方面都是共通的，只不过狭义的监督过失是叠加的过失竞合，而管理过失则是并存的过失竞合。

广义的监督过失包括狭义的监督过失与管理过失，在原初的涵义中并没有监管过失。但是在日本自2001年"药害艾滋事件"刑事判决以来，监督过失责任的适用范围已经扩张至公务员职务上的监督过失责任，而学界对此也逐渐关注并展开研究。[3]在监督过失责任理论的历史发展历程中，"药害艾滋事件"是一个具有里程碑意义的重要判决。"药害艾滋事件"肇始于20世纪80年代初，起因是许多血友病患者因为使用了"绿十字"等制药公司从国外进口的一种治疗血友病的非加热型浓缩血液制剂而导致感染上艾滋病毒，截至1996年已经有1800多名血友病患者感染艾滋病病毒，超过400人因此而死亡。[4]该血液制剂的进口与销售经过政府批准，主管部门厚生省药物局对此负有监督职责，生物制剂课课长松村明仁也因此而被判犯有"业务过失致死罪"。[5]日本东京地方法院对此案作出判决以后，引起了日本学界的热烈讨论，目的是探讨涉及公害类犯罪中公职人员的刑事责任问题，但是对于监管过失是否归属于监督过失尚未达成共识。该刑事判决的重要意义在于，公务人员可能因为在执法监督管理上存在过失从而导致被监管者过失犯罪而被追

---

〔1〕　参见［日］大谷实：《刑法总论》，黎宏译，法律出版社2003年版，第156页。

〔2〕　参见［日］大塚仁：《刑法概说（总论）》，冯军译，中国人民大学出版社2003年版，第211页。

〔3〕　参见庄劲主编：《刑法上的危险责任》，中山大学出版社2018年版，第34页。

〔4〕　参见胡俊凯：《鬼影幢幢的"绿十字"——日本"药害艾滋事件"透视》，载《经济世界》1996年第12期。

〔5〕　参见李雯静：《论输血及血液制品感染的侵权责任——基于日本法上的经验》，载《时代法学》2014年第4期。

究刑事责任，这就是所谓的公务员职务上的监督过失，亦即本书所称的公共安全监管过失。我国也有学者主张将监督过失限制在企、事业单位，团体等组织体内部适用，[1] 但是近年来的讨论已经倾向于将监管过失依照监督过失理论追究其刑事责任，并与其他类型的玩忽职守犯罪相区别。[2] 应当特别指出，监管过失已经越出了社会组织体内部的从属关系，属于国家专门监督管理机关在履职过程中出现的监督过失行为。

德国法学界对于监督过失责任并没有开展专门研究，没有构建单独的监督过失责任概念，而是在不作为的范围内论证可能出现的监督过失行为，尤其强调是否具有保证人地位以及基于该地位而产生的法益保护义务。如韦塞尔斯就在不作为犯的法益保护义务中谈到了公务员的不作为犯罪，"因为与特别的义务范围连接的公务员地位或者作为法人机构"也能产生作为义务，"当然公务员义务在何种程度上同时构成保障人义务，是个有争论的问题，还远未回答清楚"。[3] 亦即不能直接套用公务员义务来解释刑法上的保证人义务，否则刑事责任的范围将无限扩张，这也正是需要对监管过失责任予以限制的主要考量。保证人理论是个很好的思路，因此是否构成监管过失，主要取决于公务人员或者监管机构的职责内容和范围。如果公职人员处于保证人地位，当为、能为而不为时就成立了不作为犯罪，再加上过失心态便成立了过失不作为犯。其实最广义的监督过失（包括狭义的监督过失、管理过失和监管过失）都是过失的不作为犯，或者更确切地说，是监督不作为过失犯。但是监管过失的特殊性在于行政法上的职责和义务如何转化为刑法上的作为义务的问题，既要督促公务人员勤谨履职，恰当行使权力，同时又要防止刑法过度扩张，保障公务人员的权利，否则监管过失的概念将有碍于预防公共安全事故的目的设定。

三、公共安全监管过失是法定职责层面的过失

党的十九届五中全会提出了"总体国家安全观"，要求"统筹发展和安

---

[1]　参见彭凤莲：《监督过失责任论》，载《法学家》2004 年第 6 期。

[2]　参见蔡军：《论国家公务人员监督过失责任追究机制的构建——从矿难事故中刑事责任的追究切入》，载《铁道警官高等专科学校学报》2011 年第 6 期。

[3]　[德] 约翰内斯·韦塞尔斯：《德国刑法总论》，李昌珂译，法律出版社 2008 年版，第 437 页。

全，建设更高水平的平安中国"。平安中国建设已经上升为国家战略，成为"总体国家安全观"的重要组成部分，同时这也是贯彻"以人民为中心"理念，保护人民群众公共安全利益的具体举措。为此，需要在"总体国家安全观"指导下，"统筹发展和安全"，构建预防性治理，[1]防范和化解影响我国现代化进程的各种风险，全方位、全过程、全链条遏制公共安全风险。

现代性自带风险基因，安全问题内嵌于社会发展进程中无法消除，从而造就了现代风险社会。[2]随着工业化和现代化建设的不断深入，我国目前正在进入"高风险社会"时期，各种潜在的公共安全风险威胁层出不穷。由于我国独特的地理环境加之全球变暖气候异常，重大自然灾害频繁发生，我国防灾减灾压力倍增，丝毫不敢懈怠；现代化进程中，各种工业生产事故和矿山安全事故等多发，安全生产形势不容乐观；食品卫生安全问题突出，环境污染、生物安全、公共卫生、危险物品肇事等潜在威胁不容小觑；核技术、物理、化学、计算机技术、生物工程等各种高新技术的应用所带来的技术风险和安全隐患与日俱增；治安形势虽然明显好转，然而新问题不断涌现，"三股势力"恐怖主义威胁、黑社会性质犯罪、毒品犯罪等有组织犯罪，放火、爆炸、投放危险物质等危害公共安全风险以及杀人、绑架等严重暴力性犯罪时有发生。这些公共安全威胁不断阻碍着中国特色社会主义建设，极大地影响了人民群众的正常工作与日常生活，显著降低了人民群众的安全感、获得感和幸福感。公共安全危险已经成为影响我国政治稳定、经济安全、社会发展和人民利益的最大变量，可以通过将公共安全危险控制在较小的范围内而大幅度增加整个社会的收益[3]，必须下大力气着手解决这种无时无处不在的安全威胁，为顺利实现第二个百年奋斗目标提供战略支撑。

在各种安全威胁中，对于人民群众日常工作生活影响最为严重和最为直接的是各种公共安全事故所带来的安全威胁。曾几何时地方政府过度强调经济发展，甚至唯 GDP 马首是瞻，很大程度上忽视了生产安全，导致各种生产事故和重大安全事件频发，我国安全生产形势依然非常严峻。当代风险社会

---

〔1〕　参见刘军：《预防性法律制度的理论阐释与体系构建》，载《法学论坛》2021 年第 6 期。

〔2〕　转引自许超：《公共安全管理的历史变迁考察》，载《暨南学报（哲学社会科学版）》2020 年第 12 期。

〔3〕　这种收益会有很多，除了经济社会发展之外，也可以包括人民群众对于国家治理能力的肯定等无形的收益。

背景下，社会的各个环节相互依赖性不断增强，社会的高度复杂性、风险的高度不确定性和控制的高度有限性日益凸显，一旦发生危险其转化为实害的可能性越来越高，后续社会损害后果难以控制，处理风险的"预防原则"（precautionary principle）也就相应出现，在危险发生之前为了避免或减少风险的可能性，需要采取一系列防护性和预防性措施来加以应对。[1]在预防性治理体系中，公共安全监管执法机关厉行公共安全监督管理职责是关键结构节点，对于整个预防性法律体系起着重要的支撑作用甚至是刚接效应，缺失了公共安全专门机关的外部监管，生产企业和经营单位的内部监督也会变得松垮而无力，安全形势必将岌岌可危。因此，需要通过立法不断完善法律法规体系和责任追究机制，促进形成统一的违法性意识，不断增强生产企业和职工的安全生产控制能力，但是更加重要的是需要加强外部执法监督，为安全生产加上一道"保险阀"。监管成为依法履行政府职能的重要组成内容，[2]只有加强安全生产监管执法，从外部监督与监管机制上防止和减少生产安全事故，才能最大限度地保障人民群众生命和财产安全。

无论是生产领域的公共安全还是非生产领域的公共安全，从本质上来讲都属于公共产品的范畴，是运用公共权力的政府必须向公民提供的公共服务，[3]易言之，提供公共安全服务是权力设定的目的，也是公共权力的职责之所在，是职能部门必须要履行的职责和义务。公共安全是政府向社会公众提供的必要的公共产品（public goods），向社会提供公共安全产品与服务是政府的责任。[4]随着风险社会的到来和社会化分工越来越细化，人们面对的公共安全风险日益递增，出于保护公共法益和维护公共安全的需要，专门的安全生产监管机构对于安全生产的监督管理之重要性日益突出。公共安全作为政府所提供的公共产品，在风险社会中的作用显得尤为突出，甚至成为一种必需品，是社会经济发展和人们安居乐业之刚需，也是政府为维护社会秩序和发展环境必须作出的制度性选择。当然在提供公共安全产品的过程中，政

---

〔1〕 See Mark Geistfeld, "Implementing the Precautionary Principle", *Environmental Law Reporter*, No. 11（November 2001），p. 11326.

〔2〕 参见章志远：《监管新政与行政法学的理论回应》，载《东方法学》2020 年第 5 期。

〔3〕 参见白钢：《解决公共安全问题刻不容缓》，载《人民日报》2004 年 2 月 27 日，第 13 版。

〔4〕 参见钟雯彬：《公共安全产品与服务供给的新秩序模式》，载《中国人民公安大学学报》2004 年第 1 期。

府并非唯一的责任主体，甚至也不是主要的责任主体，更非所有的事情都要亲力亲为，而是要发挥组织、领导、指挥和监督的作用，调动生产经营、社会组织、人民群众等所有的社会主体共同参与、共同完成、共同享有这一公共产品。其中最为重要的也最容易被忽视的就是监督，但其实没有监督就没有管理、没有监督就没有执行、没有监督就没有落实，监督是落实管理的关键环节。在公共安全这一公共产品的生产过程中，必须要举起监督管理的大旗才能强化关键结构节点，确保各个环节相互协调、安全无虞。其中，专门的安全监督管理职能部门的监督至关重要。

在公共安全领域加强监管，并对监管过失行为追究其刑事责任，其理论基础还来源于对政府职能的"辅从性"（subsidiarity）要求。所谓的辅从性是指包括国家在内的所有社会组织都是为个人利益而服务的，因此非必要不干涉、有必要须行动。从个人权利角度来说，"辅从性即个人拥有控制自己生活的权利和责任，但当个人的行为、选择或责任无法符合公平与适度标准时，则需要政府履行干预职能。"[1]从国家和政府职能层面来看，"国家的直接介入只能出现在特殊条件下的非常情况中。治理要求国家遵循辅从性原则，即国家的直接介入只是针对那些只能由国家才能完成的任务，如涉及垄断的领域，对抗各种风险的集体保护（安全领域）或是维护社会团结的任务"[2]。放眼全球化和国际治理的视域，"辅从性的意思是，任何决定应该由级别尽可能低的能胜任的治理机构做出"[3]。综合来看，所谓的"辅从性"解决的其实是权利与权力的关系问题，权力应当以权利为旨归，权力的设定目的就是服务于权利。按照此种思路，社会组织和国家机构应当践行以下要求：一是，任何社会组织的目的只有一个，那就是为个体服务，对于政府机构而言更是如此。这简直就是"以人民为中心"的翻版，但是"以人民为中心"立意更加高远，更加突出强调人民的主体性地位，更加强调"人民是历史的创造

---

〔1〕［英］马丁·冯、彼得·杨：《公共部门风险管理》，陈通等译，天津大学出版社 2003 年版，第 19~20 页。

〔2〕［法］雅克·舍瓦利埃：《治理：一个新的国家范式》，张春颖、马京鹏摘译，载《国家行政学院学报》2010 年第 1 期。

〔3〕［美］约翰·卡瓦纳：《克服全球化弊病的辅从性原则》，丁海摘译，载《国外理论动态》2006 年第 1 期。

者"，而且"是决定党和国家前途命运的根本力量"。[1]二是，任何社会组织，尤其是政府机构，需恰当履职，作为和不作为的标准只有一个，那就是为设定目的服务。"坚持以人民为中心"是新时代坚持和发展中国特色社会主义的根本立场，要做到"永远把人民对美好生活的向往作为奋斗目标"[2]，始终为人民的利益和幸福而努力奋斗。三是，最小干涉原则和最大自主原则从两个相对的方向为评价社会组织的干预行为提供了具体的行动指南。"人格具有尊严，理应受到尊重"，[3]应当尊重具有人格尊严的主体人的自我选择、自我决定和自我完善，尽量不干涉能够由个体自己选择和决定的事情；但是从另一个方面来看，无法由个体选择和决定的事情，则只能由社会组织和政府予以解决，社会组织能够解决的事情，那么国家和政府则尽量不参与。

从日本监督过失理论的发展历程来看，凡是肯定监督过失的案例，也只是在侵害公共法益、造成严重后果、影响范围较广的公共安全事件和公害案件中才适用监督过失责任。因为监督过失责任实质上扩大了一般过失犯罪的处罚范围，延长了因果关系链条，因此"辅从性"原则从适用范围上对监督过失责任作了限制，只有涉及公共安全等公共利益的犯罪才能适用监督过失责任。公共安全领域问题显然是无法由个体来决定和解决的，个体既没有解决问题的能力也不具有解决问题的权威，这是只能由国家和政府直接介入才能完成的任务，如此国家和政府就具有了采取行动而有所作为的必要性，从而处理公安安全领域问题也就成为安全监管执法部门的法定职责，立法机关有必要遵循法定程序将这种内在要求的"法"定职责落实为外在呈现的"法定"职责。实际上，因为涉及他者和公共利益，公共安全问题不但个人、组织、社会团体以及私有部门无法解决，而且也不能交由市场来解决，因为会出现"市场失灵"，无论是从公共安全问题的公共性、复杂性还是不确定性上来看，公共安全风险都需要由公共部门加强执法监督予以解决。

综上，公共安全监管过失实质上就是法定职责上的过失，但却是在法定

---

〔1〕 习近平：《决胜全面建成小康社会 夺取新时代中国特色社会主义伟大胜利——在中国共产党第十九次全国代表大会上的报告》，载《求是》2017年第21期。

〔2〕 中共中央宣传部：《习近平新时代中国特色社会主义思想学习纲要》，学习出版社、人民出版社2019年版，第40页。

〔3〕 刘军、潘丙永：《认罪认罚从宽主体性协商的制度构建》，载《山东大学学报（哲学社会科学版）》2020年第2期。

职责层面的监督过失，是因为监督者履行法定职责时存在监督过失而致使被监督者犯罪。在狭义的监督过失中，"监督者有义务防止被监督者产生过失行为，却没有履行这种义务（如没有对被监督者作出任何指示，或者作出了不合理的指示），导致了结果发生。"[1]同样道理，在监管过失中也存在监督过失，而且正是因为被监督者危害公共安全的行为反证了监督执法者存在监督过失，没有恰当履行监管职责和义务；如果监督者能够恪尽职守履行监督职责，就不会出现被监督者危害公共安全的行为，从而对监督者追究监管过失责任能够有效起到预防犯罪的作用，防止出现法益侵害的结果。监管过失的特殊之处在于，监督者的监督义务来源是法律的直接规定。因此，从预防主义的视角来看，监管过失责任正是系统性地解决人民群众关心的公共安全问题的关键环节，属于对公共安全结构中脆弱性节点的补强。

四、公共安全监管过失立法完善的技术性路线

既然公共安全监管过失是一种新型的监督过失，不同于一般的玩忽职守，那么该种行为在司法实践中究竟是构成玩忽职守罪，还是通过立法设立新的罪名以便与公共安全监管过失特殊的罪责相匹配，学界目前仍然未能达成共识。

就当前的研究现状来看，对该问题有过研究的学者大多倾向于设立独立的监管过失罪，但是建议设立的方式不一，包括以下三种模式：一是设立具体领域的监管过失犯罪，如有学者认为监督过失犯罪与玩忽职守罪存在不同，针对生产安全应当单独设立"企业安全公务监督过失罪"，该罪名仅限于职务关系中的监督过失。[2]该学者抓住了监管过失发生的重要领域——生产安全，应当值得肯定。然而监管过失不仅限于生产安全，还包括环境资源、食品药品、公共卫生等公害领域发生的监管过失行为，而且与玩忽职守罪都存在显著区别，如此将需要分别设立各个具体领域的监管过失犯罪。二是设立概括的监管过失犯罪，如有学者针对最广义的监督过失[3]犯罪主张分别设立"业

---

〔1〕 张明楷：《刑法学》（第4版），法律出版社2011年版，第272页。

〔2〕 参见孙桂华：《我国应设立企业安全公务监督过失罪》，载《山西高等学校社会科学学报》2011年第6期。

〔3〕 最广义的监督过失包括狭义的监督过失、管理过失和监管过失。参见刘军：《监督过失责任：公共安全事故预防的一种特殊指向》，载《政法论丛》2021年第5期。

务监督过失罪"和"公务监督过失罪",分置于刑法分则第二章危害公共安全罪和第九章渎职罪中;[1]还有学者认为应当在刑法分则第九章渎职罪中明确规定"公务监督过失罪";[2]或者,在职务关系领域专设"监督过失罪"。[3]这些建议的共同特点是监管过失犯罪是独立的而且是概括的,涵盖性较高,能够很好地解决职务领域监督过失与玩忽职守的区分问题。但是建议设立的罪名又过度概括、失之过宽,依之,所有的公务人员如果出现监督过失都有可能构成犯罪,而不是集中于公共安全这一须由国家和政府直接介入监督的重要领域,如此该罪名很有可能成为另外一个"口袋罪",难以回应刑罚权任意启动和人权保障不力的质疑,对于执法监督的要求过度苛刻,容易导致职能部门执法走形变味,最终影响经济社会正常发展。三是设立统一的监督过失犯罪,如有学者认为应当设立独立的"监督过失罪"罪名,把生产、经营、服务、国家行政管理等过程中的领导及指导过失的行为形态、责任统一起来。[4]这一建议的最大好处是将监督过失犯罪统一规定为一个罪名,能够突出监督过失责任的独特性,但是比第二种概念更加概括,缺点也更加明显,相应的质疑也更加难以回应;更加严重的是,因为缺少对于监督领域和监督对象的精准描述,或者罪状简单而概括,将会导致该罪名的构成要件非常模糊而有违罪刑法定原则的明确性要求。以上三种模式的立法建议,第一种罪状描述最具体,监督对象和监督领域明确,具有一定的可操作性;第三种最概括,直接把监督过失作为一个罪名,其实是混淆了监督过失理论和罪名之间的关系,监督过失作为一种理论揭示了实践中所需要解决的问题以及解决方式,但是设置罪名却不必直接使用监督过失罪。第二种模式是折衷模式,只是区分了业务监督过失和公务监督过失,仍然失之过宽。

监督过失在整个犯罪论体系中的地位如何,决定了实践中的立法模式。一方面,监督过失是一种特殊的过失,虽然与一般过失存在较大差异,但仍然属于过失的范畴;另一方面,渎职行为也并不妨碍成立监管过失犯罪,或

---

[1] 参见蔡军:《论国家公务人员监督过失责任追究机制的构建——从矿难事故中刑事责任的追究切入》,载《铁道警官高等专科学校学报》2011年第6期。

[2] 参见王鹏祥、刘林霞:《公务监督过失犯罪及其对策研究》,载《周口师范学院学报》2011年第3期。

[3] 参见冯殿美、曹廷生:《论监督过失罪在我国的设立》,载《山东大学学报(哲学社会科学版)》2009年第6期。

[4] 参见易益典:《论监督过失理论的刑法适用》,载《华东政法大学学报》2010年第1期。

者在某种意义上，恰恰是因为职务上的监管过失行为才构成渎职，所以说监管过失仍然在玩忽职守的射程之内，只不过监管过失作为一种特殊的玩忽职守行为，需要对其构成要件（包括客观的构成要件和主观的构成要件）作相应的调整，以便更加适应对于监管过失行为的正义之惩罚与功利之预防，而且对监管过失行为设立特别条款更能够起到规范之警醒作用。因此，对于公共安全监管过失行为需要在刑法分则第九章渎职罪中单独立法予以规制，并明确其与玩忽职守罪的法条竞合关系，以便严密法网、宽严相济、罪刑该当、兼顾预防，更好地防范和遏止公共安全风险，尤其是有效降低安全生产事故的发生。

我国刑法目前的公务员监督过失犯罪可能涉及的罪名包括玩忽职守罪，环境监管失职罪，食品、药品监管渎职罪，传染病防治失职罪等，[1]其中环境监管失职罪，食品、药品监管渎职罪和传染病防治失职罪都属于广义的公共安全监管过失并已经有专门立法予以规制，但是对于狭义的公共安全风险监管过失的立法仍然存在很大不足，对于生产劳动、工程施工、大型群众性活动、危险物品、教育设施等方面的安全尤其需要加强监督、检查、管理与执法，确保不发生重特大安全事件。在目前如环境监管失职罪，食品、药品监管渎职罪，传染病防治失职罪等公害类犯罪监管过失已经单独立法的前提下，建议补齐公共安全监管过失犯罪的领域和监管对象，设立"公共安全监管失职罪"。如果采取刑法修正案的方式，可以在第 397 条之后新增一条作为第 397 条之一：负有公共安全保护监督管理职责的国家机关工作人员严重不负责任，导致发生重大公共安全事件，致使公私财产遭受重大损失或者造成人身伤亡的严重后果的，处三年以下有期徒刑或者拘役。

当然，这里的"公共安全"是狭义的公共安全，专指对于刑法分则第二章"危害公共安全罪"的侵害客体。在"统筹发展和安全，建设更高水平的平安中国"的大背景下，这一立法实践的重要意义不言而喻；当前的重中之重是加大对于企、事业单位安全生产的监管过失责任的追究，以便在安全生产监督方面提高执法力度，确保不发生重、特大生产责任事故，不断提升人

---

〔1〕 其他的玩忽职守特别条款，如商检失职罪、动植物检疫失职罪、失职造成珍贵文物损毁、流失罪等渎职行为都属于直接过失，是对职务的直接亵渎，并不存在他人的犯罪行为作为"中间项"。参见刘军：《监督过失责任：公共安全事故预防的一种特殊指向》，载《政法论丛》2021 年第 5 期。

民群众的安全感、获得感和幸福感。

为什么不采用"企业安全公务监督过失罪"的建议，首先是因为该罪名言之不详，"企业安全"的概念不明确，而且并非所有的企业安全问题都能够成立监管过失犯罪，只有涉及公共安全、除非国家和政府介入否则无法提供安全服务和保障之时，才有可能在客观上成立监督过失犯罪。其次，该罪名在监督对象上又失之过窄，监督范围太小。包括企、事业单位在内的所有生产安全以及其他公共安全都应当涵摄在监管执法的范围之内，限制于"企业安全"不适应当前的市场经济发展且不符合职能部门监管范围。再次，监管过失只能是职务上的监督管理过失，只有公务人员才能罹犯监督过失犯罪，因此罪名中的"公务"两字本身多余，无需单独强调。最后，对于监管过失而言，不仅仅是被监督者过失犯罪可能导致监管执法人员成立监管过失犯罪，即使是被监督者故意犯罪，如果是在职责监管范围之内，仍然可能成立监管过失犯罪。易言之，监管过失犯罪虽然是监督过失犯罪，但其本质上仍然是对于职务的亵渎，仍然属于职务犯罪，因此最恰当的罪名应该是"公共安全监管失职罪"。

公共安全监管过失犯罪与玩忽职守罪的关系如何？二者是法条竞合的关系。究竟是重合关系的法条竞合还是交叉关系的法条竞合呢？公共安全监管过失首先是一种监督过失，其次才是法定职责层面的过失，玩忽职守罪并不能够完全涵盖公共安全过失犯罪，二者在职责的亵渎方面存在交叉，因此应当属于交叉型的法条竞合关系。依照法条竞合理论，如果出现法条竞合在司法适用中应当采取特别法优于一般法、重法优于轻法的处理原则。但是因为监督过失责任本来是为了解决"领导、管理和监督责任"问题，相较于传统刑法本来就属于刑法的扩张，因此在法条竞合适用原则上应当采取特别法优于一般法的原则，即适用特别条款的公共安全监管失职罪。当然在公共安全监管过失犯罪尚未立法的前提下，按照玩忽职守罪追究相关刑事责任也是可以的，但毕竟是交叉型的法条竞合，因此在追究刑事责任之时还是应当考虑监管过失的特殊性，在罪责刑等方面均应当与一般的玩忽职守罪区别对待。

至此，公共安全（广义的）监管过失犯罪体系基本形成，包括了公共安全监管失职罪以及环境监管失职罪，食品、药品监管渎职罪、传染病防治失职罪等公害行为的监管过失犯罪。虽然如此，司法适用层面还需要把握监管过失犯罪的特殊性以准确适用刑法。

五、公共安全监管过失犯罪司法适用构成要件

基于公共安全监管过失犯罪的特殊性，其在罪责尤其是在主客观要件方面都作了相应的修正，需要在司法适用过程中准确把握公共安全监管过失犯罪的犯罪构造[1]，以便统一适用法律，厉行正义并预防犯罪。其中公共安全监管过失犯罪的实行行为、因果关系以及主观过错是重中之重。

首先，公共安全监管过失介入了"中间项"。公共安全监管过失是一种特殊的监督过失，在犯罪构造中存在着作为"中间项"的被监督者危害公共安全的犯罪行为，因此公共安全监管过失责任的实质是越过了作为"中间项"的第三人犯罪而追究处于"上位"的监管执法者的"监督过失"责任，目的是预防包括公害犯罪在内的公共安全事件的发生。不能完全说监管过失是对他人的犯罪行为负责，因为监督者毕竟存在着不作为；而且正是因为被监督者危害行为的发生，才表明监督者没有履行或者没有正确履行公共安全监督管理和严格执法的义务。由此，追究具有"监管过失"的公职人员的监督过失责任，也将有效预防和遏制公共安全事故的发生。在这个意义上，监管过失责任有其存在的理由。监管过失责任特别指向了公职人员这一行为主体，其在一般过失责任之上或者之后对公共法益侵害结果承担过失责任；而且由于公职人员承担特殊的职责和义务，更加需要加强对其的行为规范和责任追究，以最大限度地减少公共安全事件的发生。

通常情况下公共安全监管过失犯罪都涉入了被监督者的过失犯罪，如建筑工程施工单位违反国家规定和安全规程，造成重大安全事故，相关的监管执法部门如果严重不负责任，并未对之前发现的违反国家规定和安全规程的行为进行认真处置，就会涉嫌构成公共安全监管过失犯罪。特殊情形下，即使涉入了第三人的故意犯罪，也无法免除公职人员的刑事责任[2]，如破坏交通工具或者破坏交通设施行为，相关公共安全监督管理执法部门严重不负责

---

〔1〕 其实包括环境监管失职罪，食品、药品监管渎职罪和传染病防治失职罪等在内的广义的公共安全监管过失犯罪都存在类似的犯罪构造，在司法适用过程中也存在类似的认定过程。

〔2〕 持类似观点的还包括骆群，其区分了故意的危险犯和实害犯等不同情形，参见骆群：《监督过失责任及其在食品监管渎职罪中的运用》，载《苏州大学学报》2014年第2期。当然也有学者采"中断论"，认为被监督人故意犯罪则中断了监督人原来过失行为的因果进程，参见李薇宏：《监督过失理论研究》，载《刑事法评论》2008年第2期。

任，没有及时发现或者即使发现了也并未及时处置，导致危害公共安全风险的发生，同样需要承担公共安全监管过失责任。此种涉及被监督者故意犯罪的情形，在环境监管失职罪、食品药品监管渎职罪、传染病防治失职罪中表现得更为突出，即使被监督者是故意犯罪也无法打断因果链条，仍然需要对监督过失的实行行为承担刑事责任。申言之，公共安全监管过失在事实层面上可能同时存在着并存竞合和重叠竞合，[1]但是由于监管过失中犯罪主体的特殊性，对其积极作为义务和职责要求更高，通常需要在犯罪构造中给予单独考察，并根据具体监管部门的公权力性质和具体职责要求进行具体判断。[2]相比较狭义的监督过失和管理过失，这是监管过失的特殊之处。虽然如此，公共安全监管过失主要是指因为监督者未尽行政执法上对于公共安全的监管职责而导致被监督者过失犯罪的情形。

其次，过失不作为犯未履行作为义务和结果回避义务。在公共安全监管过失犯罪构造中，需要解决的关键问题就是实行行为的指向问题。行为是整个犯罪构造的逻辑起点，是构成要件的第一个要素也是决定性的要素，"无行为则无犯罪，亦无刑罚"，因此如何看待和解释公共安全监管过失犯罪的实行行为决定了整个犯罪构造的结构与走向。关于监督过失责任理论，有按照传统过失论进行构造者，也有主张以不作为犯来把握者。[3]按照传统过失论进行构造的缺点是明显的，因为监管过失犯罪涉入了"中间项"，其实行行为的危险性难以说明；而在当代的刑法理论中，只有具有法益侵害危险的行为才是实行行为，才具有符合构成要件的可能。因此，讨论监督过失责任不能简单地通过对过失进行扩充或变通的方式予以说明，而只能通过论证监督不作为的实行行为性予以说明。

监督过失责任的本质是要追究监督者违反注意义务和积极作为义务而导致法益侵害的行为，本质上是一种"监督不作为过失责任"[4]，在德国刑法

---

[1] 参见刘军：《监督过失责任：公共安全事故预防的一种特殊指向》，载《政法论丛》2021年第5期。

[2] 正是因为监管过失犯罪的这一特性，在司法适用过程中尤其需要论证能否将损害结果归结于监管过失实行行为，以及与被监督者过失犯罪行为的过失竞合问题，因为篇幅所限将辟专文予以解析。

[3] 参见[日]西田典之：《日本刑法总论》，刘明祥、王昭武译，中国人民大学出版社2007年版，第225页。

[4] 参见[日]甲斐克则：《责任原理与过失犯论》，谢佳君译，中国政法大学出版社2016年版，第138页。

理论中即把监督过失行为视为不作为犯罪，属于"过失不作为犯"的一种类型，称之为"因与特别的义务范围连接之公务员或法人机构"的不作为犯罪。〔1〕公共安全监管过失犯罪因为与公务员之特别义务相链接而成为一种典型的过失不作为犯，但是公务员义务在何种程度上能够同时构成保证人义务，却是需要深入探讨的问题，因为这决定了谁具有公共安全的保护职责？谁处于保证人地位？以及监管过失责任追究到哪个层级的问题。2021 年 9 月 13 日辽宁省大连市通报对普兰店区"9·10"燃气爆炸事故问责处理情况，除属地政府相关领导与住建部门领导被问责外，大连市应急管理局的 3 位领导也被问责，而且对应急管理部门的问责处罚反而重于住建部门，但其实住建部门才是燃气安全监管的主责部门。特约评论员、应急管理专家王宏伟就大连应急管理局 3 位领导被问责一事提出了质疑，认为"不适当的问责会影响应急队伍的整体士气，进而可能损害公共安全，与问责的初衷背道而驰"〔2〕。媒体在报道中并未披露所追究责任的具体内容，虽然该责任追究明显并非刑事责任，但毫无疑问被问责人员是因为监督过失而承担责任，这存在着是否属于其职责范围以及是否具有保证人地位的问题。

监督过失的特殊性表现在构成要件方面则是双重的开放构成要件，监督过失犯的成立在构成要件的层面必须既违反作为义务又违反客观的注意义务。〔3〕所有的监督过失中均存在专属的积极作为义务，积极义务意味着特定义务人在具体社会关系中处于保证人地位；而积极作为义务一旦为刑法所确认，对于义务的违反便可能成立不作为犯罪。就公共安全监管过失而言，虽然不能将公务人员的职责直接转化为作为义务，但是仍然需要考察行为主体的具体职责内容和范围，以便确认行为主体是否有义务保证不发生公共安全风险，是否有义务阻止公共安全风险的发生和扩散，以及在客观上是否履行了结果回避义务。在上文提到的"9·10"燃气爆炸事故中，应急管理部门属于综合监管部门，负责系统性、协调性监管，因此并非防止燃气发生安全事

---

〔1〕　参见［德］约翰内斯·韦塞尔斯：《德国刑法总论》，李昌珂译，法律出版社 2008 年版，第 437 页。

〔2〕　参见《问责大连应急管理局 3 位领导，合理吗？》，载新浪网：https://news. sina. cn/gn/2021-09-15/detail-iktzqtyt6066073. d. html，最后访问日期：2021 年 9 月 26 日。

〔3〕　无论是不作为还是过失都是有待法官进行补充的构成要件，都是有待法官予以具体判断和法律化的构成要件。参见刘军：《监督过失责任：公共安全事故预防的一种特殊指向》，载《政法论丛》2021 年第 5 期。

故的保证人，无法在监管过程中具体把握是否具有公共安全法益侵害的实质危险性。只有处于保证人地位有义务防止被监管者出现违法行为，但是没有履行该积极作为义务导致被监管人出现违法行为，才是创设了法所不允许的危险，才是监督过失的实行行为，因此该案中的应急管理部门并非公共安全监管过失的行为主体，不具有保证人义务，从而其不作为这一事实也就无法成立。"当行为人一开始就没有创设任何在法律上有重要意义的危险时，就完全缺乏那种违反谨慎性了。"〔1〕当然，不符合构成要件也就不可能成就刑事责任，但是，并不妨碍应急管理部门工作人员承担其他的责任，如行政处罚、政务处分或者纪律处分等，这已经超出了本书探讨的范围。

最后，对注意义务的要求经历了从预见可能性到结果回避可能性的变迁。"无犯意则无犯人"（英国法谚），监督过失责任因为涉入了"中间项"，距离直接的法益侵害较远，因此对于损害结果是否具有预见可能性很难判断。日本学者依据1955年的森永奶糖砒素中毒事件判决总结出了"畏惧感"说，"在混入不属于原来预定的食品添加物的异物时，理所当然地就应当抱有这样一种畏惧感：也许会有有害物质混入"〔2〕，即，只要对于结果的发生具有"畏惧感"或者"不安感"，即可认定具备了过失的预见可能性，此即过失犯罪理论中的"新新过失论"之谓。"畏惧感"或"不安感"是对危险可能发生的"不放心"，此时就需要采取措施予以"检视"，从而避免结果的发生。但问题是，"畏惧"或"不安"并非"预见"，毋宁说是对于自己没有采取措施予以"检视"的"心虚"，因此公共安全监管过失犯罪的预见可能性指的是，对于自己没有履行监管义务可能致使他人发生危害公共安全风险的预见可能性。因为如果是对具体损害结果的预见，则与一般过失类犯罪无异。恰如大塚仁所指出的，监督过失中的注意义务不同于一般过失的注意义务的地方在于，"不是有义务给预见、避免自己的行为直接发生犯罪结果提供动机，而是有义务给预见由自己的行为引起被监督者的过失行为、从而发生犯罪结果并为避免该结果而采取行动提供动机"〔3〕，如果具备了这种预见可能性，

---

〔1〕［德］克劳斯·罗克辛：《德国刑法学总论（第1卷）：犯罪原理的基础构造》，王世洲译，法律出版社2005年版，第715页。

〔2〕参见［日］藤木英雄：《公害犯罪》，丛选功等译，中国政法大学出版社1992年版，第69页。

〔3〕［日］大塚仁：《刑法概说（总论）》，冯军译，中国人民大学出版社2003年版，第212页。

当然就需要采取措施予以避免，从而转化为注意义务上的结果回避义务。

新新过失论在监督过失的犯罪构造上只是在有责性层面修正了预见可能性的判断，公共安全监管过失犯罪的成立仍然需要客观上违反结果回避义务。申言之，监督过失犯罪中的行为人虽然对于危害结果的出现具有"畏惧感"或"不安感"，但是并未尽到避免结果发生的义务，进而发生构成要件的结果，就具有了刑法上的可谴责性，就应当承担监督过失责任；反之，即使具有了"畏惧感"或"不安感"可以满足预见可能性的要求，但是行为人已经尽到注意义务或者不具有结果回避可能性的情况下，也不成立监督过失犯罪。如果是狭义的监督过失犯罪，如果存在可以合理信赖其他人员会采取适当行为的情形还可以依据"信赖原则"排除监督过失的成立，这是对复数过失危险行为的当然解释，也是对监督过失责任的有效限制。但是就监管过失而言，窃以为不能适用信赖原则，因为公职人员作为保证人阻止在相关范围内出现的对于受保护人的危险和社会风险是其法定职责，当然不存在信赖其他人，包括信赖其他公职人员会采取适当行动的情形，否则职务就成了可以推诿之事。

刑法在理念上，通常只对自己的行为承担责任，监督过失责任只是一种例外。但是如果负有特定的监督、管理或者监管义务而怠于履职，致使第三人行为危及公共安全，并且如果监督者能够正确履职就可以有效阻止危害结果的发生，则应当承担监督过失责任。监督过失责任的本质在于没有恰当地履行"监督"义务，是行为人对于其制度性角色的否认和积极作为义务的违反。虽然刑法上监督过失责任的承担应当以被监督者出现过失并造成法益侵害结果为前提，但是从某种意义上来说，人作为主体对于其社会职责和社会义务的懈怠本身就值得谴责，在当今风险社会背景下更是如此，虽然这种谴责可以是行政的、民事的也可以是道德层面的谴责。一体化构建的责任追究体系，将有助于行为人形成正确的违法性意识，养成良好的规则意识，让遵守规则成为一种习惯！

刑法中的行为人危险及预防性惩罚

　　党的二十大报告辟专章对国家安全和社会稳定进行论述和部署，强调在公共安全治理过程中，要坚持"安全第一、预防为主"，不断"提高公共安全治理水平""完善公共安全体系"。[1]为此，需要在"总体国家安全观"指导下"统筹发展和安全"，构建预防性法律制度，[2]防范和化解影响我国现代化进程的各种风险，全方位、全过程、全链条遏制公共安全犯罪，全力维护公共秩序和社会稳定，努力建设更高水平的平安中国。

　　"多次犯"[3]是我国刑法以危险预防辅益刑罚惩罚的特色立法现象，是构建预防性法律制度的重要立法实践，为探索中国特色刑法理论提供了大量实践素材，有必要厘清其理论基础、作用机理并进行制度构建。针对具有犯罪危险的行为人依据其刑罚指征而采取适当的"预防性惩罚"，能够有效促进行为人形成统一的违法性意识，防止其再次犯罪，充分实现刑法惩罚与预防犯罪的目的。

---

　　[1]　参见《中国共产党第二十次全国代表大会关于十九届中央委员会报告的决议》（2022 年 10 月 22 日中国共产党第二十次全国代表大会通过），载中国共产党新闻网：http://dangjian.people.com.cn/n1/2022/1023/c117092-32549982.html，最后访问日期：2022 年 10 月 23 日。

　　[2]　参见刘军：《预防性法律制度的理论阐释与体系构建》，载《法学论坛》2021 年第 6 期。

　　[3]　多次犯并不是一种典型的犯罪形态类型，在概念上也存在广义和狭义之分，具体内涵在下文详述。

一、多次犯是我国刑法中的特色立法现象

(一) 我国刑法多次犯立法现状

传统刑法理论认为，"前科劣迹"[1]不能影响定罪，在符合一定条件的前提下，如累犯、前科、人格调查报告指示犯罪倾向性等，可以影响量刑。然而我国刑法和司法解释[2]中存在着将反复实施违法犯罪行为作为犯罪成立要素或者从重处罚条件的规定，我国学者很早便注意到这一立法现象并将之概括为"多次犯"[3]。"前科劣迹"彰显了行为人的反社会人格以及其行为将升级为犯罪的高度盖然性，能够影响定罪与量刑已是不争的事实，但是多次犯概念存在广狭之别、如何影响定罪和量刑、是否以行为人危险为理论基础、是否违背"一事不二罚"以及如何进行适当限制等均存在巨大争论，仍然是当前尚未圆满解决的重大理论与实践问题。

我国《刑法》第 153 条的走私普通货物、物品罪和第 201 条的逃税罪直接规定了此类情形。《刑法》第 153 条第 1 款第 (一) 项规定，"走私货物、物品偷逃应缴税额较大或者一年内曾因走私被给予二次行政处罚后又走私的，处三年以下有期徒刑或者拘役，并处偷逃应缴税额一倍以上五倍以下罚金。"根据相关司法解释，[4]其中的"一年内"，以因走私第一次受到行政处罚的生效之日与"又走私"行为实施之日的时间间隔计算确定；而"被给予二次行政处罚"的走私行为，包括走私普通货物、物品以及其他货物、物品；但是"又走私"则仅指走私普通货物、物品的行为。从《刑法》及其相关司法解释的规定来看，前面两次走私行为因为不构成犯罪而受到行政处罚，后面的"又走私"也没有明确是否达到刑事处罚的程度。但是从逻辑推理上来看，应该是只要存在走私行为即可构成犯罪，而勿论该行为是否达到犯罪的标准，

---

〔1〕 "前科劣迹"只是对于因违法犯罪活动而受到处罚的通俗说法。所谓"前科"，其实是受过刑事处罚而被记录在案的情形；而"劣迹"则是因违法行为而受到行政处罚的情形。当然，广义的"劣迹"其实可以泛指一切不良记录，甚至可以包括违法犯罪行为尚未受到处罚的情形。

〔2〕 我国的司法解释是一种抽象的司法解释，具有普遍适用性，实质上是一种准立法。因此本书中除非特别指出，否则以刑事立法泛指刑法立法和司法解释。

〔3〕 参见赵秉志主编：《刑罚总论问题探索》，法律出版社 2002 年版，第 283 页。

〔4〕 参见最高人民法院、最高人民检察院《关于办理走私刑事案件适用法律若干问题的解释》(法释〔2014〕10 号) 第 17 条，该司法解释自 2014 年 9 月 10 日起施行。

甚至可以包括走私未遂或者预备行为，因为如果达到数额较大的标准，则直接符合"走私货物、物品偷逃应缴税额较大"的犯罪构成，而无需适用"一年内曾因走私被给予二次行政处罚后又走私"这一规定。从而即使每一次走私行为并不构成犯罪，但是多次实施走私行为的仍然有可能构成犯罪而受到刑事处罚。

逃税罪也有类似规定，但与走私普通货物、物品罪略有不同。《刑法》第201条第4款规定："有第一款行为，经税务机关依法下达追缴通知后，补缴应纳税款，缴纳滞纳金，已受行政处罚的，不予追究刑事责任；但是，五年内因受过刑事处罚或者被税务机关给予二次以上行政处罚的除外。"申言之，五年内逃避缴纳税款受过刑事处罚或者被税务机关给予二次以上行政处罚，无论其是否补缴应纳税款和滞纳金，都应当追究刑事责任而不能仅仅给予行政处罚。逃税罪的特殊之处在于：一是，之前受过的刑事处罚和行政处罚都会影响本次逃税行为是否会被刑事追究，之前所受刑事处罚与本次逃税行为是否构成累犯在所不问。二是，单位时间是五年内，因此之前受过刑事处罚或行政处罚的影响时间会更长，对于犯罪人的刑罚威慑会更加持久。三是，本条款属于除外规定的例外规定，申言之，行为人有《刑法》第201条第1款规定的行为本已构成逃税罪，只是基于刑事政策的考量而网开一面不予追究而已，但是如果五年内再有逃税行为，则犯罪人的再犯危险性已经达到相当高的程度而不宜仅处以行政处罚。就此而言，其实该条款仍然属于逃税罪的犯罪构成要素。这是典型的前科劣迹能够影响定罪量刑的刑法规定，除此之外，前科劣迹影响定罪量刑更多地体现在刑法司法解释之中。

在刑法规范中，还存在着仅规定多次违法犯罪行为作为构成要件要素的情形，如《刑法》规定的"多次盗窃"（第264条，《中华人民共和国刑法修正案（八）》）、"多次敲诈勒索"（第274条，《中华人民共和国刑法修正案（八）》）、"多次抢夺"（第267条，《中华人民共和国刑法修正案（九）》）、"多次参加"聚众淫乱活动（第301条）、"多次扰乱国家机关工作秩序"、"多次组织、资助他人非法聚集"（第290条，《中华人民共和国刑法修正案（九）》）等情形。当然，也包括多次作为加重情节的情形，即情节加重犯，如"多次抢劫"（第263条）、"多次聚众斗殴"（第292条）、"多次组织他人偷越国（边）境"（第318条）、"多次实施运送［他人偷越国（边）境］行为"（第321条）、"纠集他人多次实施（寻衅滋事行为）"（第293条）、"多次盗掘古文化遗址、古墓葬"（第328条）等因多次行为而加重处罚的情形。相比《刑法》第153条的走私普通货物、物品罪和第201条的逃税罪的规定，此种情形的特殊之处在于，没有明确多次行为是违法还是犯罪的行为性质、多次行为是否受过处罚以及多次行为的单位时间。从文字可能的含义和法益保护的目的解释上来看，多次行为可以包括违法和犯罪行为，是否受过处罚以及多长时间内受过处罚在所不问。因此，《刑法》中的这11个条文其实是隐含了曾经受过刑事处罚和行政处罚而影响定罪量刑的情形。

截至目前，《刑法》中有13个条文[1]，以及正在生效的57个司法解释中的90个条款涉及行政处罚问题，其中4个条款为非刑罚制裁措施[2]；1个条款为"运输走私成品油的船舶、车辆"的处置原则[3]；87个条款直接涉及既往受到过"行政处罚"或者"刑事制裁"，波及77个罪名，涵盖刑法分则的6章，其中涉及第二章危害公共安全罪中的15个罪名，第三章破坏社会主义市场经济秩序罪中的23个罪名，第四章侵犯公民人身权利、民主权利罪中的4个罪名，第五章侵犯财产罪中的5个罪名，第六章妨害社会管理秩序罪中的29个罪名和第八章贪污贿赂罪中的1个罪名。其中，在破坏社会主义市场经济秩序罪中的第五节金融诈骗罪和妨害社会管理秩序罪中的第九节制作、贩卖、传播淫秽物品罪并没有类似规定。除了第四章和第五章9个罪名所涉及的犯罪侵害的是个人法益之外，其他罪名所涉及的犯罪侵害的都是公共法益。所涉及刑法分则章节和具体罪名详见下表。

---

[1] 根据前文梳理，刑法中的13个条文包括仅规定"多次"行为的11个条文和单位时间内受过刑事处罚或行政处罚的2个条文。

[2] 参见最高人民法院、最高人民检察院、公安部《关于办理暴力恐怖和宗教极端刑事案件适用法律若干问题的意见》（公通字〔2014〕34号）第2条第（十）项，该意见自2014年9月9日起施行，2018年3月16日废止；最高人民法院、最高人民检察院《关于办理盗窃刑事案件适用法律若干问题的解释》（法释〔2013〕8号）第7条，该司法解释自2013年4月4日起施行；最高人民法院、最高人民检察院《关于办理抢夺刑事案件适用法律若干问题的解释》（法释〔2013〕25号）第5条，该司法解释自2013年11月18日起施行；最高人民法院、最高人民检察院《关于办理敲诈勒索刑事案件适用法律若干问题的解释》（法释〔2013〕10号）第5条，该司法解释自2013年4月27日起施行。

[3] 参见最高人民法院、最高人民检察院、海关总署《关于印发〈打击非设关地成品油走私专题研讨会会议纪要〉的通知》（署缉发〔2019〕210号）第5条，该纪要自2019年10月24日起施行。

表 2　多次犯立法现状

序号	刑法章节		具体罪名	罪名数量
1	第二章危害公共安全罪		组织、领导、参加恐怖组织罪，非法持有宣扬恐怖主义、极端主义物品罪，非法制造、买卖、运输、邮寄、储存枪支、弹药、爆炸物罪，危险驾驶罪，铁路运营安全事故罪，重大责任事故罪，强令、组织他人违章冒险作业罪，危险作业罪，重大劳动安全事故罪，大型群众性活动重大安全事故罪，危险物品肇事罪，工程重大安全事故罪，教育设施重大安全事故罪，消防责任事故罪，不报、谎报安全事故罪	15
2	第三章破坏社会主义市场经济秩序罪	第一节生产、销售伪劣商品罪	生产、销售、提供假药罪，生产、销售不符合安全标准的食品罪，生产、销售有毒、有害食品罪	3
		第二节走私罪	走私国家禁止进出口的货物、物品罪，走私普通货物、物品罪	2
		第三节妨害对公司、企业的管理秩序罪	虚报注册资本罪，虚假出资、抽逃出资罪	2
		第四节破坏金融管理秩序罪	高利转贷罪，非法吸收公众存款罪，内幕交易、泄露内幕信息罪，利用未公开信息交易罪，操纵证券、期货市场罪	5
		第六节危害税收征管罪	逃税罪，骗取出口退税罪，虚开发票罪	3
		第七节侵犯知识产权罪	销售假冒注册商标的商品罪	1
		第八节扰乱市场秩序罪	虚假广告罪，串通投标罪，组织、领导传销活动罪，非法转让、倒卖土地使用权罪，提供虚假证明文件罪，出具证明文件重大失实罪	6
3	第四章侵犯公民人身权利、民主权利罪		拐卖妇女、儿童罪，侮辱罪，诽谤罪，侵犯公民个人信息罪	4

续表

序号	刑法章节		具体罪名	罪名数量
4	第五章侵犯财产罪		盗窃罪，诈骗罪，抢夺罪，敲诈勒索罪，抢劫罪	5
5	第六章妨害社会管理秩序罪	第一节扰乱公共秩序罪	非法利用信息网络罪，帮助信息网络犯罪活动罪，扰乱无线电通讯管理秩序罪，聚众扰乱社会秩序罪，聚众冲击国家机关罪，扰乱国家机关工作秩序罪，组织、资助非法聚集罪，组织、利用会道门、邪教组织、利用迷信破坏法律实施罪，聚众淫乱罪，赌博罪，开设赌场罪，组织参与国（境）外赌博罪，高空抛物罪〔1〕，聚众斗殴罪，寻衅滋事罪	15
		第二节妨害司法罪	掩饰、隐瞒犯罪所得、犯罪所得收益罪	1
		第三节妨害国（边）境管理罪	偷越国（边）境罪，组织他人偷越国（边）境罪，运送他人偷越国（边）境罪	3
		第四节妨害文物管理罪	盗掘古文化遗址、古墓葬罪	1
		第五节危害公共卫生罪	非法行医罪	1
		第六节破坏环境资源保护罪	污染环境罪，非法占用农用地罪，非法采矿罪	3
		第七节走私、贩卖、运输、制造毒品罪	非法生产、买卖、运输制毒物品、走私制毒物品罪，容留他人吸毒罪，包庇毒品犯罪分子罪，非法提供麻醉药品、精神药品罪	4
		第八节组织、强迫、引诱、容留、介绍卖淫罪	引诱、容留、介绍卖淫罪	1
6	第八章贪污贿赂罪		行贿罪	1

---

〔1〕　参见最高人民法院《关于依法妥善审理高空抛物、坠物案件的意见》（法发〔2019〕25号）第6条，该司法解释自2019年10月21日起施行。《中华人民共和国刑法修正案（十一）》之前的司法解释，该条涉及从重处罚和不适用缓刑问题，仍然有效。

（二）多次犯立法存在问题评析

从以上简单的统计资料中可以看出，我国刑法规范中存在着诸多的因为"前科劣迹"而影响定罪量刑的所谓的多次犯，并成为我国刑法特色立法现象，但是存在理论基础缺乏阐释、影响定罪量刑的机理不明、所涉罪名范围不清、单位时间范围以及受到处罚的类型设置随意等问题。具体表现如下：

一是，多次犯理论基础缺乏阐释。多次犯是一种一以贯之的立法现象，更早的刑事立法和相关司法解释可以追溯到 1988 年最高人民法院、最高人民检察院《关于依法惩处倒卖飞机票犯罪活动的通知》，其中第 1 条第 3 款第（二）项将"多次倒卖飞机票，经行政处罚仍不悔改的"解释为投机倒把罪"情节严重"的情形。[1]后期还有单行刑法出现类似规定，1992 年全国人民代表大会常务委员会《关于惩治偷税、抗税犯罪的补充规定》第 1 条规定，"因偷税被税务机关给予二次行政处罚又偷税的，处三年以下有期徒刑或者拘役，并处偷税数额五倍以下的罚金。"[2]该条款后来为 1997 年《刑法》第 201 条逃税罪所吸收，但是将罚金限制在"一倍以上五倍以下"。2009 年《中华人民共和国刑法修正案（七）》第 3 条将相应部分的条款修改为，"五年内因逃避缴纳税款受过刑事处罚或者被税务机关给予二次以上行政处罚"，应当追究刑事责任。[3]这也从侧面说明，多次犯不是一个偶然的和孤立的立法现象，而是具有一定普遍性的立法实践，但是这种立法实践背后的理论基础还缺乏阐释和研究。

二是，虽然多次犯具有鲜明的实用主义特点，但是影响定罪量刑的机理尚不明确。当前《刑法》有 13 个条文，正在生效的司法解释中有 19 个条款是将多次犯作为构成要件要素进行解释的；5 个条款涉及明知的认定；有 41 个条款是作为"情节严重"、追诉标准或者"其他严重情节"进行解释的，

---

〔1〕 参见最高人民法院、最高人民检察院《关于依法惩处倒卖飞机票犯罪活动的通知》〔〔88〕高检会（研）字第 10 号〕第 1 条第 3 款第（二）项，该司法解释自 1998 年 7 月 6 日施行，自 2002 年 2 月 25 日失效。

〔2〕 全国人民代表大会常务委员会《关于惩治偷税、抗税犯罪的补充规定》（1992 年 9 月 4 日第七届全国人民代表大会常务委员会第二十七次会议通过，中华人民共和国主席令第 61 号发布，已失效）。

〔3〕 参见《中华人民共和国刑法修正案（七）》（2009 年 2 月 28 日第十一届全国人民代表大会常务委员会第七次会议通过，中华人民共和国主席令第 10 号发布）。

其中对"数量较大"和"数额较大"进行解释的有 5 个条款；另外有 16 个条款涉及从重处罚[1]的规定，亦即是关于量刑的条文。申言之，有 37 个条款是关于多次违法犯罪影响犯罪构成的；有 41 个条款是多次违法犯罪作为可罚的违法性或者罪量要素的；另有 16 个条款是影响量刑的。而且非常有特色的是，我国司法解释中甚至出现因为存在多次违法犯罪而导致入罪数额减半的情形，如最高人民法院、最高人民检察院《关于办理盗窃刑事案件适用法律若干问题的解释》第 2 条规定："盗窃公私财物，具有下列情形之一的，'数额较大'的标准可以按照前条规定标准的百分之五十确定：（一）曾因盗窃受过刑事处罚的；（二）一年内曾因盗窃受过行政处罚的……"[2]。类似的规定在抢夺犯罪司法解释中也存在，最高人民法院、最高人民检察院《关于办理抢夺刑事案件适用法律若干问题的解释》第 2 条规定："抢夺公私财物，具有下列情形之一的，'数额较大'的标准按照前条规定标准的百分之五十确定：（一）曾因抢劫、抢夺或者聚众哄抢受过刑事处罚的；（二）一年内曾因抢夺或者哄抢受过行政处罚的；（三）一年内抢夺三次以上的……"[3]。这些都说明多次犯立法的着重点在于降低入刑门槛，从而更好地遏制类似犯罪，实质成就了一种基于预防主义的刑法观。

　　三是，多次违法犯罪影响定罪量刑所涉罪名众多，但是规律难寻。在所有涉及的罪名中非法经营罪出镜率最高，共计有 10 个条款涉及该罪名；[4]另外一

---

[1]　包括从重处罚、不适用缓刑或免予刑事处罚等情形。

[2]　最高人民法院、最高人民检察院《关于办理盗窃刑事案件适用法律若干问题的解释》（法释〔2013〕8 号）第 2 条，该司法解释自 2013 年 4 月 4 日起施行。

[3]　最高人民法院、最高人民检察院《关于办理抢夺刑事案件适用法律若干问题的解释》（法释〔2013〕25 号）第 2 条，该司法解释自 2013 年 11 月 18 日起施行。

[4]　其中非法经营罪所涉及司法解释和相关条款最多，包括最高人民法院、最高人民检察院、公安部、国家烟草专卖局《关于办理假冒伪劣烟草制品等刑事案件适用法律问题座谈会纪要》（商检会〔2003〕4 号），该纪要自 2003 年 12 月 23 日起施行，最高人民法院《关于审理非法出版物刑事案件具体应用法律若干问题的解释》（法释〔1998〕30 号），该司法解释自 1998 年 12 月 23 日起施行；最高人民法院、最高人民检察院、公安部、司法部《关于办理非法放贷刑事案件若干问题的意见》（法发〔2019〕24 号），该司法解释自 2019 年 10 月 21 日起施行；最高人民法院、最高人民检察院《关于办理非法从事资金支付结算业务、非法买卖外汇刑事案件适用法律若干问题的解释》（法释〔2019〕1 号），该司法解释自 2019 年 2 月 1 日起施行；最高人民检察院法律政策研究室《关于〈关于"未取得经营许可销售瓶装液化气等行为"是否构成非法经营罪的请示〉的批复》（2014 年 12 月 12 日），最高人民法院、最高人民检察院、公安部、国家安全部《关于依法办理非法生产销售使用"伪基站"设备案件的意见》（公通字〔2014〕13 号），该司法解释自 2014 年 3 月 14 日起施行；最高人民

个就是污染环境罪，共有 3 个条款涉及该罪名。除了拐卖妇女、儿童罪，侮辱罪，诽谤罪，盗窃罪，（网络）诈骗罪，抢夺罪和敲诈勒索罪属于刑事犯之外，其余的均属于行政犯，亦即，属于传统的行政犯或者秩序犯的范畴，总计 67 个罪名，占比 90.5%。当然，上述这些所谓的刑事犯，多为财产类犯罪，在实践中常常会出现在单位时间内反复实施违法犯罪的情形，亦即通常所说的常习犯或惯犯。应当说反复实施违法犯罪活动，本身即彰显了犯罪人的再犯可能性，从预防主义的视角来看存在着采取刑罚等更加严厉制裁的必要性。但是为什么仅仅涉及这些犯罪而不是所有的犯罪也存在一定的疑问。

四是，受过刑事处罚或行政处罚作为前置条件，有单独使用的情形，也有两项连用的情形，刑法规范中的表述比较随意，甚至出现与承担民事责任并列的情形。受过"刑事处罚"（包括"刑事追究""被追究刑事责任"）与"行政处罚"连用的情形[1]，共有 32 个条款。其中，"一年内"受过行政处罚或者刑事处罚的有 15 个条款。"二年内（两年内）"受过行政处罚或者刑事处罚的有 14 个条款。而且受过"刑事处罚"与"行政处罚"连用的情形比较随意，其中"刑事处罚"与"二年内（两年内）受过行政处罚"连用的情形较多。但是也未发现其中应有的规律。甚至还出现受到过"行政处罚"与承担"民事责任"并列的情形，当然目前所检索到的只有一个条款，涉及的是对于《刑法》第 214 条规定的"明知"的解释，[2]即"（二）因销售假冒注册商标的商品受到过行政处罚或者承担过民事责任、又销售同一种假冒注册商标的商品的"。

五是，单位时间内受处罚类型设置也比较随意，存在"一年内""二（两）

（接上页）检察院、公安部《关于公安机关管辖的刑事案件立案追诉标准的规定（二）》（公通字〔2010〕23 号），该规定自 2010 年 5 月 7 日起施行，已失效；最高人民法院、最高人民检察院《关于办理非法生产、销售烟草专卖品等刑事案件具体应用法律若干问题的解释》（法释〔2010〕7 号），该司法解释自 2010 年 3 月 26 日起施行；最高人民法院《关于审理扰乱电信市场管理秩序案件具体应用法律若干问题的解释》（法释〔2000〕12 号），该司法解释自 2000 年 5 月 24 日起施行；最高人民法院、最高人民检察院、公安部《关于办理利用赌博机开设赌场案件适用法律若干问题的意见》（公通字〔2014〕17 号），该意见自 2014 年 3 月 26 日起施行。

[1] "行政处罚"和"刑事处罚"连用的情形，包括直接表述为"因……受过行政处罚或者刑事处罚的"，也包括同一条款刑事处罚和行政处罚分别表述在不同项中的情形。

[2] 参见最高人民法院、最高人民检察院《关于办理侵犯知识产权刑事案件具体应用法律若干问题的解释》（法释〔2004〕19 号）第 9 条对于刑法第 214 条销售假冒注册商标的商品罪中"明知"的解释，该司法解释自 2004 年 12 月 22 日起施行。

年内""三年内""五年内"等多种情形。在总的 47 个条款中，规定"两年内"或者"二年内"受过两次行政处罚的共有 21 个条款。如组织、利用邪教组织破坏国家法律、行政法规实施罪相关司法解释中，"曾因从事邪教活动被追究刑事责任或者二年内受过行政处罚，又从事邪教活动的"[1]，再如虚报注册资本罪，"两年内因虚报注册资本受过行政处罚二次以上，又虚报注册资本的"[2]，虚假出资、抽逃出资、高利转贷、非法经营等案件的追诉标准也有类似的规定。另外，"三年内"受过行政处罚或者刑事处罚的条款有 8 个条文，其中有 6 个条文是"三年内受过二次以上行政处罚"的规定。"五年内"受过行政处罚或者刑事处罚的条款有 3 个。

　　多次违法犯罪影响量刑本来就是争论很大的问题，存在着"危险能否被惩罚"的争论；[3]更何况多次违法犯罪如果作为犯罪成立的条件，不但模糊了行政处罚与刑事处罚的界限，更遭致违反"一事不二罚"的质疑。多次违法犯罪彰显了行为人危险[4]，申言之，是"行为人危险"而不是"行为危险"成为影响定罪和量刑的核心要素；更重要的是，虽然多次违法犯罪影响定罪和量刑在理论上都是基于行为人危险，但是二者在性质上存在天壤之别，司法实践中却常常将二者混同而发生错误认识，更何况如何对行为人危险进行评价也是未知的事情。为此，需要进一步厘清行为人危险的概念内涵，并对多次违法犯罪影响定罪和量刑予以区别对待，"预防性惩罚"理论或许是沟通二者的桥梁。

---

　　〔1〕　参见最高人民法院、最高人民检察院《关于办理组织、利用邪教组织破坏法律实施等刑事案件适用法律若干问题的解释》（法释〔2017〕3 号）第 2 条第（七）项，该司法解释自 2017 年 2 月 1 日起施行。

　　〔2〕　参见最高人民检察院、公安部《关于公安机关管辖的刑事案件立案追诉标准的规定（二）》（公通字〔2010〕23 号）第 3 条第（三）项，该规定自 2010 年 5 月 7 日起施行，已失效。

　　〔3〕　参见刘军：《该当与危险：新型刑罚目的对量刑的影响》，载《中国法学》2014 年第 2 期。

　　〔4〕　"行为人危险"（Tätergefährlichkeit），又被称作行为人社会危险性或社会危险状态，在我国则通常被称作"人身危险性"。行为人危险最初来源于刑事实证学派尤其是刑事社会学派的理论，意指行为人实施犯罪或反复实施犯罪的可能性，又可分为初犯危险性和再犯危险性。参见陈兴良：《论人身危险性及其刑法意义》，载《法学研究》1993 年第 2 期。本书并未刻意区分行为人危险与人身危险性，认为二者都是指行为人的犯罪倾向性或可能性，但相比较而言行为人危险的内涵更加中性，也更加明确而不会产生歧义。另由于罪刑法定原则的限制，刑法并不考虑初犯危险性问题。

二、多次犯如何影响定罪量刑的机理分析

（一）多次犯在犯罪论中的体系性位置分析

在《刑法》中直接规定多次违法犯罪行为作为犯罪形态的自然是多次犯，但是我国刑法司法解释中也存在诸多的解释犯罪成立条件的情形，在构成要件该当性、违法性和有责性三个层面都存在规定多次犯的情形，这些都是能够影响定罪的狭义的多次犯。详而言之，可以包括多次违法犯罪行为作为构成要件要素、"情节严重"和犯罪故意中对于"明知"的认定等三种情形。

一是，作为构成要件要素的多次化。严格意义上的多次犯仅指刑法规定或者司法解释中涉及构成要件的部分，如"多次盗窃""多次抢夺""多次敲诈勒索"等。再如，最高人民法院、最高人民检察院、公安部、国家烟草专卖局《关于办理假冒伪劣烟草制品等刑事案件适用法律问题座谈会纪要》第3条规定，未经烟草专卖行政主管部门许可，无生产许可证、批发许可证、零售许可证，而生产、批发、零售烟草制品，"曾因非法经营烟草制品行为受过二次以上行政处罚又非法经营的，非法经营数额在二万元以上的"，依照《刑法》第225条非法经营罪的规定定罪处罚。[1]在此，"受过二次以上行政处罚又非法经营"是因非法经营烟草制品而构成非法经营罪的实行行为，行为人以多次实施非法经营烟草制品行为彰显了其以人身危险性为核心的社会危害性，单独或者偶然的非法经营烟草制品行为无法达到侵害烟草专卖这一秩序法益的程度。当然，频次是否也是影响侵害法益的判断要素，仍是需要进一步探讨的问题。再如，最高人民法院《关于审理毒品犯罪案件适用法律若干问题的解释》第12条规定，容留他人吸食、注射毒品，"二年内曾因容留他人吸食、注射毒品受过行政处罚的"，应当依照《刑法》第354条的规定，以容留他人吸毒罪定罪处罚。[2]再如，最高人民法院、最高人民检察院《关于办理组织、利用邪教组织破坏法律实施等刑事案件适用法律若干问题的解释》

---

〔1〕 参见最高人民法院、最高人民检察院、公安部、国家烟草专卖局《关于办理假冒伪劣烟草制品等刑事案件适用法律问题座谈会纪要》（商检会〔2003〕4号），该纪要自2003年12月23日起施行。

〔2〕 参见最高人民法院《关于审理毒品犯罪案件适用法律若干问题的解释》（法释〔2016〕8号）第12条第（三）项，该司法解释自2016年4月11日起施行。

第 2 条第（七）项，利用邪教组织，破坏国家法律、行政法规实施，"曾因从事邪教活动被追究刑事责任或者二年内受过行政处罚，又从事邪教活动的"，应当依照《刑法》第 300 条第 1 款的规定，处三年以上七年以下有期徒刑，并处罚金。[1]我国《刑法》和司法解释中类似的情形有很多，其争议焦点在于，人身危险性能否作为构成要件的要素，按照"质的区别说"，毕竟再多次的违法行为也无法与犯罪行为相提并论，更何况还存在违反"一事不二罚"的基本法治理念问题。作为构成要件要素的多次犯无法解决，所谓的多次犯也仅仅只是个形式上的定义而已，无法彻底解决类似刑事立法和司法解释理论基础与实践操作问题。

二是，作为可罚的违法性要素的多次犯。除了作为构成要件要素的多次犯之外，多次犯还可以包括司法解释中"情节严重"或者"情节特别严重"的作为可罚的违法性要素之情形。在这个层面上，所谓的多次犯其实相当于我国的情节犯，但是在大陆法系犯罪论体系中涉及的却是可罚的违法性问题。如根据最高人民法院《关于审理非法制造、买卖、运输枪支、弹药、爆炸物等刑事案件具体应用法律若干问题的解释》第 9 条第 3 款规定，"因非法制造、买卖、运输、邮寄、储存爆炸物三年内受到两次以上行政处罚又实施上述行为，数量达到本《解释》规定标准的"，应当视为"情节严重"，不适用前两款从轻或者免除处罚的量刑规定。[2]再如，根据最高人民法院、最高人民检察院《关于办理利用未公开信息交易刑事案件适用法律若干问题的解释》第 6 条规定，利用未公开信息交易，违法所得数额在五十万元以上，或者证券交易成交额在五百万元以上，或者期货交易占用保证金数额在一百万元以上，具有"（二）因证券、期货犯罪行为受过刑事追究的；（三）二年内因证券、期货违法行为受过行政处罚的"，应当认定为《刑法》第 180 条第 4 款规定的"情节严重"。[3]再如，最高人民法院、最高人民检察院《关于办理非

---

[1] 参见最高人民法院、最高人民检察院《关于办理组织、利用邪教组织破坏法律实施等刑事案件适用法律若干问题的解释》（法释〔2017〕3 号）第 2 条，该司法解释自 2017 年 2 月 1 日起施行。

[2] 参见最高人民法院《关于审理非法制造、买卖、运输枪支、弹药、爆炸物等刑事案件具体应用法律若干问题的解释》（法释〔2009〕18 号）。该司法解释于 2001 年 5 月 10 日由最高法审委会第 1174 次会议通过，原文号为（法释〔2001〕15 号），于 2009 年 11 月 9 日修正，自 2010 年 1 月 1 日起施行。

[3] 参见最高人民法院、最高人民检察院《关于办理利用未公开信息交易刑事案件适用法律若干问题的解释》（法释〔2019〕10 号），该司法解释自 2019 年 7 月 1 日起施行。

法生产、销售烟草专卖品等刑事案件具体应用法律若干问题的解释》第 3 条规定，非法经营烟草专卖品，具有"（三）曾因非法经营烟草专卖品三年内受过二次以上行政处罚，又非法经营烟草专卖品且数额在三万元以上的"，应当认定为《刑法》第 225 条非法经营罪规定的"情节严重"。[1] 作为可罚的违法性要素的多次犯，因为是对于"情节严重"或者"情节特别严重"的解释，因此通常都是规定在单位时间内，如"二年内""一年内"，受过刑事处罚或行政处罚又实施该行为的。

作为可罚的违法性要素的多次犯还涉及"数额犯"[2] 的问题，受过刑事处罚或行政处罚可以减降构成犯罪所需要达到的数额要求。如最高人民法院、最高人民检察院《关于办理盗窃刑事案件适用法律若干问题的解释》第 2 条规定："盗窃公私财物，具有下列情形之一的，'数额较大'的标准可以按照前条规定标准的百分之五十确定：（一）曾因盗窃受过刑事处罚的；（二）一年内曾因盗窃受过行政处罚的……"[3]。另外，敲诈勒索罪[4] 和抢夺罪[5] 也有类似的规定。当然最高人民法院、最高人民检察院《关于办理抢夺刑事案件适用法律若干问题的解释》第 2 条第（三）项规定的"多次抢夺"的情形，因为《中华人民共和国刑法修正案（九）》已经直接将该种行为规定为抢夺罪的实行行为，因此无需再符合"数额较大"的要求。[6] 从而，对于盗窃罪、敲诈勒索罪和抢夺罪而言，曾经受过刑事处罚或者一年内受过行政处罚的，"数额较大"的标准可以减半，从而在实质上降低了可罚的违法性要求，这也是颇具中国特色的刑法制度。

三是，作为认定犯罪故意中"明知"的多次犯。如最高人民法院、最高

---

〔1〕 参见最高人民法院、最高人民检察院《办理非法生产、销售烟草专卖品等刑事案件具体应用法律若干问题的解释》（法释〔2010〕7 号），该司法解释自 2010 年 3 月 26 日起施行。

〔2〕 其实数额问题也是一种定罪情节，是量的构成要件，也属于犯罪构成的要素。参见刘艳红：《情节犯新论》，载《现代法学》2002 年第 5 期。

〔3〕 最高人民法院、最高人民检察院《关于办理盗窃刑事案件适用法律若干问题的解释》（法释〔2013〕8 号）第 2 条，该司法解释自 2013 年 4 月 4 日起施行。

〔4〕 参见最高人民法院、最高人民检察院《关于办理敲诈勒索刑事案件适用法律若干问题的解释》（法释〔2013〕10 号）第 2 条，该司法解释自 2013 年 4 月 27 日起施行。

〔5〕 参见最高人民法院、最高人民检察院《关于办理抢夺刑事案件适用法律若干问题的解释》（法释〔2013〕25 号）第 5 条，该司法解释自 2013 年 11 月 18 日起施行。

〔6〕 参见《中华人民共和国刑法修正案（九）》（2015 年 8 月 29 日第十二届全国人民代表大会常务委员会第十六次会议通过，中华人民共和国主席令第 30 号发布）第 12 条。

人民检察院、海关总署《关于办理走私刑事案件适用法律若干问题的意见》第5条第2款第（六）项规定，"曾因同一种走私行为受过刑事处罚或者行政处罚的"可以认定为走私犯罪主观故意中的"明知"。[1]再如，最高人民法院、最高人民检察院《关于办理侵犯知识产权刑事案件具体应用法律若干问题的解释》第9条第2款第（二）项规定，"因销售假冒注册商标的商品受到过行政处罚或者承担过民事责任、又销售同一种假冒注册商标的商品的"应当认定为《刑法》第214条规定的销售假冒注册商标商品罪中的"明知"。[2]再如，最高人民法院、最高人民检察院、公安部、司法部《关于办理恐怖活动和极端主义犯罪案件适用法律若干问题的意见》规定，"曾因实施恐怖活动、极端主义违法犯罪被追究刑事责任或者二年内受过行政处罚，或者被责令改正后又实施的"，如果行为人不能做出合理解释的，可以认定其"明知"。[3]当然，以上司法解释对于"明知"的认定存在"推定"的成分，即刑法所许可的从客观事实推定主观故意的做法，因此允许提供反证来否定推定，比如说，有证据证明行为人确属被蒙骗的可以排除被认定为"明知"。作为犯罪故意中"明知"的认定彰显了行为人的意志活动，基于志向无价值而需要对该种犯罪行为予以惩罚。同时，也可以由此推定行为人具备违法性意识（这对于法定犯而言尤其重要），对其进行惩罚也有助于促使行为人形成统一的违法性意识，从而起到预防犯罪的作用。

（二）　多次犯的概念广狭及其危险预防功能

多次犯的概念也有广狭之分[4]。广义的多次犯既包括因多次违法犯罪行为而入罪的情形，也包括因多次违法犯罪行为而从重处罚的情形，[5]亦即，

---

〔1〕　参见最高人民法院、最高人民检察院、海关总署《关于办理走私刑事案件适用法律若干问题的意见》（法〔2002〕139号）第5条第2款第（六）项，该司法解释自2002年7月8日起施行。

〔2〕　参见最高人民法院、最高人民检察院《关于办理侵犯知识产权刑事案件具体应用法律若干问题的解释》（法释〔2004〕19号）第9条第2款第（二）项，该司法解释自2004年12月22日起施行。

〔3〕　参见最高人民法院、最高人民检察院、公安部、司法部《关于办理恐怖活动和极端主义犯罪案件适用法律若干问题的意见》（高检会〔2018〕1号），该司法解释自2018年3月16日起施行。

〔4〕　刑法中的多次犯分为作为犯罪构成的多次犯和作为情节加重犯的多次犯，有学者借鉴大陆法系中关于"纯正的身份犯"和"不纯正的身份犯"等类似的犯罪形态分类，将多次犯区分为"纯正的多次犯"和"不纯正的多次犯"。参见曹坚：《多次犯形态的认定》，载《人民检察》2013年第14期。

〔5〕　参见张志勋、卢建平：《多次犯：刑法的制度化产物及其限制路径》，载《江西社会科学》2015年第6期。

广义的多次犯可以区分为多次违法犯罪行为影响定罪和影响量刑两种情形。而狭义的多次犯仅指刑法规定的多次实施违法犯罪行为而构成犯罪的情形，申言之，多次实施违法犯罪行为是构成要件的要素。大多数学者坚持狭义的多次犯概念，如赵秉志认为多次犯是"法律规定的，以多次违法犯罪为表征体现出来的人身危险性为犯罪成立要件的犯罪"[1]；再如，刘德法等认为，"所谓多次犯，是指刑法规定行为人在一定期限内因实施两次以上性质相同的违法行为受过行政处罚又实施该种性质的违法行为，从而构成既遂的犯罪"[2]；还有学者认为，"行为人多次实施同种违法行为从而被刑法规定为犯罪的情形谓之多次犯"[3]。简单梳理以上学者的观点可以看出，所谓的多次犯是指多次实施违法犯罪行为作为犯罪成立条件的情形，至于说多次实施违法犯罪活动是否受过处罚以及受过行政处罚还是刑事处罚则无需太过关注。

广义的多次犯，除了多次违法犯罪行为而影响定罪的情形之外，还包括因为多次违法犯罪行为而从重处罚的情形，亦即，多次违法犯罪行为不但能够影响定罪而且能够影响量刑。如最高人民法院、最高人民检察院、公安部《关于办理醉酒驾驶机动车刑事案件适用法律若干问题的意见》第 2 条规定，醉酒驾驶机动车，"曾因酒后驾驶机动车受过行政处罚或者刑事追究的"，依照《刑法》第 133 条之一第 1 款的规定从重处罚。[4]再如，最高人民法院、最高人民检察院《关于办理危害药品安全刑事案件适用法律若干问题的解释》第 1 条规定，生产销售假药"两年内曾因危害药品安全违法犯罪活动受过行政处罚或者刑事处罚的"应当酌情从重处罚。[5]再如，最高人民法院、最高人民检察院《关于办理侵犯知识产权刑事案件具体应用法律若干问题的解释（三）》第 8 条第（二）项规定，"因侵犯知识产权被行政处罚后再次侵犯知

〔1〕 赵秉志主编：《刑罚总论问题探索》，法律出版社 2002 年版，第 283 页。

〔2〕 刘德法、孔德琴：《论多次犯》，载《法治研究》2011 年第 9 期。

〔3〕 陈伟、赵赤：《多次犯中的行政处罚与刑罚交叉适用问题研究》，载《西南政法大学学报》2017 年第 4 期。

〔4〕 参见最高人民法院、最高人民检察院、公安部《关于办理醉酒驾驶机动车刑事案件适用法律若干问题的意见》（法发〔2013〕15 号）第 2 条第（七）项，该司法解释自 2013 年 12 月 18 日起施行。

〔5〕 参见最高人民法院、最高人民检察院《关于办理危害药品安全刑事案件适用法律若干问题的解释》（法释〔2014〕14 号）第 1 条第（六）项，该司法解释自 2014 年 12 月 1 日起施行，已失效。

识产权构成犯罪的"，可以酌情从重处罚，而且一般不适用缓刑。[1]刑法中的累犯制度[2]其实就是单位时间内多次犯罪而从重处罚的情形，因此，通常而言多次违法犯罪至少可以作为酌定的量刑情节在罪责的范围内影响量刑，应该能够为多数学者所接受，尤其是在坚持"性格责任论"或者"人格责任论"的学者看来更是如此，然而多次犯影响量刑这一法律规定仍然存在是否违背"一事不二罚""危险能否被惩罚"以及性格评估或人格评估的科学性和可操作性等问题。

多次犯理论在一定程度上，最起码从形式上，能够较好地解释多次违法犯罪行为等"前科劣迹"影响定罪量刑的立法现象。但其实广义的多次犯才是多次犯的真正来源，渐次才扩展至犯罪论层面的多次犯。"性格具有危险之人，对社会而言，不啻构成一种威胁，以故具有实施犯罪可能性之性格，亦称为社会危险性（Soziale Gefährlichkeit）或反社会性（Antisozial）"[3]。赵秉志教授在解释多次犯概念时就曾一针见血地指出，多次犯的理论核心是"人身危险性"，应当以"人身危险性"作为多次犯成立与否的衡量标准。[4]从而多次犯的精神实质是，对于多次违法犯罪行为所彰显的行为人危险从重甚至加重处罚以更好地预防犯罪。其实，无论是狭义的多次犯还是广义的多次犯，多次实施违法犯罪行为所彰显的行为人危险才是理论的核心和关键。

在外国的立法例中，没有将受过行政处罚作为多次犯的成立条件，而且多次犯也仅仅影响量刑。[5]这一判断是正确的，之所以如此，端在于大陆法系国家刑法没罪量的规定，所以在构成要件方面并不与行政不法发生重叠，或者说，在大陆法系刑法理论中，刑事不法和行政不法实际上存在质的区别；但因为两者在某些保护范围上，如社会利益或公共秩序，有可能会存在一定的重合性，在这种情形下有的学者就会认为行政不法和刑事不法存在量上的关系，但这个所谓的"量"和刑法中的构成要件本身并没有直接关系，从而在某一行为既违反行政法、又触犯刑法的情况下，会直接作为刑事犯罪处理。

---

[1]　参见最高人民法院、最高人民检察院《关于办理侵犯知识产权刑事案件具体应用法律若干问题的解释（三）》（法释〔2020〕10号）第8条第（二）项，该司法解释自2020年9月14日起施行。

[2]　累犯制度其实就是李斯特刑法思想的具体落实。

[3]　蔡墩铭：《刑法基本理论研究》，汉林出版社1980年版，第235页。

[4]　参见赵秉志主编：《刑罚总论问题探索》，法律出版社2002年版，第283页。

[5]　参见刘德法、孔德琴：《论多次犯》，载《法治研究》2011年第9期。

大陆法系国家司法实践中也存在着将多次行为认定为犯罪的情形，如因为多次逃票而构成盗窃罪，貌似多次行为是构成要件要素，但其实只是充足了对于故意的认定而已。一次逃票行为本身已然构成不法，已经具备构成要件该当性的要求，只是因为在违法性意识层面存在其他可能性而无法确实地证明存在故意；但是被记录在案的多次逃票行为本身就足以证明行为人具备违法性意识。在此意义上，虽然大陆法系国家没有以抽象司法解释出现的多次犯，但是在司法实践中也存在着作为犯罪故意认定的多次犯。因此，大陆法系国家刑法中不会出现因为多次受到行政处罚而符合构成要件的情形，即使是多次受到刑事处罚也不会影响定罪，只会因此而构成累犯，或者成立再犯或常习犯而影响量刑。英美法系国家刑法也并不存在因为多次违法犯罪而符合本体要件中不法行为的情形，但是在"惯犯法"或者"三振出局"法案中，可以基于"剥夺犯罪能力"的刑罚目的而加重处罚，当然前提也只能是行为已经符合实体意义上的构成要件。其他国家刑法基本类似，大多是将多次实施犯罪行为作为加重处罚之情节。目前的文献材料中能够检索到的将多次行为规定为犯罪的是《保加利亚刑法典》，其中第 131 条第 1 款第（三）项规定了"多次实施伤害"可以构成伤害罪、第 218 条第 2 款规定的多次毁损受委托经营管理的财产构成滥用信任罪、第 253 条规定的多次洗钱行为构成洗钱罪等情形。[1] 易言之，《保加利亚刑法典》存在类似于我国刑法中的作为构成要件要素和作为可罚的违法性要素的多次犯。要而言之，一是外国刑事立法仍然遵循立法定性、司法定量的原则，直接规定狭义的多次犯只是个别现象，尤其是不存在将受到行政处罚规定为构成要件要素的多次犯。二是司法实践中存在作为认定故意之违法性意识的多次犯，考量犯罪人个人情形以及再犯危险性本就是司法定量的题中之义。三是影响量刑的广义的多次犯普遍存在，基于行为人危险的考量可以加重刑罚。

当然这里面存在的差异在于，我国刑法既定性又定量，从而导致许多在其他国家本来就是作为犯罪处理的行为，在我国却因为"情节显著轻微危害不大"而被排除出刑法管辖范围，给予行政处罚实质是对犯罪行为的降格处理，反而起到了"出罪"的作用。由此，对于再次罹犯此种行为而给予刑事

---

〔1〕 参见《保加利亚刑法典》，陈志军译，中国人民公安大学出版社 2007 年版，第 51、98、122 页。

处罚也是理所当然的。即便按照西方国家刑法理论，也是应当受到刑事处罚的行为。因为一次行为即可构成犯罪，更何况是多次行为呢？因此，此种类型的多次犯，如多次盗窃、多次抢夺、多次敲诈勒索等，其实并未突破刑法的基本理论。其他的界定可罚的违法性的多次犯本来就是为了解决罪量的问题；而如果因为多次违法犯罪而导致被认定为具备了违法性意识和"明知"，在刑法犯罪论体系上亦不存在拗扭之处。由此可见，存在狭义的多次犯的根本原因是我国刑法既定性又定量的属性，加之抽象的司法解释以规范性文件的形式解决司法定量问题，从而导致出现狭义的多次犯，但其实在司法实践中考虑行为人危险是在所难免的，即便是在定罪中亦然如此。而且由于我国刑法既定性又定量的特殊性，其对于行为人危险和预防必要性的刑事政策考量能够矫正和补足刑罚惩罚的目的。

行为人危险的重要性在我国刑法理论体系中被严重低估，陈兴良教授就认为，"人身危险性在刑法中的意义，以往多从量刑上考虑，其实这是片面的。我们认为，人身危险性应当贯穿整个刑事法律活动的始终，在立法、定罪、量刑和行刑过程中同时予以重视。"[1]或许，以多次犯立法实践为契机，正本清源厘清多次犯的理论渊源以及在刑法理论中的体系性位置，不但能够完善我国刑法理论，而且能够为刑事法治和犯罪治理提出中国方案、贡献中国智慧，构建中国特色刑法教义学话语体系。

三、"行为—行为人" 双层次犯罪论体系之构建

（一）行为人危险在刑法犯罪论体系中的辅从性

在刑法理论中"行为刑法"仍然占据着绝对的统治地位，刑法仍然维持着"行为刑法"的信条与教义，"人们理解的行为刑法（Tatstrafrecht）概念，是一种法定的归责。根据这个规则，刑事可罚性是与在行为构成方面加以限定的单一行为（或者可能情况下的多个行为）相联系的，同时，惩罚仅仅表现为对单个行为的反应，而不是表现为对行为人整体生活导向的反应，更不是表现为对一种行为人所期待的未来危险的反应。行为人刑法（Täterstrafrecht）则相反，刑罚是与行为人的人格性（Persönlichkeit）相联系的，同时，刑罚是

---

〔1〕　陈兴良：《论人身危险性及其刑法意义》，载《法学研究》1993 年第 2 期。

由行为人对社会的危害及其程度决定的。"〔1〕正所谓"无行为则无犯罪",这里的行为是具有法益侵害或者危险的实行行为。刑法教义学基于行为对于法益的侵害或者危险将犯罪区分为侵害犯和危险犯,无论如何,必须要对法益造成侵害或者危险才有可能构成犯罪。申言之,法益侵害之危险是刑法与其他法律的界限,无法益侵害之危险便无犯罪和刑罚。再则,"行为刑法"在犯罪论层面还坚持消极的责任主义原则,亦即所谓的"无责任即无刑罚",行为人唯有在具有责任能力和罪过的前提下,才能对其进行刑罚上的谴责。即使承认行为人之危险,也必须是在行为成立犯罪并且具备有责性的前提下,才能进一步考虑的事情,或者说,如果在刑罚阶段考虑行为人之危险,尤其是在罪责的范围内考虑行为人危险并最终裁定宣告刑,当然不会存在任何问题;即便是基于行为人危险而加重处罚,只要预防刑不过度偏离责任刑,也在可以接受的范围内。当前世界各国刑法通常都会规定累犯制度,但是累犯通常是从重或者加重处罚的条件,其实就是以行为人危险为依据的刑罚制度。除此之外,还存在着常习犯和常业犯,这也是行为人危险在刑法制度上的表现,通常是以罪数形态理论来进行解释的,虽然不至于说行为人危险已然成为构成要件的要素,但是作为解释法定一罪的理论,却也与构成要件关系紧密,甚至是无法脱离构成要件而独立存在的理论。另外,无论是英美法系还是大陆法系国家,在正式的量刑程序开始前,都会有一个单独的提供"人格调查报告""量刑报告"(Pre-sentence Report)的阶段,其实也是对被追诉人的"人身危险性"进行全面调查并将其作为刑罚裁量参考和依据的过程。这些制度设计都是在行为刑法的体系内对于行为人危险的重视。

但是,如果要在犯罪成立的层面考虑行为人之危险性,甚至尝试构建所谓的"行为人刑法",着实存在教义学上的困难;而且由于罪刑法定原则的要求,"建立在自由的法治国基本原则基础上的一种法律制度,总是倾向于行为刑法的。"〔2〕在"行为刑法"教义学体系中,实行行为是犯罪论的起点与核心,违法性大小和有责性大小的评估都附着于实行行为之上,刑罚通过刑事责任的桥梁与实行行为联系在一起。对于刑事可罚性而言,起决定作用的是

---

〔1〕〔德〕克劳斯·罗克辛:《德国刑法学总论(第1卷):犯罪原理的基础构造》,王世洲译,法律出版社 2005 年版,第 105~106 页。

〔2〕〔德〕克劳斯·罗克辛:《德国刑法学总论(第1卷):犯罪原理的基础构造》,王世洲译,法律出版社 2005 年版,第 106 页。

对法益造成侵害或危险的实行行为而不是发动实行行为的行为人。但是在"行为人刑法"的犯罪论体系中，是行为人危险而不是"行为危险"居于核心地位，虽然行为人危险也是经由一系列的客观行为所彰显出来的行为人实施法益侵害行为之危险，甚至更多的是将来发生法益侵害之危险的可能性。"在行为人刑法体系中，刑罚则是直接与行为人的危险性联系在一起的，这种危险性源自于行为人的'生活方式责任'。这里，起决定作用的是对行为人具有犯罪人个性的指责（关于生活方式责任）"。[1]如果行为人危险不只是影响量刑，而且跨越界限提前到犯罪论层面进而影响定罪，则可以称之为具有"行为人刑法"性质的立法现象，虽然这只是作为"行为刑法"的例外而存在。申言之，行为人不是因为实施了一个行为而有罪，而是因为他是"一个这样的人"而成为法定责难的对象。

绝大多数情形下，所谓的"行为人刑法"（Täterstrafrecht）也只是与刑罚的量定联系在一起，无论是在学术上还是在立法上，从来都没有尝试过建立单独的或纯粹的"行为人刑法"[2]。但是对行为人危险作为辅从因素的讨论却不绝如缕，从李斯特（Franz von Liszt）的"行为人类型学"到拉德布鲁赫的"犯罪与犯罪人二元论"再到米特迈尔的"性格责任论"和大塚仁的"人格责任论"，无一不涉及行为人危险。[3]例如，李斯特不但道出了"应受惩罚的是行为人而不是行为"的刑法格言，而且提出了著名的"行为人类型学"和"考虑行为人危险的罪责观"，依之，罪责判断包含了行为人的所有人品，罪责的实质内涵是从反映行为人个性的有责行为的意义中推导出来的，"可从已实施的行为（反社会行为）中看出行为人的反社会思想；也即他缺乏人们在一个国家中共同生活所必须的社会义务感和因此而产生的反社会动机（与集体目的相矛盾的目的取向）"。[4]当然，出于法治国家方面的原因，李斯特仍然坚持行为刑法，行为人危险在罪责观念中仅仅处于辅从地位。

刑法不可能不考虑行为人危险，如果之前的多次违法犯罪行为彰显了行

---

〔1〕 ［德］汉斯·海因里希·耶赛克、托马斯·魏根特：《德国刑法教科书（总论）》，徐久生译，中国法制出版社 2001 年版，第 70~71 页。

〔2〕 最为激进的当属意大利律师格拉玛提卡所提出的"社会防卫论"，主张用"社会防卫法"取代"刑法"，甚至提出废除犯罪、责任、刑罚等刑法基本概念而以"反社会性""反社会性的指标及其程度""社会防卫处分"等概念来代替。该种主张昙花一现，而且已经完全越出了刑法讨论范围。

〔3〕 参见李波：《行为人刑法转型与当代中国的选择》，载《政法论丛》2015 年第 4 期。

〔4〕 ［德］李斯特：《德国刑法教科书》，徐久生译，法律出版社 2006 年版，第 261 页。

为人的反社会人格，从预防犯罪的视角来看，在行为责任的范围内考虑行为人责任而从重处罚，不但是可以的而且也是应当的，这也正是刑罚裁量的应有之义。"行为由来于行为人，即行为之实施出诸行为人，故将责任求诸现实出现之行为或实施行为之行为人，皆无不可。因之，无论行为责任主义与行为人责任主义，胥有其根据，甚难评其孰优孰劣。"[1]行为刑法坚守的是人权保障，以防止刑罚权的任意发动为旨归；而行为人刑法注重的是对于高度再犯危险的人实施犯罪预防，以预防犯罪为圭臬。但其实，综合二者才是现实的选择，以行为责任为惩罚基准，而以行为人责任作为刑事政策

考虑行为人危险意味着以行为人为基点考虑其再犯可能性，实质上是考虑行为人未然之罪的可能性，如果具有高度盖然性则即便是尚未出现严重危害后果，也需要以刑罚的方式予以矫正，以促使其形成统一的违法性意识。不是不能考虑行为人危险，而是在什么范围内、按照何种顺序、以什么权重考虑行为人危险的问题。正如安德鲁·赫希（Andrew Von Hirsch）所认为的那样，行为该当在刑罚"序"的量上（Ordinal Magnitudes）是决定性的，而在"基"的量上（Cardinal Magnitudes）是限制性的。[2]从而，只要不超过行为责任在"序"量上的要求，刑罚就是正义的；而在"基"量的层面上，可以充分考虑行为人危险以及预防犯罪的需求，并对责任刑进行调适，以达到刑罚的均衡。因此，所谓的行为责任与行为人责任在刑罚的层面上并不存在不可调和的矛盾，都是在维持行为刑法的基调上所作的适当调适，甚至"在量刑时酌采行为人责任主义，诚有必要"。[3]因此，基于多次实施违法犯罪行为所彰显的行为人危险而受到从重处罚，并没有挑战行为刑法的理论根基，仍然保持在行为刑法信条和教义范围之内。

行为人危险不但可以惩罚，而且应当惩罚。唯有如此，才能做到罪责刑相适应，充分实现刑法惩罚与预防犯罪的目的。为此需要构建以危险预防作为辅益的"行为—行为人"双层次犯罪论体系，以明确行为人危险进入刑法的路径和具体方案。

---

〔1〕 蔡墩铭：《刑法基本理论研究》，汉林出版社 1980 年版，第 361 页。

〔2〕 See Andrew Von Hirsch, *Past or Future Crimes: Deservedness and Dangerousness in the Sentencing of Criminals*, Manchester University Press, 1986, p.39.

〔3〕 参见蔡墩铭：《刑法基本理论研究》，汉林出版社 1980 年版，第 361 页。

（二）"预防性惩罚"辅益的双层次犯罪论体系

传统刑法理论注重行为导致的损害或者危险，而忽略行为人之危险性，所以行为人之危险性在刑法上亦未特别成为问题。但是只重视行为之危险的刑法，似乎与社会脱节而难以发挥遏制犯罪高发的刑罚功效，[1]由此刑罚不仅是失败的而且浪费了宝贵的司法资源。因此，探索一种行为人危险处于辅从地位的双层次的犯罪论体系便成为一种现实的选择。考虑行为人危险的理论优势在于，纠正了传统刑法教义学仅仅以行为作为定罪基点的僵化性，加入了以行为人为基点的再犯可能性考量，在定罪之时就考虑特殊预防必要性的问题。

为此需要在总则中明确行为人危险进入刑法的具体路径，建议在《刑法》第 13 条但书部分后面增加一句话，"多次实施违法犯罪行为受过刑事处罚或者行政处罚，再次实施违法犯罪行为，具有高度再犯危险性的除外。"如此，以行为人危险作为辅益的"行为—行为人"双层次犯罪论体系得以构建，预防必要性成为贯穿犯罪论体系、辅助考量是否构成犯罪并予以刑事处罚的刑事政策标准。如此，行为人危险成为沟通定罪、量刑与行刑的桥梁，刑法不再是为了惩罚而惩罚，而是考虑了危险预防的惩罚，此即"预防性惩罚"之谓也。

一是，行为人危险对于应受刑罚处罚性的矫正和补足。我国刑法理论中，社会危害性与人身危险性是定罪量刑中的两大支柱，两者虽然存在着是综合考量要素还是选择性要素、出罪要素还是入罪要素的争论，[2]总体而言，均肯定人身危险性，或者说行为人危险在定罪量刑中的作用。但是在应受刑罚处罚性方面仍然存在需要理论补足和补正的地方。刑法上的行为人危险是指"性格之危险性"（Charaktergefährlichkeit），又可区分为行为人实施犯罪（初犯危险性）或反复实施犯罪（再犯危险性）之可能性。[3]但无论是初犯危险性还是再犯危险性，仍然是指实施犯罪的可能性，申言之，是指造成法益侵

---

〔1〕　正所谓"一小撮犯罪人反而对大多数犯罪负责"（a few criminals are disproportionately responsible for the occurrence of crime），"行为人危险"很好地指示了刑法所需要遏制的主要对象。See David F. Greenberg, "The Incapacitative Effect of Imprisonment: Some Estimates", *Law & Society Review*, Vol. 9, No. 4, 1975, p. 541.

〔2〕　参见李波：《行为人刑法转型与当代中国的选择》，载《政法论丛》2015 年第 4 期。

〔3〕　参见蔡墩铭：《刑法基本理论研究》，汉林出版社 1980 年版，第 235 页。

害的危险性，而不是指所谓的"主观恶性"，更不是毫无事实根据的危险性。虽然行为人危险与行为之危险相比较而言仍然是比较远的危险，转化为现实的法益侵害仍然还只是一种可能性，却又是实实在在存在的危险，因为作为"一个这样的人"存在高度的盖然性会实施犯罪行为，尤其是对于已经受过刑事处罚或行政处罚仍然再继续实施违法犯罪的行为人而言更是如此。初犯危险性由于并不存在可以作为危险指征的客观行为，不具有应受刑罚处罚性；但是再犯危险性不同，如果客观上存在反复实施违法犯罪行为的情形，即使不是每一次行为都能够满足刑事处罚的条件，也有必要以刑罚的方式提前介入进行预防性干预，不但有助于促使行为人形成统一的违法性意识，防止其人身危险性螺旋式上升，而且能够有效地防止其造成更大的法益侵害结果。

多次实施违法犯罪行为满足了以刑罚的方式进行特殊预防的必要性，因为"一而再、再而三"地反复实施违法犯罪，其再犯概率要显著高于普通人，特殊预防的必要性显著增加，[1]在这个层面上，预防性惩罚有它存在的重要意义和价值。当然在此仍需单独判断并充分考虑是否满足"具有高度再犯危险性"之条件，以及在构成要件、违法性和有责性等不同层面对于应受刑罚处罚性的矫正和补足。申言之，在双层次犯罪论体系中预防性惩罚仅具有辅益的作用，起决定性作用的仍然是法益侵害或者危险。在这个意义上，行为人主动选择的危险性格，本身就是值得谴责，本身就值得惩罚；反之，行为人主动选择的"弃恶从善"本身就值得奖励，本身就值得从宽[2]。

二是，"预防性惩罚"应以刑罚指征作为启动预防干预的标准。从犯罪预防的视角来看，关注的重点肯定是具有实施犯罪危险的行为人，而行为——当然也包括犯罪行为——都仅仅是人格或性格的表征或症状。这不仅是一种事实，更是一种价值，因为其指明了犯罪预防的重心之所在。在"症状性犯罪理论"（die symptomatische Verbrechensauffassung）中，行为不是一定根据其对外部世界的影响来加以判断的，而是根据行为向我们显示的行为人的内心状况加以判断的。[3]如此，反复实施违法犯罪行为便成为行为人危险应受刑

---

〔1〕 参见杜宣：《行为人前科劣迹规范适用的法教义学分析》，载《首都师范大学学报（社会科学版）》2017年第2期。

〔2〕 亦可称之为"奖励性从宽"，由于篇幅所限将另行撰文进行阐释和论证。

〔3〕 参见［德］克劳斯·罗克辛：《德国刑法学总论（第1卷）：犯罪原理的基础构造》，王世洲译，法律出版社2005年版，第107页。

罚处罚的指征。如果刑罚指征强，则采取刑罚的方法进行特殊预防的必要性大；反之，如果刑罚指征弱，可以采取非刑罚方法制裁措施，或继续对其人身危险性进行观察，而没有必要直接采取刑罚处罚的方式。与此同时，所受到的非刑罚处罚累积也是刑罚指征的累积，如果累积达到一定的程度，指征性预防干预就成为必要。如此，以行为人危险为表征的指征性干预，可以有的放矢地针对有法益侵害危险的人以刑罚进行犯罪预防；更重要的是，可以从整体上把握"预防性惩罚"，综合运用刑罚、行政罚、民事处罚、非刑罚处罚方法甚至是非正式处罚方法获得最佳的犯罪预防效果。[1]如同医生诊疗病人，会根据患者的既往病史及相关检验检查数据，评估患者的身体各项指标并决定具体的治疗方案，而手术可能仅仅是最后的治疗方案。刑罚与生俱来的副作用，使得"预防性惩罚"也只能是最后手段，不到万不得已不可动用刑罚，而且可以肯定的是"预防性惩罚"会存在失败的风险以及发生交叉感染等并发症的危险。

　　行为人危险究竟达到什么程度才能算作是具备了刑罚指征，并没有一个明确的标准，而且也是解释论上的难题。当行为人的举止行为证实其具有典型的反社会性格的时候，才能够启动刑事程序进行调查。我国《刑法》以及司法解释中规定的多次犯所设置的单位时间内受到行政处罚的类型比较繁杂，随意性也比较大，但是多少也有一些规律可循，比如说，2年内受到2次刑事处罚或行政处罚的情形占据了半壁江山。如果从指征性预防干预来看，从时间跨度和频次上进行确定，2年内受到2次刑事处罚或行政处罚，应当是刑罚指征的起点，再结合所遭受侵害的法益的价值，就可以具体确定达到刑罚罪责所需要符合的条件和要素，以及刑事处罚的种类、是否能够缓刑或免予刑事处罚等。当然这也仅仅是司法使用过程中的参考标准，其实质性标准则是"具有高度再犯危险性"。

　　三是，"预防性惩罚"重在促使行为人形成一体化的违法性意识。"刑罚的任务在于作为社会关系导向模型的规范维持"，[2]刑罚在确认规范的同一性、维持规范的有效性、作为行为规范和社会关系模型的导向性方面具有重

---

〔1〕　参见刘军：《预防性法律制度的理论阐释与体系构建》，载《法学论坛》2021年第6期。

〔2〕　Günther Jakobs, *Strafrecht*, *Allgemeiner Teil*: *Die Grundlagen und die Zurechnungslehre Lehrbuch*, Walter de Gruyter, 1991, S. 10.

大意义，〔1〕通过构建一体化"违法性意识"、警醒规范、强化"规则意识"来预防犯罪，能够有效杜绝"小错不断，大错不犯"的错误思想，是代价最低的犯罪预防方式。〔2〕在积极的一般预防主义方面，"预防性惩罚"能够通过刑罚的适用，不断肯定刑法的存在，强化人们遵守规范的信心，"刑罚如果不能使犯罪行为人再社会化，或许它至少还可以增强守法的民众拒绝成为（抗拒再社会化的）罪犯的决心。"〔3〕在生活中常常存在一些"大错不犯小错不断"的行为人，一旦形成顽固的违法性意识，不但在性格上难以矫正，而且一旦满足外部条件极有可能实施重大的犯罪行为，"小错"不断的行为人犯"大错"也只是时间问题。因此，刑法应当通过"预防性惩罚"促使行为人形成统一的违法性意识，"不因恶小而为之"可以成为一种操守，坚定公众对于法治的信任与忠诚，重塑社会中人与人交往的行为模式，不断完善犯罪治理体系、提高犯罪治理能力。

四、结语：预防性惩罚的实质是干预性积极预防

"行为—行为人"双层次犯罪论体系的构建，意味着不仅在刑罚适用层面而且在犯罪成立层面即需要一体化地考虑惩罚与预防。从概念上来看，"预防性惩罚"似乎是一个矛盾体，因为预防是面向未来的而惩罚却是回顾性的；但从理念上来看，"预防性惩罚"却又是一个统一体，因为这里的惩罚不是单纯地为了惩罚而惩罚，而是基于预防的惩罚，是为了预防而惩罚。行为与行为人、惩罚与预防成为刑法的一体两面。

"预防性惩罚"之"惩罚"在于通过惩罚修正和阻断行为人不断升级的违法犯罪趋势，防止出现更加严重的犯罪后果以及不得已而采取的更加严重的刑罚，防止出现犯罪与刑罚竞争式的螺旋上升。"预防性惩罚"之"预防"在于干预性的积极预防，促使行为人形成统一的违法性意识，在于敦促行为人主体性地选择"弃恶从善"，在于"抓早抓小"避免"养痈遗患"。"人谁

---

〔1〕 参见刘军：《罪刑均衡的理论基础与动态实现》，法律出版社 2018 年版，第 57 页。

〔2〕 参见刘军：《监督过失责任：公共安全事故预防的一种特殊指向》，载《政法论丛》2021 年第 5 期。

〔3〕 ［美］马库斯·德克·达博：《积极的一般预防与法益理论——一个美国人眼里的德国刑法学的两个重要成就》，杨萌译，载《刑事法评论》2007 年第 2 期。

无过？过而能改，善莫大焉"〔1〕，然而"改过"的前提是能够"知过"，"预防性惩罚"能够帮助行为人"知过"、教育其"悔过"、敦促其"改过"。当然"预防性惩罚"的前提是作为刑罚指征的行为人危险达到了应受刑罚处罚的程度。

"预防性惩罚"的直接目的是积极的特殊预防。正如"上医治未病"一般，当消未起之患、治未病之疾，如若病入膏肓不免为时已晚。更重要的是，中医"治未病"还是一个动态过程理论，强调"未病先防、初病早治、既病防变、愈后防复"的全过程预防性介入。"预防性惩罚"的出发点、归宿和全过程性与"治未病"有异曲同工之妙，不仅强调预防性而且强调动态性和过程性，不是像传统刑法那样静态地、割裂地、部分地、封闭地看待犯罪行为，而是从整体上、关系中、动态地、开放地看待犯罪的发生以及行为人危险性格的形成过程，通过"预防性惩罚"敦促行为人养成遵守规则、崇尚法治的习惯，做到防微杜渐、防患于未然。正所谓"惩前毖后、治病救人"，刑法不能为了惩罚而惩罚，当以预防犯罪为目的才能立于不败之地。为了预防犯罪、治病救人而惩罚才是正道。

"预防性惩罚"的最终目的是帮助行为人重塑主体性。"人格具有尊严，理应受到尊重"〔2〕，包括犯罪人在内的所有的人都享有人格尊严，关键原因在于人作为理性存在者具有扬弃各种外在限制的能力、具有道德自觉的可能性、具有价值判断和规范自我的行为能力。"预防性惩罚"必须以尊重人格为基本要求，把人当作主体来看待，把行为人当作具有自我选择、自我完善和自我实现能力的理性存在者来看待，以此为最终目的和归宿的惩罚才是对于理性者的尊重，〔3〕如此的惩罚才不会步入刑罚功利主义的泥沼。

---

〔1〕《左传·宣公二年》。

〔2〕刘军、潘丙永：《认罪认罚从宽主体性协商的制度构建》，载《山东大学学报（哲学社会科学版）》2020 年第 2 期。

〔3〕正如黑格尔所说，"刑罚既被包含着犯人自己的法，所以处罚他，正是尊敬他是理性的存在。"参见［德］黑格尔：《法哲学原理》，范扬、张企泰译，商务印书馆 1996 年版，第 103 页。

主要参考文献

一、中文参考文献

1. 白钢：《解决公共安全问题刻不容缓》，载《人民日报》2004 年 2 月 27 日，第 13 版。

2. 蔡墩铭：《刑法基本理论研究》，汉林出版社 1980 年版。

3. 蔡军：《论国家公务人员监督过失责任追究机制的构建——从矿难事故中刑事责任的追究切入》，载《铁道警官高等专科学校学报》2011 年第 6 期。

4. 曹坚：《多次犯形态的认定》，载《人民检察》2013 年第 14 期。

5. 曾光：《论零级预防》，载《中华预防医学杂志》2008 年第 5 期。

6. 陈伟、赵赤：《多次犯中的行政处罚与刑罚交叉适用问题研究》，载《西南政法大学学报》2017 年第 4 期。

7. 陈兴良：《从归因到归责：客观归责理论研究》，载《法学研究》2006 年第 2 期。

8. 陈兴良：《论过失的实行行为》，载刘明祥主编：《过失犯研究：以交通过失和医疗过失为中心》，北京大学出版社 2010 年版。

9. 陈兴良：《论人身危险性及其刑法意义》，载《法学研究》1993 年第 2 期。

10. 《保加利亚刑法典》，陈志军译，中国人民公安大学出版社 2007 年版。

11. 崔永东：《涉侨纠纷多元化解机制的理论考察、文化基础与制度构建》，载《政法论丛》2020 年第 3 期。

12. 单勇、侯银萍：《中国犯罪治理模式的文化研究——运动式治罪的式微与日常性治理的兴起》，载《吉林大学社会科学学报》2009 年第 2 期。

13. 董华等编著：《城市公共安全——应急与管理》，化学工业出版社安全科学与工程出版中心 2006 年版。

14. 杜宣：《行为人前科劣迹规范适用的法教义学分析》，载《首都师范大学学报（社会科学版）》2017 年第 2 期。

15. 樊崇义：《认罪认罚从宽与自首坦白》，载《人民法治》2019 年第 1 期。

16. 范赫男：《构建安全可信网络新生态　促进数字经济高质量发展》，载《网络安全与数据治理》2022 年第 5 期。

17. 冯殿美、曹廷生：《论监督过失罪在我国的设立》，载《山东大学学报（哲学社会科学版）》2009 年第 6 期。

18. 冯树梁：《中外预防犯罪比较研究》，中国人民公安大学出版社 2003 年版。

19. 高钢：《物联网和 web 3.0：技术革命与社会变革的交叠演进》，载《国际新闻界》2010 年第 2 期。

20. 高铭暄、傅跃建：《新时代"枫桥经验"与国家治理现代化：内在逻辑与实现进路》，载《上海政法学院学报（法治论丛）》2022 年第 4 期。

21. 高铭暄、孙道萃：《预防性刑法观及其教义学思考》，载《中国法学》2018 年第 1 期。

22. 韩玉胜、沈玉忠：《监督过失论略》，载《法学论坛》2007 年第 1 期。

23. 郝伟、于欣主编：《精神病学》，人民卫生出版社 2013 年版。

24. 何泽民、何勇强：《中医学"治未病"理论内涵及其指导意义》，载《中医杂志》2015 年第 22 期。

25. 贺天：《风险　安全　可信　创新——2005 年中国信息安全市场年度综述》，载《计算机安全》2006 年第 2 期。

26. 胡俊凯：《鬼影幢幢的"绿十字"——日本"药害艾滋事件"透视》，载《经济世界》1996 年第 12 期。

27. 胡艺洋：《媒介技术主义视阈试探析"元宇宙"现实走向》，载《互联网周刊》2023 第 2 期。

28. 胡鹰：《过失犯罪研究》，中国政法大学出版社 1995 年版。

29. 胡玉鸿：《"以人为中心"的法理解读》，载《东方法学》2021 年第 2 期。

30. 黄辉等：《公共卫生与预防医学学科发展》，载中国科学技术协会主编、中华预防医学会编著：《2007-2008 公共卫生与预防医学学科发展报告》，中国科学技术出版社 2008 年版。

31. 江溯：《论网络犯罪治理的公私合作模式》，载《政治与法律》2020 第 8 期。

32. 金泽刚、刘鹏：《论信息技术与犯罪治理》，载《警学研究》2021 年第 5 期。

33. 李波：《行为人刑法转型与当代中国的选择》，载《政法论丛》2015 年第 4 期。

34. 李峰、李平主编：《网络与信息安全》，中南大学出版社 2005 年版。

35. 李綦通：《被害预防——我国犯罪治理的常规模式》，载《社会科学战线》2014 年第 3 期。

36. 李薇宏：《监督过失理论研究》，载《刑事法评论》2008 年第 2 期。

37. 李雯静：《论输血及血液制品感染的侵权责任——基于日本法上的经验》，载《时代法学》2014 年第 4 期。

38. 廖正豪：《过失犯论》，三民书局 1993 年版。

39. 林天强：《元宇宙权：基于幸福数字经济学与数字生产生活方式》，载《人工智能》 2022 年第 5 期。

40. 刘德法、孔德琴：《论多次犯》，载《法治研究》2011 年第 9 期。

41. 刘军、江雪：《跨境网络犯罪预防性治理模式及其展开》，载《上海大学学报（社会科 学版）》2023 年第 3 期。

42. 刘军、潘丙永：《认罪认罚从宽主体性协商的制度构建》，载《山东大学学报（哲学社 会科学版）》2020 年第 2 期。

43. 刘军、潘丙永：《认罪认罚的主体性撤回及其司法处置》，载《山东警察学院学报》2021 年第 5 期。

44. 刘军：《该当与危险：新型刑罚目的对量刑的影响》，载《中国法学》2014 年第 2 期。

45. 刘军：《监督过失责任：公共安全事故预防的一种特殊指向》，载《政法论丛》2021 年 第 5 期。

46. 刘军：《网络犯罪治理刑事政策研究》，知识产权出版社 2017 年版。

47. 刘军：《预防性法律制度的理论阐释与体系构建》，载《法学论坛》2021 年第 6 期。

48. 刘军：《罪刑均衡的理论基础与动态实现》，法律出版社 2018 年版。

49. 刘铁：《公共安全与公共管理》，载《学习与探索》2004 年第 5 期。

50. 刘艳：《Web 3.0：新的网络世界需要新的规则——走近下一代互联网（下）》，载《科 技日报》2022 年 7 月 14 日，第 6 版。

51. 刘艳红：《客观归责理论：质疑与反思》，载《中外法学》2011 年第 6 期。

52. 刘艳红：《情节犯新论》，载《现代法学》2002 年第 5 期。

53. 刘远、刘军：《刑事政策的理论与实践》，载《中国刑事法杂志》2004 年第 2 期。

54. 骆群：《监督过失责任及其在食品监管渎职罪中的运用》，载《苏州大学学报（哲学社 会科学版）》2014 年第 2 期。

55. 马化腾：《大洗牌即将开始，全真互联网到来》，载《中关村》2021 年第 1 期。

56. 毛泽东：《对谢富治在二届全国人大四次会议上的发言稿的批语（一九六三年十一月二 十日）》，载《建国以来毛泽东文稿》（第十册），中央文献出版社 1996 年版。

57. 潘剑锋：《完善预防性法律制度（有的放矢）》，载《人民日报》2021 年 1 月 19 日， 第 9 版。

58. 潘星丞：《论食品安全监管的刑事责任——监督过失理论的借鉴及"本土化"运用》， 载《华南师范大学学报（社会科学版）》2010 年第 3 期。

59. 彭凤莲：《监督过失责任论》，载《法学家》2004 年第 6 期。

60. （汉）许慎：《说文解字》，中华书局 1963 年版。

61. 王儒西、向安玲：《2020-2021年元宇宙发展研究报告》，清华大学新媒体研究中心，2021年。

62. 沈昌祥：《筑牢安全可信的网络安全保障体系 加快推进网络强国建设》，载《中国信息安全》2022年第11期。

63. 苏俊雄：《刑事犯与行政犯之区别理论对现代刑事立法的作用》，载《刑事法杂志》1992年第1期。

64. 隋洪明：《论食品安全风险预防法律制度的构建》，载《法学论坛》2013年第3期。

65. 孙桂华：《我国应设立企业安全公务监督过失罪》，载《山西高等学校社会科学学报》2011年第6期。

66. 孙茂恒：《电信网络诈骗犯罪韧性治理探析》，载《辽宁警察学院学报》2021年第5期。

67. 孙运梁：《故意犯与过失犯的客观归责——德国刑法中客观归责理论对我国的借鉴》，载《河南财经政法大学学报》2012年第3期。

68. 谭玉敏、梅荣政：《"以人民为中心"思想的理论源头——纪念〈共产党宣言〉发表170周年》，载《红旗文稿》2018年第4期。

69. （唐）孙思邈撰：《备急千金要方》，鲁兆麟等点校，辽宁科学技术出版社1997年版。

70. 万毅：《悔罪者方从宽：认罪认罚从宽制度的实质解释——基于规范实务操作的角度》，载《人民检察》2018年第21期。

71. 刘黎霞：《香港科技大学副校长汪扬：中国有能力成为Web3.0数字经济的"领军人"》，载《21世纪经济报道》2022年12月22日，第12版。

72. 王鹏祥、刘林霞：《公务监督过失犯罪及其对策研究》，载《周口师范学院学报》2011年第3期。

73. 王甬平：《建立自主可控、安全可信的国家网络安全体系 访信息系统工程专家、中国工程院院士沈昌祥》，载《宁波通讯》2015年第1期。

74. 卫中：《元宇宙，为游戏产业开启"宇航时代"》，载《上海文汇报》2021年7月14日，第6版。

75. 魏开宏、苏媛：《国外元宇宙研究述论：热点、堵点与愿景》，载《新疆师范大学学报（哲学社会科学版）》2022年第5期。

76. 吴辉：《公安机关创新矛盾纠纷排查化解工作刍议——借鉴公共卫生三级预防理论》，载《福建警察学院学报》2011年第1期。

77. 习近平：《决胜全面建成小康社会 夺取新时代中国特色社会主义伟大胜利——在中国共产党第十九次全国代表大会上的报告》，载《求是》2017年第21期。

78. 《现代管理词典》编委会编：《现代管理词典》（第3版），武汉大学出版社2012年版。

79. 许超：《公共安全管理的历史变迁考察》，载《暨南学报（哲学社会科学版）》2020年第 12 期。

80. 许玉秀：《当代刑法思潮》，中国民主法制出版社 2005 年版。

81. 薛澜等：《风险治理：完善与提升国家公共安全管理的基石》，载《江苏社会科学》2008 年第 6 期。

82. 杨立新：《认罪认罚从宽制度理解与适用》，载《国家检察官学院学报》2019 年第 1 期。

83. 杨梅：《精准刑抑或幅度刑：认罪认罚从宽案件中量刑建议问题》，载《河南工程学院学报（社会科学版）》2021 年第 3 期。

84. 姚应水、夏结来主编：《预防医学》，中国医药科技出版社 2017 年版。

85. 叶毓睿：《元宇宙的网络基础：Web3.0》，载《张江科技评论》2022 年第 2 期。

86. 易益典：《论监督过失理论的刑法适用》，载《华东政法大学学报》2010 年第 1 期。

87. 俞可平：《民主与陀螺》，北京大学出版社 2006 年版。

88. 俞可平主编：《治理与善治》，社会科学文献出版社 2000 年版。

89. 张成福：《公共危机管理：全面整合的模式与中国的战略选择》，载《中国行政管理》2003 年第 7 期。

90. 张明楷：《监督过失探讨》，载《中南政法学院学报》1992 年第 3 期。

91. 张明楷：《外国刑法纲要》，清华大学出版社 2007 年版。

92. 张明楷：《刑法学》（第 4 版），法律出版社 2011 年版。

93. 张宁熙：《构建安全可信的网上政务服务信任体系》，载《保密科学技术》2017 年第 1 期。

94. 张文显：《二十世纪西方法哲学思潮研究》，法律出版社 1996 年版。

95. 张漾蓁等：《以太坊 Solidity 智能合约漏洞检测方法综述》，载《计算机科学》2022 年第 3 期。

96. 张志勋、卢建平：《多次犯：刑法的制度化产物及其限制路径》，载《江西社会科学》2015 年第 6 期。

97. 章志远：《监管新政与行政法学的理论回应》，载《东方法学》2020 年第 5 期。

98. 赵秉志主编：《刑罚总论问题探索》，法律出版社 2002 年版。

99. 浙江省公安志编纂委员会编：《浙江人民公安志》，中华书局 2000 年版。

100. 中共浙江省委理论学习中心组：《中国特色社会主义在浙江实践的重大理论成果——学习〈干在实处走在前列〉和〈之江新语〉两部专著的认识和体会》，载《浙江日报》2014 年 4 月 4 日，第 3 版。

101. 中共中央宣传部：《习近平新时代中国特色社会主义思想学习纲要》，学习出版社、人民出版社 2019 年版。

102. 中国社会科学院语言研究所词典编辑室编：《现代汉语词典》（第 5 版），商务印书馆

2005 年版。

103. 钟业喜、吴思雨：《元宇宙赋能数字经济高质量发展：基础、机理、路径与应用场景》，载《重庆大学学报（社会科学版）》2022 年第 4 期。

104. 周建达：《转型期我国犯罪治理模式之转换——从"压力维控型"到"压力疏导型"》，载《法商研究》2012 年第 2 期。

105. 周亮：《从公共卫生三级预防看犯罪预防的理论体系》，载《福建公安高等专科学校学报》2004 年第 2 期。

106. 周战超：《当代西方风险社会理论引述》，载《马克思主义与现实》2003 年第 3 期。

107. 朱景文主编：《对西方法律传统的挑战——美国批判法律研究运动》，中国检察出版社1996 年版。

108. 朱志华、周长康主编：《"枫桥经验"的时代之音》，浙江工商大学出版社 2019 年版。

109. 庄劲主编：《刑法上的危险责任》，中山大学出版社 2018 年版。

110. 靳昊：《将"枫桥经验"作为预防性法律制度体系的核心——访西北政法大学枫桥经验与社会治理研究院执行院长褚宸舸》，载《光明日报》2020 年 12 月 14 日，第5 版。

111. 杨清清：《进入 Web 3.0 纪元 | STEPVR 创始人郭成：元宇宙是 Web3.0 的最佳落地场景》，载《21 世纪经济报道》2022 年 7 月 8 日，第 12 版。

112. 中国互联网络信息中心：《中国互联网络发展状况统计报告》（2019 年），载 http://www. cac. gov. cn/wxb_ pdf/0228043. pdf，最后访问日期：2024 年 3 月 29 日。

113. ［法］雅克·舍瓦利埃：《治理：一个新的国家范式》，张春颖、马京鹏摘译，载《国家行政学院学报》2010 年第 1 期。

114. ［美］马库斯·德克·达博：《积极的一般预防与法益理论——一个美国人眼里的德国刑法学的两个重要成就》，杨萌译，载《刑事法评论》2007 年第 2 期。

115. ［美］约翰·卡瓦纳：《克服全球化弊病的辅从性原则》，丁海摘译，载《国外理论动态》2006 年第 1 期。

116. 《管子·牧民》。

117. 《启谏冉闵》。

118. 《淮南子》。

119. 《黄帝内经》。

120. 《礼记·中庸》。

121. 《论语》。

122. 《尚书·说命中》。

123. 《司马法》。

124. 《孙子兵法》。

125. 《文子》。

126. 《战国策》。

127. 《周易·既济卦》。

128. 《左传》。

二、中文译著

1. ［奥］弗雷德蒙德·马利克：《管理：技艺之精髓》，刘斌译，机械工业出版社 2018 年版。

2. ［德］约翰内斯·韦塞尔斯：《德国刑法总论》，李昌珂译，法律出版社 2008 年版。

3. ［德］李斯特：《德国刑法教科书》，徐久生译，法律出版社 2006 年版。

4. ［德］汉斯·海因里希·耶赛克、托马斯·魏根特：《德国刑法教科书（总论）》，徐久生译，中国法制出版社 2001 年版。

5. ［德］汉斯·韦尔策尔：《目的行为论导论：刑法理论的新图景》，陈璇译，中国人民大学出版社 2015 年版。

6. ［德］康德：《法的形而上学原理——权利的科学》，沈叔平译，商务印书馆 1991 年版。

7. ［德］克劳斯·罗克辛：《德国刑法学总论（第 1 卷）：犯罪原理的基础构造》，王世洲译，法律出版社 2005 年版。

8. ［德］克劳斯·罗克辛：《德国刑法学总论（第 2 卷）：犯罪行为的特别表现形式》，王世洲等译，法律出版社 2013 年版。

9. ［德］乌尔里希·贝克：《风险社会》，何博闻译，译林出版社 2004 年版。

10. ［俄］阿·伊·道尔戈娃：《犯罪学》，赵可等译，群众出版社 2000 年版。

11. ［法］马克·安塞尔：《新刑法理论》，卢建平译，（香港）天地图书有限公司 1990 年版。

12. ［美］E·博登海默：《法理学：法律哲学与法律方法》，邓正来译，中国政法大学出版社 2004 年版。

13. ［美］汉密尔顿等：《联邦党人文集》，程逢如等译，商务印书馆 1989 年版。

14. ［美］凯斯·R.桑斯坦：《恐惧的规则——超越预防原则》，王爱民译，北京大学出版社 2011 年版。

15. ［美］肯尼斯·卡尔普·戴维斯：《裁量正义———项初步的研究》，毕洪海译，商务印书馆 2009 年版。

16. ［美］劳拉·昆兰蒂罗：《赛博犯罪：如何防范计算机罪犯》，王涌译，江西教育出版社 1999 年版。

17. ［美］尼尔·斯蒂芬森：《雪崩》，郭泽译，四川科学技术出版社 2018 年版。

18.	［美］尼葛洛庞帝：《数字化生存》，胡泳、范海燕译，海南出版社 1997 年版。

19.	［美］萨提亚·纳德拉：《刷新：重新发现商业与未来》，陈召强、杨洋译，中信出版社 2018 年版。

20.	（清）沈竹礽撰：《周易易解》，中央编译出版社 2012 年版。

21.	［日］大谷实：《刑法总论》，黎宏译，法律出版社 2003 年版。

22.	［日］大塚仁：《刑法概说（总论）》，冯军译，中国人民大学出版社 2003 年版。

23.	［日］甲斐克则：《责任原理与过失犯论》，谢佳君译，中国政法大学出版社 2016 年版。

24.	［日］藤木英雄：《公害犯罪》，丛选功等译，中国政法大学出版社 1992 年版。

25.	［日］西田典之：《日本刑法总论》，刘明祥、王昭武译，中国人民大学出版社 2007 年版。

26.	［英］马丁·冯、彼得·杨：《公共部门风险管理》，陈通等译，天津大学出版社 2003 年版。

27.	［英］约翰·格拉海姆、特雷弗·白男德：《欧美预防犯罪方略》，王大伟译，群众出版社 1998 年版。

三、外文参考文献

1. EUCSS, Cyber Security Strategy of the European Union: an Open, Safe and Secure Cyberspace, 2013.

2. Adam J. Kolber, "Not-So-Smart Blockchain Contracts and Artificial Responsibility", *Stanford Technology Law Review*, Vol. 21, No. 2, 2018.

3. Alexander Kott, et al., *Cyber Defense and Situational Awareness*, Springer International Publishing Switzerland, 2014.

4. Andrew Von Hirsch, "Past or Future Crimes: Deservedness and Dangerousness in the Sentencing of Criminals", *Rutgers University Press*, 1985.

5. Tim Berners-Lee, et al., "The Semantic Web: A New Form of Web Content That is Meaningful to Computers Will Unleash a Revolution of New Possibilities", *Scientific American* Vol. 284, No. 5, 2001.

6. Crawford S. Holling, "Resilience and Stability of Ecological Systems", *Annual Review of Ecology, Evolution, and Systematics*, Vol. 4, 1973.

7. Center for Countering DigitalHate (CCDH) and Human Rights Campaign (HRC), *Digital Hate Report* (2022), On line at: https://counterhate.com/wp-content/uploads/2022/08/CCDH-HRC-Digital-Hate-Report-2022-single-pages.pdf.

8. Jenesis Emmanuel, "ChatGPT: Optimizing Language Models for Dialogue", On line at https://openai. com/blog/chatgpt/.

9. Donald F. Kettl, *Sharing Power: Public Governance and Private Markets*, Brookings Institution Press, 1993.

10. David F. Greenberg, "The Incapacitative Effect of Imprisonment: Some Estimates", *Law & Society Review*, Vol. 9, No. 4, 1975.

11. Fiona Leverick, "Tensions and Balances, Costs and Rewards: the Sentence Discount in Scotland", *Edinburgh Law Review*, Vol. 8, 2004.

12. George Christou, *Cybersecurity in the European Union: Resilience and Adaptability in Governance Policy*, Palgrave Macmillan, 2016.

13. Günther Jakobs, *Strafrecht, Allgemeiner Teil: Die Grundlagen und die Zurechnungslehre Lehrbuch*, Walter de Gruyter, 1991, S. 10.

14. Harsh Kumar, "All You Need to Know About Crimes in Metaverse World", Outlook Money (Sep. 17, 2022), On line at: https://www. outlookindia. com/business/all-you-need-to-know-about-crimes-in-metaverse-world-news-207619.

15. Samer Hassan, Primavera De Filippi, "Decentralized autonomous organization", *Internet Policy Review*, Vol. 10, No. 2, 2021.

16. Charles F. Hermann, *International Crises: Insights from Behavioral Research*, The Free Press, 1972.

17. Lik-Hang Lee, et al. , "All One Needs to Know about Metaverse: A Complete Survey on Technological Singularity, Virtual Ecosystem, and Research Agenda", *Journal of Latex Class Files*, Vol. 14, No. 8, 2021.

18. Manu Sporny, et al. , "Decentralized Identifiers (DIDs) v1. 0: Core architecture, data model, and representations", *W3C Recommendation*, 19 July 2022. On line at: https:// www. w3. org/TR/did-core/.

19. Mark Cuban, "No-fungible token", Encyclopedia Britannica, On line at: https://www. britannica. com/topic/non-fungible-token-data.

20. Abraham H. Maslow, *Motivation and Personality*, Harper & Row, 1970.

21. Matthew Sparkes, "What is a metaverse", *New Scientist*, Vol. 251, No. 3348, 2021.

22. Michael E. Doherty Jr. , "Marshall McLuhan Meets William Gibson in 'Cyberspace' ", *Computer-Mediated Communication Magazine*, Vol. 2, No. 9, 1995.

23. Jane Bullock, et al. , *Introduction to Emergency management*, John Wiley & Sons, Inc. , 2007.

24. Nick Wilding, "Cyber Resilience: How Important is Your Reputation? How Effective are Your People?" *Business Information Review*, Vol. 33, No. 2, 2016.

25. Niklas Funcke-Auffermann, *Symbolische Gesetzgebung im Lichte der positiven Generalprävention*, Berlin: Duncker & Humblot, 2007.

26. Paul J. Brantingham, Frederic L. Faust, "A Conceptual Model of Crime Prevention", *Crime & Delinquency*, Vol. 22, No. 3, 1976.

27. Prachi Singh, Dev Karan Rajput, "Metaverse: Surging Need for Competent Laws with Increasing Metaverse Crimes", *International Journal of Law Management & Humanities*, Vol. 5, No. 5, 2022.

28. "Say Hello to Meta-Mark Zuckerberg rebrands Facebook", On line at: http://mediaavata-arme. com/news/advertising-marketing/8880/say-hello-to-meta-zuckerberg-rebrands-face-book/.

29. Scott J. Shackelford, Steve Myers, "Block-by-Block: Leveraging the Power of Blockchain Technology to Build Trust and Promote Cyber Peace", *Yale Journal of Law and Technology*, Vol. 19, No. 1, 2017.

30. U. Rosenthal, "Crisis Decision Making in The Netherlands", *Netherlands' Journal of Sociology*, Vol. 22, No. 2, 1986.